청소년 진로탐색 워크북

# 꿈은 이루어진다

# 남 성 현

- 전 : 중/고교 교사/교감/서울시교육연구원 진로교육연구부 교육연구사

- 현 : IDK적성심리연구소 수석연구위원

- 저서 : 〈99와 100의 인생론〉 가나/1987

  〈삶의 여덟 가지 궁금증을 풀어가는 지혜여행〉 차림/1996

  〈가지 않은 길〉 진로지도 프로그램집/지은사/2001

  〈진로와 직업〉 고등학교 교과용 도서 공저/대한교과서/2002

  〈아름다운 나〉 고등학교 교과용 인성도서 공저/대한교과서/2003

  〈I LOVE I〉 청소년자아개발 프로그램/한국청소년교육연구회/2004

  〈꿈은 이루어진다〉 청소년 진로탐색 워크북/진리탐구/2007

  〈아름다운 미래〉 중등학교 인성교육 프로그램/한국청소년교육연구회/2008

  〈해답은 없다〉 Parable Poesy/진리탐구/2008

# 꿈은 이루어진다

| 남성현 편저 |

新 진리탐구

## ★가지 않은 길

단풍든 숲 속에 두 갈래 길이 있었지요./한 몸으로 두 길을 다 가볼 수 없어/나는 서운한 마음으로 오래 서서/잣나무 숲 속으로 접어든 한 길을/끝 간 데까지 바라보았지요.

그러다가 다른 하나의 길을 택했지요./먼저 길과 똑같이 아름답고/아마 더 나은 듯도 했지요./풀이 무성하고 사람을 부르는 것 같았어요./사람이 밟은 흔적은 먼저 길과 비슷했지만요.

서리 내린 낙엽 위엔 아무 발자국도 없이/두 길은 그 날  아침에 똑같이 놓여 있었어요./아, 먼저 길은 훗날 걸어 보리라! 생각했지요./인생길이 어떤지 알다시피/다시 오기 어려우리라 여기면서도.

오랜 세월 흐른 후에/나는 한숨 지우며 얘기하겠지요./두 갈래 길이 숲 속에 나 있었지,/그래서 나는 – 사람들이 덜 밟은 길을 택했고/그것이 내 운명을 바꾸어 놓았다고.　　　　　　　　　　　　　　(로버트 프로스트/미국/1875~1963)

은퇴한 교수가 한 현인(賢人)을 찾아와 물었습니다.

"삶의 의미가 무엇입니까?"

그러자 현인은 이렇게 말했습니다.

"거기 의미 같은 건 없소. 삶은 있는 그대로요."

교수는 불만스런 표정으로 말했습니다.

"저는 먼 곳에서 왔습니다. 나이도 많습니다. 그러니 제발 저를 그냥 돌려보내지 말아 주십시오. 도대체 삶의 의미가 무엇입니까?"

"내가 당신을 그냥 돌려보낼 수 있다면, 당신의 이번 여행은 진정 의미 있는 것이 될 것이오."

그러자 교수는 불만스런 표정으로 말했습니다.

"어리석은 말씀 마십시오. 저는 삶의 의미를 물었습니다. 좀 더 분명한 말로 답해 주십시오."

인간은 유사 이래 줄곧 삶의 의미나 해답을 찾아 왔습니다. 그러나 거투르드 스타인의 시구(해답은 없다/지금까지도 해답이 없었고/앞으로도 해답이 없을 것이다/이것이 인생의 유일한 해답이다)처럼 도무지 해답이라는 것이 없습니다. 물론 몇몇 종교에서 해답이나 의미라고 할 수 있는 것을 내놓기도 했습니다. 그러나 그 또한 모든 사람이 수긍할 수 있는 것은 아니었습니다. 왜냐하면 삶이란 '지금/여기서 그 사람에게 일어나는 신비로운 한 현상'이기 때문입니다.

그러나 이것 하나만은 분명합니다. 삶(인생)이 '일(직업)을 통해 식/의/주(생계)를 해결하고 나아가 자아를 실현 해 가는 과정'이라는 점입니다. 물론 이 삶의 목표가 행복이라는 것은 두말할 나위 없습니다. 따라서 성장기인 중/고교 시절에 자신의 진로를 합리적으로 탐색/설계/실행하는 일처럼 중요한 것은 없습니다. 그런데 우리의 현실은 이런 일을 제대로 해 나가기가 무척 어렵습니다. 왜냐하면 돈과 지위와 명성만이 최고요 최선이라는 풍조가 우리 사회에 만연되어 있기 때문입니다.

진정한 행복은 '자신이 좋아하는 일에 완전히 몰입하여 시간의 흐름이나 자아를 의식하지 못하는 상태' 일 것입니다. 사람은 자신의 흥미/성격/적성/지능/학력/신체조건/환경/직업관에 맞는 일을 할 때 그 일 에 완전히 빠지게 됩니다. 그리고 이렇게 시간과 자아를 잊을 만큼 하는 일에 빠지면, ① 우선 일과 사람이 하나인 상태(人事不二)가 되어 능률이 극대화되고, ② 자아라는 기존 관념이 없는 상태가 되기 때문에 창의성이 만발하게 됩니다. ③ 그러면 어떻게 되겠습니까? 그야 두말 할 것도 없이 그 일의 일인자가 되는 것이지요. ④ 그리고 덤(?)으로 행복감까지 얻게 됩니다. 따라서 학생 진로개발의 핵은 '자신이 몰입할 수 있는 일(학과/직업 등)을 찾는 것' 입니다.

이에 학생들이 자신의 진로를 탐색해 볼 수 있는 프로그램을 가지고 워크북을 만들었습니다. 따라서 다음과 같은 점에 유의해서 이용해 보기 바랍니다.

① 이 워크북에는 많은 프로그램(활동자료)이 실려 있습니다. 그렇다고 모든 프로그램을 다 해 볼 필요까지는 없습니다. 필요한 부분만 골라서 진로탐색이나 개발에 이용해 보기 바랍니다.

② '먼저 생각해 보기' 를 통해서 삶의 과정, 자아감, 자아존중감매, 성취동기 등과 함께 장

래의 구체적인 꿈을 그려보기 바랍니다.

③ '자기 자신 알아보기'를 통해서 자아 특성을 다각도로 알아보고, 또 그에 적합한 학과/직업도 탐색해 보기 바랍니다. 물론 그 밖의 표준화검사 결과와도 함께 이용해 보기 바랍니다.

④ '직업 알아보기'를 통해서 다양한 직업 세계의 변화를 알아보기 바랍니다. 또 제시된 자료를 바탕으로 미래의 직업을 다각적/심층적으로 살펴보기 바랍니다.

⑤ '직업 선택해 보기'를 통해 신중하게 장래 직업도 깊이 있게 선택해 보기 바랍니다.

물론 이 워크북으로 진로를 선택하기는 어려울 것입니다. 따라서 최종 선택은 여기서 얻은 자료를 가지고 부모님/진로전문가/상담선생님 등과 상담을 해서 스스로 결정하는 것이 좋습니다. 그러나 가장 중요한 점은 이 프로그램을 통해 '진로마인드'를 기르는 것입니다. 진로마인드를 가진 사람은 평생 동안 자신의 생애를 적극적이고 효율적으로 개발 해 갈 수 있기 때문입니다.

이 워크북은 원래 학생용으로 개발한 것입니다. 그러나 교사의 진로지도 자료로도 충분히 이용할 수 있습니다. 따라서 학생은 진로 탐색/개발 자료로, 교사는 진로 교육/지도 자료로 이용할 수 있을 것입니다.

2009. 8

남 성 현

# 차례

# Part 3 직업 알아보기

# Part 4 직업 선택해 보기

# 먼저
# 생각해 보기

인생에 정해진 정답이나 해답 같은 것은 없다.

그러나 이것 하나만은 분명하다.

이루고자 하는 의지가 강하고 꿈이 구체적이면

그 꿈은 반드시 이루어진다는 것이다.

# 삶의 과정 생각해 보기

사람은 태어나서 죽을 때까지 대부분 '성장기·탐색기·정착기·유지기·쇠퇴기'라는 과정을 거친다. 물론 이러한 과정에는 제각기 수행해야 할 과업도 있다. 따라서 각 기별로 주어진 과업을 충실히 수행하는 것이 성실한 삶이다. 그런데 이 중에서 성장기와 탐색기는 인생에서 아주 중요한 의미를 지니고 있다. 왜냐하면 진로를 탐색/선택/설계/준비/실행해 갈 뿐 아니라, 직업인으로서의 자질을 갖추어 가는 시기이기 때문이다.

1) 성장기(14세 이전)는, 초기의 욕구와 환상 단계를 벗어나 점차 흥미와 능력을 중시하는 단계로, ① 욕구와 역할 수행을 중시하는 환상기(4~10세), ② 흥미 위주로 진로 목표와 내용을 결정하는 흥미기(11~12세), ③ 진로 선택 능력과 직업 훈련 조건을 중시하는 능력기(13~14세)로 나누기도 한다.

2) 탐색기(15~24세)는, 학교와 여가생활, 각종 활동을 통한 다양한 역할수행, 직업 탐색, 자기이해 등 현실적 요인을 중시하는 단계로, ① 욕구/흥미/능력/가치/취업 기회 등을 고려하여 잠정적으로 진로를 선택하는 잠정기(15~17세), ② 직업에 필요한 교육과 훈련을 받고 자아개념을 확립하고 현실적 요인을 갖추는 전환기(18~21세), ③ 자신에게 적합하다고 판단되는 직업을 선택해서 거기에 종사하는 시행기(22~24세)로 나누기도 한다.

3) 정착기(25~44세)는, 초기 시행기를 거쳐 적합한 분야에 정착하는 단계로, ① 자신이 선택한 직업이 적합하지 않을 때는 변화를 시도해 보는 시행기(25~30세), ② 일정한 소속과 지위로 직업의 안정과 만족을 누리는 안정기(31~44세)로 나누기도 한다.

4) 유지기(46~64세)는, 직업 생활에서 일정한 위치를 확보하고 유지/발전시키는 시기이다.

5) 쇠퇴기(65세 이후)는, 신체적/정신적 능력의 쇠퇴와 함께 직업 생활을 마치고 은퇴하는 단계로, 사람에 따라서는 이때부터 다시 새로운 일을 시작하기도 한다.

따라서 위 단계별로 정해진 진로 과업을 충실히 수행해 가는 사람은 훌륭한 직업인이 될 뿐만 아니라 행복한 인생도 만들어 갈 수 있다.

▶ 삶의 단계별로 내가 할 일(과업)이 무엇인지 써 보고 그 뜻을 새겨 본다.

▶ 단계별 발달과업을 읽고 다시 한 번 생각해 본다.

| 단계 | 발달과업 | 내가 해야 할 일 적어보기 |
|---|---|---|
| 성장기 | - 걸음걸이 배우기<br>- 말 배우기<br>- 배설을 스스로 조절하는 방법 배우기 | |
| 탐색기 | - 다양한 신체 기능과 활동 익히기<br>- 친구와 사귀는 법을 익히고 실행하기<br>- 남녀 성 역할 인식하기<br>- 읽고, 쓰고, 셈하는 것 배우기<br>- 바른 양심, 도덕성 익히기와 가치관 정립 | |
| 정착기 | - 이성간의 원만한 인간관계 맺어가기<br>- 부모로부터 정서적, 인격적으로 독립하기<br>- 직업의 탐색, 준비, 선택하기<br>- 가정생활 준비와 결혼 | |
| 유지기 | - 자녀 양육에 대한 지식과 기능 익히기<br>- 가정관리에 대한 지식과 기능 익히기<br>- 직업 생활 유지하기<br>- 친목, 사교 모임 참여하기<br>- 시민으로서의 사회적 책임 다하기 | |
| | - 성인으로서 사회적 책임 수행하기<br>- 자녀 양육과 교육 뒷받침 해주기<br>- 여가 활동 참여하기<br>- 원만한 부부 관계 유지하기<br>- 부모 보살피기 | |
| 노년기 | - 노년기 건강 유지<br>- 은퇴 생활 준비와 적응<br>- 배우자 사망 준비와 적응<br>- 동년배와 친목 도모 | |

〈진로와 직업〉, 대한교과서주식회사, 2003.

 인간은 삶의 발달 단계별 과업을 통해 자신의 삶을 완성시켜 간다. 즉 식물의 씨앗이 뿌려지고 새싹이 돋고 그 가지가 자라 꽃이 피고 열매를 맺듯이 일정한 과업을 수행한다. 이런 과정 별 발달과업을 잘 수행하지 못할 때, 생애와 진로에 많은 혼란을 겪게 된다.(Erikson)

| 단계 | 과업 |
|---|---|
| 유아기 | 고프면 어머니가 먹여주는 등 모든 것을 보살펴 주기 때문에, 놀라거나 힘들 때 어머니가 자기를 안심시켜 줄 것이라고 믿는다. 아기는 타인이 자기를 받아 준다는 믿음과 자기 신체의 충동에 차차 익숙해짐으로써 자신에 대한 신뢰를 발달시킨다. 신경과 근육의 발달로 혼자서 걸을 수 있고 의사를 말로 표현할 수 있고 배변 훈련을 할 수 있는 능력이 생긴다. |
| 아동기 | 부모처럼 크고 힘세고 아름다워지고 싶어 하는 등으로 부모와 동일시(identification)하는 때다. 기본적 행동 양식은 침입이고 주도적이고 목표를 정해 추진하고 경쟁하는 것이다. 따라서 신체적인 공격으로 타인의 신체에 침입하고, 공격적인 언어로 타인의 귀와 마음속으로 들어가고, 격렬한 운동으로 공간으로 들어가며, 호기심으로 미지의 세계로 들어간다. 그리고 가치 있는 인간이 되기 위해 무엇인가를 골똘히 수행하고 또 항상 경쟁하는 등의 일을 한다. |
| 사춘기 | 이 시기는 지식 획득과 일이 있는 더 넓은 세계로 들어가기를 원한다. 학교에 입학해서 사회가 요구하는 기술과 지식을 배운다. 성공적인 경험은 아동에게 능력과 근면함을 느끼게 해준다. 한편 실패는 열등감을 느끼게 한다. 일을 잘 하려고 하고 시작한 것은 완성하려 한다. 앞의 두 단계와는 달리 내적인 욕구 출현이 없는 심리적 잠복기이다. |
| 청년기 | 급격한 신체성장과 생리적 변화는 익숙하지 않은 성적 충동과 함께 신체에 대해 새로운 느낌을 갖게 한다. 이런 변화는 상급학교 진학과 직업을 선택해야 하는 사회적 압력과 함께 여러 가지 역할에 대하여 생각한다. 기본 과업은 아동기부터 해온 여러 가지 동일시를 더욱 완전히 하여 하나의 정체(identity)로 통합하는 것이다. |
| 성인기 | 합리적으로 잘 통합된 정체감이 앞 단계에서 형성되면 타인과의 심리적 친밀감이 형성된다. 자기의 정체를 잃지 않고 다른 사람이나 이성과 융합할 수 있다. 이성과 친밀한 관계를 가지면서 동성 친구와의 우정도 유지할 수 있다. 자신들에게 위협적인 사람들인 그들에 대한 방어도 한다. 만일 이성과 친밀감을 가지려는 시도가 실패하면 고집 속으로 빠져들게 된다. 이러한 경우 대인 관계는 상투적이고 공허해진다. |
| 장년기 | 자녀교육이나 창조적, 생산적 활동을 통해서 다음 세대를 키우고 교육한다. 아기를 낳아 기르는 일, 생산성과 미래에 대한 신념, 자기 종족에 대한 믿음, 다른 사람들을 돌보는 능력 등이 이 단계의 과업이다. 생산성 부족은 자기몰입, 지루함, 심리적 미성숙으로 표현된다. |
| 노년기 | 평생에 걸쳐 쌓아온 것을 기반으로 살아간다. 또 인생의 한계를 받아들이고, 자기 자신이 역사의 한 부분임을 받아들이며, 지혜와 자부심으로 지금까지 모든 단계를 통합한다. 이에 실패하면 절망에 빠진다. 즉 자기가 한 일, 자기 생애에서 못 한 일에 대한 후회 같은 것이다. |

소아시아 프리기아의 왕 마이다스는 항상 신에게 이렇게 기도했다. "신이시여, 제 소원을 들어주소서. 저의 손길이 닿는 것은 모두 황금으로 변하게 해 주소서." 마이다스의 기도에 견디다 못한 신은 그만 그의 소원을 들어주기로 했다. "이제 그대가 만지는 것은 모두 황금으로 변하게 될 것이다. 그러니 제발 다음부터는 절대로 나를 괴롭히지 말라." 마이다스 왕은 자신의 소원이 이루어지자 우선 식사부터 할 수가 없었다. 그가 식탁에서 만지는 음식부터 황금으로 변했기 때문이다. 그는 물도 마실 수 없었다. 그가 물에 손을 대자 그것도 황금으로 변했기 때문이다. 이윽고 그의 부인과 아이들도 그를 피했다. 신하와 친구들도 만나러 오지 않았다. 그의 왕국은 삽시간에 그를 버렸다. 완전히 외톨이가 된 왕은 자신의 궁전과 모든 가구를 황금으로 만든 가장 부유한 왕이었지만, 물 한 모금도 마시지 못한 채 고통 속에서 끝내 죽고 말았다.

자아관 돌아보기

성공한 사람들에게 그 비결을 물어보면 의외로 많은 사람이 "운이 좋았다"는 대답을 한다. 그런데 과연 운이라는 것은 존재하는 것일까? 그리고 운이라는 것이 있다면 그것은 조절이 가능한 것일까? 일본에서 '경영의 신'이라는 별명을 가지고 있는 '후나이 유키오' 씨는 사업 경영에서 '운'이 아주 중요하다고 주장한다. 그리고 그 운은 사람의 힘으로 얼마든지 조절이 가능하다고 한다. 그의 주장에 따르면 사물의 이치를 거스르지 않으면 운이 따른다고 한다. 즉 이 세상의 질서를 유지하고 있는 틀에 따라 행동하면 운이 따르지만, 이를 거스르면 운이 따르지 않는다는 것이다. 그래서 그는 운을 불러 올 수 있는 방법을 이렇게 제시했다.

① 넓게 판단하라.
② 부정하고 악담하고 비판하지 말라.
③ 매사에 감사하고 반성하며, 봉사하는 것을 기뻐하라.
④ 예의 바르게 행동하고 사물의 현상을 긍정적으로 수용하라.

물론 운이란 인간의 힘을 초월한 그 무엇이다. 그러나 사물의 이치를 거스르지 않고 열심히 살아가는데 어떻게 운이 따르지 않을 수 있겠는가? 운이란 저절로 오는 것이 아니라, 노력하는 사람들에게만 오는 것이다. 반면 노력하지 않는 사람은 간혹 운이 자신에게 와도 그것을 지켜나갈 능력이 없기 때문에, 한 때의 신기루처럼 금방 사라지고 만다. 이렇게 보면 '운'은 '노력'의 별칭이라고 할 수 있다.

심리학 실험에 '초면인 사람끼리 잠시 이야기를 나누게 한 다음, 상대가 자신을 어떻게 평가했을 거라고 생각하느냐고 물어 보는 것'이 있다. 결과는 평소 자신을 과소평가해 온 사람은 상대도 자신을 낮게 평가할 거라고 생각하는 반면, 그 반대는 높게 평가할 거라고 생각한다는 것이다. 이처럼 자신을 낮게 평가하는 사람보다, 높게 평가하는 사람이 진로 적응도 잘하고 직업적 성공률도 높다.

자아관(自我觀)이란 '내가 나 자신을 어떤 사람으로 보는가' 하는 것이다. 따라서 자기 자신을 높게 평가하고 존중하면서 능력 있는 사람이라고 생각하는 긍정적/적극적 자아관을 정립하는 것이 필요하다. 반면 자신의 능력을 낮게 평가하고 잘 하는 일이 없다는 부정적/소극적 자아관은 긍정적/적극적 자아관으로 고치도록 노력해야 한다.

▶ 다음은 자신의 「자아관」이 적극적인지 소극적인지 알아보는 것이다. 문항이 자신의 생각과 일치하면 ○표, 그렇지 않으면 ×표, 애매하면 △표 하고 그 결과를 알아본다.

| 문항 | 응답 |
|---|---|
| 1. 나는 항상 몸이 피곤하고 건강이 좋지 않다. | ○ × △ |
| 2. 나는 나의 모습에 대해 만족하고 있다. | ○ × △ |
| 3. 나의 몸 어떤 부분은 지금보다 나아졌으면 좋겠다. | ○ × △ |
| 4. 나의 몸은 언제나 건강하다. | ○ × △ |
| 5. 나는 운동이나 게임을 잘 못하는 편이다. | ○ × △ |
| 6. 나는 무슨 일이나 남의 눈치를 살피면서 하는 편이다. | ○ × △ |
| 7. 나는 잘못을 알면서 그것을 잘 고치지 못한다. | ○ × △ |
| 8. 나는 대개 올바른 일을 한다고 생각한다. | ○ × △ |
| 9. 나는 다른 사람이 좋아할 만한 신체적 조건을 갖추지 못하고 있다. | ○ × △ |
| 10. 나는 나쁜 짓을 하지 않는다. | ○ × △ |
| 11. 나는 남에게 손가락질 받을 만한 일은 하지 않는다. | ○ × △ |
| 12. 나는 얌전하고 예절 바른 사람이다. | ○ × △ |
| 13. 나는 내가 되고 싶은 사람이 못되는 편이다. | ○ × △ |
| 14. 나는 누구에게나 친절한 사람이다. | ○ × △ |
| 15. 나는 지금의 내게 만족한다. | ○ × △ |
| 16. 나는 나 자신이 밉고 불만도 많다. | ○ × △ |
| 17. 나는 내가 정말 되고 싶은 사람이 못 된다. | ○ × △ |
| 18. 나는 어려운 처지가 되면 쉽게 포기하는 편이다. | ○ × △ |
| 19. 나는 남의 미움을 잘 사는 편이다. | ○ × △ |
| 20. 나는 어려운 처지에 놓여도 스스로 잘 처리한다. | ○ × △ |
| 21. 나는 행복한 가정에서 살고 있다. | ○ × △ |
| 22. 나는 나의 친구들에게나 우리 집에서 중요한 사람이다. | ○ × △ |
| 23. 나는 부모님에게 내가 해야 할 도리를 다 하고 있다. | ○ × △ |
| 24. 나는 하고 싶은 이야기들을 식구들과 터놓고 이야기한다. | ○ × △ |
| 25. 나는 다른 사람들과도 잘 어울린다. | ○ × △ |
| 26. 나는 다른 친구들의 생각이나 행동을 이해하려고 노력한다. | ○ × △ |
| 27. 나는 이성들에게 인기가 많다. | ○ × △ |
| 28. 나는 내게 잘못한 사람을 쉽게 용서하지 않는다. | ○ × ∧ |
| 29. 나는 처음 보는 사람과는 이야기를 잘 못한다. | ○ × △ |

| | |
|---|---|
| 30. 나는 가끔씩 누군가에게 욕을 하고 싶을 때가 있다. | ○  ×  △ |
| 31. 나는 화를 내선 안 되겠다고 생각하면서도 곧잘 화를 낸다. | ○  ×  △ |
| 32. 나는 아는 사람이라고 해서 모두 좋아하지는 않는다. | ○  ×  △ |
| 33. 나는 곧잘 화내거나 짜증을 내는 편이다. | ○  ×  △ |
| 34. 나는 가끔씩 말하기 어려울 정도로 좋지 않은 생각을 하는 편이다. | ○  ×  △ |
| 35. 나는 가끔 이성에 관한 이야기를 하면서 쾌활하게 웃는다. | ○  ×  △ |
| 36. 나는 열심히 공부를 해도 성적이 잘 오르지 않는 편에 속한다. | ○  ×  △ |
| 37. 나는 다른 것은 몰라도 공부에는 자신이 있다. | ○  ×  △ |
| 38. 나는 상급 학교에 가서도 공부를 잘 할 수 있을 것 같다. | ○  ×  △ |
| 39. 나는 다른 아이들보다 공부를 못하는 편이다. | ○  ×  △ |
| 40. 나는 열심히 공부하면 다른 아이들처럼 성적이 오를 것으로 믿는다. | ○  ×  △ |

〈고등학교 진로교육 지도안〉, 한국교육개발원, 1989.

**결과 알아보기**

1. 1, 5, 6, 7, 9, 13, 16, 17, 18, 19, 28, 29, 30, 31, 32, 33, 34, 36, 39번 문항에 X표 한 것과, 2, 3, 4, 8, 10, 11, 12, 14, 15, 20, 21, 22, 23, 24, 25, 26, 27, 35, 37, 38, 40번 문항에 O표 한 것만을 세어서 모두 더한다.(△표 한 것은 제외함)

2. 합산한 점수가 아래 표 어느 등급에 해당되는지 찾아본다.

4. 등급이 높을수록 자아관이 적극적이고 긍정적이며 또 대인관계도 원만하여, 진로개발을 잘 해 나간다. 반면 부정적 자아관을 가진 사람은 언뜻 보기에 매우 예리하고 분석적이며 똑똑한 것 같지만 진로개발은 제대로 해 가지 못한다. 따라서 긍정적/적극적 자아관을 갖도록 노력해야 한다.

| 총점 | 자아관 해석 |
|---|---|
| 5등급  30점 이상 | 매우 높다 - 긍정적/적극적 자아관의 소유자 |
| 4등급  20~29점 | 높다 - 긍정적/적극적 자아관의 소유자 |
| 3등급  10~19점 | 보통 - 보통 정도의 자아관 소유자 |
| 2등급  00~09점 | 낮다 - 소극적/부정적 자아관의 소유자 |
| 1등급  0점 이하 | 매우 낮다 - 소극적/부정적 자아관의 소유자 |

5. 자신의 자아관을 높이는 방안을 구체적으로 적어본다.

● 당나라 시인 이백(李白/701~762)이 부친의 근무지인 촉나라의 성도에서 자랄 때 이야기다.

그가 깊은 산 속에 들어가 공부를 하고 있던 어느 날, 공부에 싫증이 나자 스승에게 아무 말도 하지 않고 산을 내려오고 말았다. 집을 향해 걷고 있던 그가 어느 냇가에 이르렀을 때, 웬 노파가 열심히 바위에 도끼를 갈고 있는 모습을 보게 되었다. 이상히 여긴 이백은 노파에게 그 이유를 물었다. 노파는 웃으며 바늘을 만들려고 도끼를 갈고 있다고 대답했다. 이백은 그렇게 큰 도끼를 언제 다 갈아 바늘을 만들겠느냐 면서 비웃었다. 그 순간, 노파는 정색을 하고 말했다. "되고말고! 중도에 그만 두지만 않는다면……." 그 자리를 떠나면서 이 백은 '중도에 그만 두지만 않는다면'이란 노파의 말이 몹시 마음에 걸렸다. 그리고 힘들다고 공부를 포기한 자신이 몹시 부끄러웠습니다. 결국 마음을 바꾼 그는 다시 산으로 올라갔다. 그 후 마음이 해이해지면 바늘을 만들려고 열심히 도끼를 갈던 노파의 모습을 떠올리며 학문에 정진했다. 흔히 현대를 가리켜 스피드 시대라고 한다. 그만큼 모든 지식의 변화 속도가 빠르다. 그러나 인간이 추구해야 할 기본적인 가치는 영원히 변하지 않는다. 정성과 인내가 바로 그런 것이다. 혹시 우리는 지금 하는 일이 어렵거나 무의미하다고 생각하고 있지는 않는가?

자아 존중감이란, 자신을 능력 있고 쓸모 있는 사람이라고 생각하면서 자신을 존중하는 마음가짐이다. 물론 그 반대는 자신을 쓸모없고 무능하다고 생각하는 마음가짐이다. 따라서 자아 존중감이 높은 사람은 모든 일에 적극적이며, 인간관계도 원만하고, 성취의욕도 강하다. 또한 진로도 합리적으로 설계하고 효율적으로 실현한다.

다음 두 유형 중 자신은 어느 쪽에 해당되는지 알아보자.

① 당장 '행동' 에 옮기는 사람 VS 항상 '주저' 하는 사람.

② 실패를 인정하고 고치려는 사람 VS 인정하지 않고 고치지 않으려는 사람.

③ 아직도 부족한 점이 많다고 하는 사람 VS 별로 부족한 점이 없다고 하는 사람.

④ 어떤 문제든 끝까지 '추구' 해 가는 사람 VS 어떤 문제든 '쉽게 포기' 하는 사람.

⑤ '방법을 찾아보자, 어떻게든 해 봐야지' 하는 사람 VS '아무도 그런 방법이 있다는 것을 몰라,' 라고 하는 사람.

⑥ 자기보다 우수한 사람을 보면 그 사람에게서 무엇인가를 배우려고 하는 사람 VS 자기보다 우수한 사람은 끌어내리고 '비방' 하는 사람.

⑦ '틀림없이 더 좋은 방법이 있을 거야' 하면서 개선하려고 하는 사람 VS '지금까지 해온 방법이 제일이야' 하면서 개선하려고 하지 않는 사람.

로버트 슐러의 적극적 사고 10가지도 깊이 음미해 볼만한 것이다.

① 불가능하다는 생각은 절대로 하지 않는다.

② 어려운 일에 직면했을 때는 해결책을 찾아본다.

③ 자신에게 주어진 가능성을 결코 부인하지 않는다.

④ 훌륭한 제안을 거부하는 일에는 결코 참여하지 않는다.

⑤ 한 가지 목표가 달성되면 다시 새로운 목표를 설정한다.

⑥ 어떤 일에 실패할 위험이 있다고 해서 계획을 포기하지 않는다.

⑦ 스스로 불완전하다는 생각으로 장래 설계를 결코 포기하지 않는다.

⑧ 다른 사람이 성공하지 못했다고 나도 마찬가지라는 생각은 하지 않는다.

⑨ 시간/돈/두뇌/재능/기술이 부족하다거나 꿈의 실현이 불가능하다고 생각하지 않는다.

⑩ 어떤 제안이 들어왔을 때, '확신이 안 선다, 생각해보지 못한 일이다, 유익함이 없을 것이다.' 라는 생각으로 그것을 거부하지 않는다.

▶ 다음은 자아 존중감이 어는 정도인지를 알아보는 것이다. 따라서 문항별로 자신의 생각과 일치하는 것에는 ○표, 그렇지 않은 것에는 × 표하고 집계하여, 자신의 자아존중감을 되돌아본다.

| 문항 | 응답(○/×) |
|---|---|
| 1. 나는 믿을 만한 가치가 없는 사람이다. | ( )( ) |
| 2. 나는 곧잘 집을 나가고 싶다는 생각을 한다. | ( )( ) |
| 3. 나는 집에서 자주 화를 내는 사람이다. | ( )( ) |
| 4. 나의 부모님은 나를 잘 이해해 주시는 편이다. | ( )( ) |
| 5. 나는 가만히 생각해 보면 아주 재미있는 사람이다. | ( )( ) |
| 6. 나는 지금의 나를 확 바꾸고 싶다. | ( )( ) |
| 7. 나의 부모님은 내게 지나친 기대를 한다. | ( )( ) |
| 8. 나는 친구들과 잘 어울리는 편에 속한다. | ( )( ) |
| 9. 나의 부모님은 항상 내 기분을 생각해 주신다. | ( )( ) |
| 10. 나는 다른 사람에게 호감을 주지 못하는 타입이다. | ( )( ) |
| 11. 나는 새로운 것에 적응하는데 많은 시간이 걸리는 사람이다. | ( )( ) |
| 12. 나는 내 자신이 싫어질 때가 많다. | ( )( ) |
| 13. 나는 학교 갈 의욕을 곧잘 잃는다. | ( )( ) |
| 14. 나의 동생들은 내 말을 잘 듣는 편이다. | ( )( ) |
| 15. 나는 나 자신을 무척 신뢰한다. | ( )( ) |
| 16. 나는 학교에서 당황할 때가 많다. | ( )( ) |
| 17. 나는 반 학생들 앞에서 말하는 것을 두려워한다. | ( )( ) |
| 18. 나는 내 외모에 대해 자신이 없다. | ( )( ) |
| 19. 나는 말하고 싶은 것이 있으면 곧바로 하는 편이다. | ( )( ) |
| 20. 나는 무슨 일이든 쉽게 결정한다. | ( )( ) |
| 21. 나는 친구들이 하자는 대로 잘 따라한다. | ( )( ) |
| 22. 나에 대한 이웃의 기대가 지나치다고 생각한다. | ( )( ) |
| 23. 나는 번잡한 일에 얽혀서 항상 공부에 방해를 받는다. | ( )( ) |
| 24. 나는 어떠한 일도 힘들어하거나 어려워하지 않는다. | ( )( ) |
| 25. 나는 지금의 나에게 불만이 많은 사람이다. | ( )( ) |

 **결과 알아보기**

1. 1, 2, 3, 6, 7, 10, 11, 12, 13, 16, 17, 18, 21, 22, 23, 25번 문항에 ×표 한 것과, 4, 5, 8, 9, 14, 15, 19, 20, 24번 문항에 ○표 한 것을 모두 센다.
2. 아래 결과 해석 표에서 센 점수에 해당되는 난을 찾아본다.
3. 자아존중감을 높이는 방안을 적어 본다.
4. 결과 해석 표

| 총점 | 해석 – 1 | 해석 – 2 |
|---|---|---|
| 5등급  21~25점 | 자아 존중감이 - 매우 높다 | 적극적 · 긍정적 자아관 |
| 4등급  16~20점 | 자아 존중감이 - 높다 | ↑ |
| 3등급  11~15점 | 자아 존중감이 - 보통이다 | ‖ |
| 2등급  06~10점 | 자아 존중감이 - 낮다 | ↓ |
| 1등급  01~05점 | 자아 존중감이 - 매우 낮다 | 소극적 · 부정적 자아관 |

〈진로지도의 실제〉, 제주도교육연구원, 1987.

 **쉬어가기**

● 멀티미디어 전문 업체를 운영하는 K 사장은 고등학교를 졸업할 무렵 집안 형편으로 대학 진학을 포기할 수밖에 없었다.

한동안 실의에 빠져 있던 그는 한 대기업 산하 전자 회사에서 고졸자를 대상으로 모집한 1년 과정의 기술 연수생으로 들어갔다. 1년 후 그는 이 회사의 중앙 기술 연구소로 발령을 받았다. 그러나 박사급 연구원들이 수두룩한 이 연구소에서 그가 할 수 있는 것은 잔심부름이 고작이었다. 낮에는 연구원들의 뒷정리를 해 주고, 밤에는 다른 사람의 당직까지 떠맡아 가며, 연구실에서 세탁기, 에어컨, 냉장고 등을 뜯어보고 조립하기를 되풀이하며 밤을 지새우기가 일쑤였다. 6개월 후에 그는 어느 새 '자동판매기의 코인 센서'에 관한 특허를 출원하는 발명가가 되어 있었다. 그 후에도 1백여 가지의 발명품으로 국내외에 특허를 출원했고, 마침내 멀티미디어 전문 업체를 설립했다. "삶의 의미는 미래에 있다." 이 말은 K 사장이 어릴 때 할아버지로부터 배운 가르침이었다. 이처럼 미래를 가슴에 품고 최선을 다하는 사람에게는 현실의 어떤 조건도 장애가 될 수 없다. 우리가 지금 삶의 의미를 어디에 두고 있는지 한번 되돌아보게 하는 이야기다.

영화 「로키」를 통하여 일약 세계적인 스타로 발돋움한 실베스터 스텔런은 어린 시절을 아주 어려운 환경에서 보냈다. 여러 학교를 떠돌던 그는 늘 천덕꾸러기 취급을 당했으며, 심지어 대학 입학시험의 시험관으로부터는 '엘리베이터 수리공이나 하라'는 모욕적인 말을 듣기도 했다. 그러나 그는 그런 어려움 속에서도 자신감만은 결코 잃지 않았다.

그런 그가 어느 날 밤 헤비급 복싱 세계 타이틀전을 시청하던 중 한 가지 영감을 얻게 되었다. 즉 열광하는 관중의 함성 속으로 멀어져 가는 패자의 뒷모습을 보고 영감을 얻어 3일 만에 「로키」의 대본을 쓴 것이다. 그리고 제작자를 찾아가 자신이 주연을 맡는 것을 조건으로 대본을 팔겠다는 용기 있는 제안을 했다.

결국 온갖 어려움을 이긴 끝에 영화 「로키」가 만들어졌고, 드디어 자기가 꿈꾸던 영화배우가 되었다. 그 후, 그가 기자와 인터뷰에서 이렇게 말했다. "성공이란 항상 실패했을 때 어떻게 마음을 먹느냐에 달려 있다. 나는 여러 번 실패했다. 그러나 나는 실패를 긍정적으로 해석하고 받아들였다. 즉 실패를 오히려 헐리웃에 뛰어드는 계기로 삼았다."

영국의 극작가이자 사회비평가인 버나드 쇼(George Bernard Show/1856∼1950/1925년 노벨 문학상 수상)의 「위스키 반 병」 이야기는 긍정적 사고와 부정적 사고가 어떤 것인지 잘 말해주고 있다. 내용은 위스키 반 병을 보고, 어떤 사람은 '아직도 반이나 차있네/Half full' 라고 하는 반면, 또 어떤 사람은 '에게! 반 밖에 없네/Half empty' 라고 한다는 것이다.

따라서 전자는 긍정적 사고방식을 가진 사람인 반면, 후자는 부정적 사고방식을 가진 사람이라는 것이다. 또 영국의 의사이자 성 심리학자인 엘리스(Henry Havelock Ellis/1859∼1939)는 '어떤 일이나 상황이 인간을 불행하게 만드는 것이 아니라, 그것을 어떻게 받아들이느냐에 따라 행/불행이 결정된다.' 고 하기도 했다.

 ▶ 아래 것은 자신의 사고방식이 부정적인지 긍정적인지를 알아보는 것이다. 문항 내용 중 자기 생각과 일치하는 것에는 3점, 보통이면 2점, 전혀 맞지 않으면 1점으로 하여 결과를 알아본다.

## ✖ 문항-가

| 문항 | 평점 | | |
|---|---|---|---|
| 1. 나는 언제나 혼자 있기를 즐기는 편이다. | ① | ② | ③ |
| 2. 나는 대인 관계에서도 소극적이고 위축되는 편이다. | ① | ② | ③ |
| 3. 나는 내가 한심하다고 생각할 때가 좀 많은 편이다. | ① | ② | ③ |
| 4. 나는 어려운 일을 당하면 쉽게 포기하거나 실망하는 편이다. | ① | ② | ③ |
| 5. 나는 수업시간이나 학급활동 시간에 발표하기를 기피하는 편이다. | ① | ② | ③ |
| 6. 나는 항상 공상이나 망상을 많이 하는 편이다. | ① | ② | ③ |
| 7. 나는 언제나 쉽게 감정에 상처를 입는 편이다. | ① | ② | ③ |
| 8. 나는 모든 일에 열등감이 많은 편이다. | ① | ② | ③ |
| 9. 나는 무슨 일을 하든 결심이 잘 서지 않는 편이다. | ① | ② | ③ |
| 10. 나는 남의 어려움을 보고 도와주는 것에 소극적인 편이다. | ① | ② | ③ |

## ✖ 문항-나

| 문항 | 평점 | | |
|---|---|---|---|
| 1. 나는 유머 감각을 가지려고 노력하고 또 그것을 즐기는 편이다. | ① | ② | ③ |
| 2. 나는 창의성을 개발하고 발휘하기 위해 많은 노력을 하는 편이다. | ① | ② | ③ |
| 3. 나는 무슨 일에나 책임감/의무감/사명감을 가지고 임하는 편이다. | ① | ② | ③ |
| 4. 나는 생활 속에서 기쁨/놀람/신기함을 자주 맛보는 편이다. | ① | ② | ③ |
| 5. 나는 계획한 것을 일일이 점검해 가면서 성실히 실천하는 편이다. | ① | ② | ③ |
| 6. 나는 친구를 사귈 때 적극적인 사람을 선호하는 편이다. | ① | ② | ③ |
| 7. 나는 일을 할 때는 목적과 방법을 잘 구분하고 윤리적인 면도 생각하는 편이다. | ① | ② | ③ |
| 8. 나는 현실을 바르게 보고 남의 장단점을 잘 받아들이는 편이다. | ① | ② | ③ |
| 9. 나는 무엇이든지 실천하고자 하는 마음이 강한 편이다. | ① | ② | ③ |
| 10. 나는 다른 사람을 공감적으로 이해하고 동정이나 연민의 감정도 느끼는 편이다. | ① | ② | ③ |

www.desri.re.kr 대구시교육연구원, 1999.

1. 문항 가 / 나 별로 평점한 점수를 합하여 적는다.

　가 :　　　　점　　　　　　나 :　　　　점

2. '가'는 부정적 사고이고, '나'는 긍정적 사고이다. 따라서 자신의 꿈을 이루기 위해서는 '가' 점수는 되도록 낮추고, '나'의 점수를 높이는 것이 좋다.

3. '가'를 점수를 낮추고 '나' 점수를 높이는 방안을 개조식으로 적어본다.

나의 행복 방정식은, '내 흥미를 끌고 잘 할 수 있는 것이 무엇인지 찾아낸 다음 그것에 내 모든 것을 쏟아 붓는 것'이다.

－록펠러재단 이사장 존 D. 록펠러 3세

▶ 다음의 것도 사고방식(긍정적·적극적/부정적·소극적)을 알아보는 것이다. 따라서 문항 내용이 자신의 생각과 일치하면 O, 그렇지 않으면 X로 응답한 다음 결과를 알아본다.

| 문항 | 응답 | |
|---|---|---|
| | O | × |
| 1. 나는 비판하기보다 행동하는 편이다. | | |
| 2. 나는 언제나 나를 사랑한다고 생각한다. | | |
| 3. 나는 항상 유머를 소중히 여기고 또 만들어 낸다. | | |
| 4. 나는 다른 사람으로부터 여러 모로 인정받고 있다. | | |
| 5. 나는 내 자신을 위한 질서와 규칙을 스스로 정한다. | | |
| 6. 나는 언제나 바르고 공평해야 한다는 생각에 크게 얽매이지 않는다. | | |
| 7. 나는 내 자신의 환경과 현실을 있는 그대로 받아들인다. | | |
| 8. 나는 영웅 숭배를 하지 않는 편이다. | | |
| 9. 나는 내 마음이 내 자신의 것이라고 확신한다. | | |
| 10. 나는 미지의 세계나 신비의 세계를 잘 받아들인다. | | |
| 11. 나는 단정적인 언어로 내 생각을 나타내지 않는다. | | |
| 12. 나는 내 감정을 잘 통제할 수 있다. | | |
| 13. 나는 내 특성을 살리려고 노력한다. | | |
| 14. 나는 모든 의존적인 관계를 없애려고 노력한다. | | |
| 15. 나는 언제나 실패에서 교훈을 얻는 편이다. | | |
| 16. 나는 죄책감으로부터 벗어나려고 노력하는 편이다. | | |
| 17. 나는 미래의 불안에 대해 크게 신경 쓰지 않는다. | | |
| 18. 나는 항상 남과 사랑을 주고받으려고 노력한다. | | |
| 19. 나는 마음의 독소인 분노를 잘 억제할 수 있다. | | |
| 20. 나는 생활 스타일로서 우유부단함을 없애려고 노력한다. | | |
| 21. 나는 나를 책망하거나 자책하지 않는 편이다. | | |
| 22. 나는 남의 도움 없이도 생활을 충분히 즐길 수 있다. | | |
| 23. 나는 항상 외부가 아닌 자신의 내부로부터 동기를 부여받는다. | | |
| 24. 나는 남이 내게 해 주기를 바라는 대로 해 주는 편이다. | | |
| 25. 나는 내 결점을 고칠 때 마다 성장 가능성을 고려한다. | | |

www.youthnet.re.kr / 한국청소년개발원, 2002.

1. O표 한 것의 수를 세어서 자신의 성취동기 어느 정도인지 알아본다.

   20~25개면 성취동기가 높은 편이다.

   19~10개면 보통이다.

   10개 미만이면 성취동기가 낮은 편이다.

2. 성취동기를 높이려면 어떻게 해야 하는지 적어본다.

모든 것을 조금씩 안다고 하는 것은, 하나도 제대로 모른다는 뜻이다.

– 디킨즈

 ▶ 아래의 것은 자신의 '조기 성공지수'를 간단히 알아보는 체크리스트이다. 따라서 아래 문항에 "예 / 아니요"로 답한 후 그 결과를 알아본다.

| 문항 | 응답 |
| --- | --- |
| 1. 나는 어떤 모임이나 회의이든지 준비를 치밀하게 한다. | 예 / 아니요 |
| 2. 나는 다른 사람과 원만하게 의사를 소통하는 능력을 가지고 있다. | 예 / 아니요 |
| 3. 나는 내가 좋아하는 일에는 깊이 빠지는 편이다. | 예 / 아니요 |
| 4. 나는 주변에 나를 도와 줄 사람을 많이 가지고 있다. | 예 / 아니요 |
| 5. 나는 모든 일의 끝마무리를 깔끔하게 한다. | 예 / 아니요 |
| 6. 나는 누구에게든지 배우는 자세로 임한다. | 예 / 아니요 |
| 7. 나는 나의 능력과 가능성을 확실하게 믿는다. | 예 / 아니요 |
| 8. 나는 어떤 어려운 일이 닥쳐도 이겨낼 자신이 있다. | 예 / 아니요 |
| 9. 나는 내가 다니는 학교의 주인이라는 생각을 가지고 있다. | 예 / 아니요 |
| 10. 나는 절대로 일을 미루지 않고 그때그때 한다. | 예 / 아니요 |

〈중등학교 여학생용 진로지도 지침〉, 교육부, 2002.

 1. "예"라고 답한 것의 수를 가지고 자신의 조기성공지수가 어느 정도인지 알아본다.
　　　가. 1-2개면 조기 성공 가능성이 적은 편이다.
　　　나. 3-4개면 대기만성 형이다.
　　　다. 5-7개면 조기 성공 형이라고 할 수 있다.
　　　라. 8-10개면 조기 성공 가능성이 아주 높은 편이다.
　　2. 자신의 조기성공지수를 높이는 방안을 생각해서 적어 본다.

꿈을 가진 삶은 아름답다. 그래서 서양 사람들은 일찍이 '청소년이여, 야망을 가져라(Boys, be ambitious)' 라는 금언을 만들어 내기도 했다. 청소년기에는 꿈을 가져야 한다. 젊음의 매력은 그가 가진 꿈에 있기 때문이다. 꿈이 없는 젊은이는 짠 맛을 잃은 소금과 같다. 그래서 '청춘은 희망에 살고 백발은 추억에 산다' 라는 말도 생겨났다. 꿈을 가진 이는 쉽사리 옆길로 가지 않으며 또한 그릇된 언행도 하지 않는다. 꿈을 가진 청춘은 용기가 있다. 또 꿈을 가진 사람은 결코 좌절하지도 않는다.

인류의 발전은 꿈을 가진 젊은이에 의해 이루어져 왔다. 예를 들면 하늘을 날겠다는 꿈을 가진 미국의 라이트 형제 덕분에 우리는 하늘 여행을 하고 있다. 또 초등학교 중퇴생이었던 에디슨의 무모한 꿈 덕분에 지금 우리는 밝은 전등불 아래에서 책을 읽을 수 있으며, A. G 벨의 도전 정신 덕분에 오늘날 우리는 멀리 있는 사람과 통화도 하고 있다.

네덜란드가 자랑하는 화가 렘브란트(Rembrandt Harmensz van Rijn, 1606~1669)의 아버지는 그에게 관리나 학자가 되라고 강요했다. 이에 렘브란트는 "아버지, 저는 화가가 되기만 한다면 죽어도 좋아요." 라고 하면서 뜻을 굽히지 않자, "허허, 네가 죽으면 화가가 될 수 없지, 아버지가 졌다." 하며 그의 꿈을 열어 주었다. 그러자 라틴어 학교를 거쳐 레이덴 대학에까지 진학한 학교를 곧바로 그만두고 본격적으로 화가의 길로 나갔다. 그러나 그의 인생은 평탄치 못했다. 아내의 죽음, 파산 선고, 외아들의 죽음 등 불행한 일이 잇달았다. 하지만 렘브란트는 어린 시절의 꿈을 이루기 위해 모든 불행과 싸워 끝내 유럽 회화 사상 빛나는 화가가 될 수 있었다.

청소년기에는 구체적인 꿈을 가져야 한다. 큰 꿈도 좋고 작은 꿈도 좋다. 인생에 있어 꿈은 빛과 소금 같은 것이다. 설사 그 꿈이 이루어지지 않는다 해도 꿈을 가진 그 자체만으로도 행복할 수 있고 아름답다. 그리고 삶에 활력이 생긴다. 또 세상의 부정에 쉽사리 물들지 않을 뿐 아니라, 인생의 역경이나 실패에도 좌절하지 않는다. 단 꿈은 자신의 이익만 챙기고 다른 이에게 해가 되는 그런 꿈이 되어서는 안 된다.

▶ 구체적인 꿈을 꾸준히 간직하고 있으면 언젠가는 이루어지게 마련이다. 따라서 아래 양식에 장래의 자기 모습(꿈)을 구체적으로 적어본다.

| 생각해 볼 것들 | 지금 | 미리 생각해 본 내 모습 | | | | |
|---|---|---|---|---|---|---|
| | | 5년 후 | 10년 후 | 15년 후 | 20년 후 | 30년 후 |
| 나이는? | | | | | | |
| 살고 있는 곳은? | | | | | | |
| 살고 있는 집은? | | | | | | |
| 가족 구성원은? | | | | | | |
| 직업은? | | | | | | |
| 연봉은? | | | | | | |
| 건강은? | | | | | | |
| 여가시간은? | | | | | | |
| 주로 읽는 책은? | | | | | | |
| 가장 소중한 것은? | | | | | | |
| 삶의 최종 목표는? | | | | | | |

 활동 자료Ⅱ

▶ 직업인으로서의 장차 자신의 모습을 구체적으로 그리고 적어 본다.

| 시기 | 하고자 하는 일 | 지위 | 보수 | 가족 관계 | 취미 생활 |
|------|------------|------|------|----------|-----------|
| 5년 후<br>( 살/ 년) | | | | | |
| 10년 후<br>( 살/ 년) | | | | | |
| 30년 후<br>( 살/ 년) | | | | | |
| 20년 후<br>( 살/ 년) | | | | | |
| 30년 후<br>( 살/ 년) | | | | | |

 ▶ 다음의 문장 완성하기를 통해, 자신이 생각하고 있는 바를 구체적으로 적은 다음 장래의 꿈을 점검해 본다.

1. 내가 정말 행복하려면,

2. 나는 언제나,

3. 나의 좋은 점은,

4. 내가 가장 바라는 것은,

5. 나의 능력은,

6. 내가 좋아했던 화제 거리는,

7. 내가 여가 시간에 신나게 하는 일은,

8. 내가 한 일 중 가장 자랑스러운 일은,

9. 내가 용기를 필요로 하는 일은,

10. 내가 봉사활동을 하면서 즐거워했던 일은,

11. 내가 다른 사람들과 함께하는 일은,

12. 내가 어떻게 해서든 잊고 싶은 것은,

13. 내가 원하던 일이 잘 안 되었을 때,

14. 내가 다른 사람과 다른 점은,

15. 내 생애에서 가장 성취감을 느꼈던 때는,

16. 나의 뚜렷한 개성은,

17. 내가 가장 자신 있는 일은,

18. 내 인생에서 가장 원하는 것은,

19. 내게 가장 신났던 최근의 일은,

20. 나의 단점은,

〈중학교 여학생용 진로지도 지침〉, 교육부, 2002.

*part02*

# 내자신
# 알아보기

삶의 궁극적인 목표인 행복은

자신이 진정으로 좋아하고 또 잘 할 수 있는 일(직업)을 할 때 찾아온다.

따라서 진로개발의 핵심은

자신의 흥미/성격/적성/가치관/능력/신체조건/환경에 맞는 진로를 찾는 것이다.

「몽테크리스트 백작」이라는 소설로 잘 알려진 프랑스 작가 알렉산더 뒤마 (Alexandre Dumas /1802~1870)의 단편소설 중에 「흑 튤립」이라는 것이 있다. 줄거리는 주인공이 각고의 노력 끝에 이 세상에 없는 검정색 튤립을 재배해 낸다는 이야기다. 그런데 튤립의 나라 네덜란드의 한 소년이 이 소설을 읽고 흑 튤립의 아름다움에 사로잡혀 장차 자신이 원예사가 되어 소설의 주인공처럼 흑 튤립을 재배하기로 결심하였다. 이후 그는 꿈을 이루기 위해 원예학교를 졸업하여 원예사가 되었다. 그리고 짙은 붉은 색 튤립끼리 교배에 교배를 거듭한 끝에 마침내 이 지구상에서 가장 검정 색에 가깝다는 튤립 재배에 성공함으로써, 어린 시절의 꿈과 흥미를 실현했다.

흥미란 '어떤 사람이나 활동 또는 사물에 대하여 가지는 긍정적인 느낌' 이다. 이러한 흥미는 나이가 들어감에 따라 다양하게 변하기도 한다. 또 성장 과정에서 교육이나 경험에 의해 변화하기도 한다. 그리고 흥미 유형은 대개 중학교 2학년 정도 되면 안정이 되고, 고등학교 2, 3학년 정도 되면 변하지 않게 된다고 한다.(한센&스토크/1980)

흥미의 유형은, 1) 현실 실제적/탐구 사색적/사회 사교적/관습 일상적/지배 설득적/예술 심미적 흥미로 나누기도 하고, 2) 또 문학적/물상과학적/생물과학적/사회과학적/기계적/전자적/상업적/봉사적/사무적/옥외운동적/음악적/미술적 흥미로 나누기도 한다.

흥미를 알아보는데 가장 많이 사용하는 것은 표준화 검사다. 지금 우리나라에서 개발하여 사용하는 것으로는 '일반흥미검사' , '직업흥미검사' , '학습흥미검사' 등이 있다. 따라서 검사를 통해 자신의 흥미를 알고자 할 때에는, 검사결과 나타난 한두 가지의 점수보다는 전체적인 유형의 수준을 중심으로 파악하는 것이 좋다. 또한 다음과 같은 점에 유의하는 것이 좋다.

1) 흥미란 사물에 대한 관심 정도이기 때문에 동시에 여러 가지를 가질 수 있다.

2) 검사는 각 영역의 상대적 강도이기 때문에 전체에 대한 %로 나타낸다. 따라서 25%이하는 약한 흥미, 75% 이상은 강한 흥미라고 할 수 있다.

3) 흥미를 알아보는 방법에는 ① 지필 검사 외에, ② 위 유형 별 특징을 보고 스스로 찾아보는 방법, ③ 친구/친척/부모와 대화로 알아보는 방법 등이 있다.

4) 흥미는 일이나 공부를 하는데 강한 동기로 작용하는 중요한 요소이다. 따라서 지능, 학력, 적성, 성격, 가치관과 일치하는 쪽으로 진로를 개발해 가는 것이 좋다.

▶ 다음은 자신의 흥미 분야와 관련 직업을 알아보는 자료이다. 따라서 다음 문항에 답하고 집계한 후 자신의 흥미와 관련 직업을 찾아본다.

1. 평소 즐겨 읽는 책은?
   a. 시 · 순수문학
   b. 추리 · 공상 · 과학 소설
   c. 별로 없다

2. 만일 외국에서 산다면?
   a. 일생 동안 살아도 좋다.
   b. 한 동안이라면 좋다
   c. 바라지 않는다.

3. 휴일에 친구와 가고 싶은 곳은?
   a. 등산/하이킹
   b. 정원 가꾸기/쇼핑
   c. 영화관

4. 영어 회화 공부는?
   a. 하고 싶다.
   b. 조금 하고 싶다.
   c. 하기 싫다.

5. 갓난아기를 보면?
   a. 귀엽다고 생각한다.
   b. 상대에 따라 다르다.
   c. 관심이 없다.

6. 멋에 대한 관심은?
   a. 강하다.
   b. 조금 있다.
   c. 없다.

7. 내 방의 장식은?
   a. 스스로 한다.
   b. 약간 신경을 쓴다.
   c. 관심이 없다.

8. 잘 보는 TV 프로는?
   a. 사건 뉴스
   b. 시사 뉴스
   c. 드라마

9. 애완동물은?
   a. 아주 좋아한다.
   b. 조금 좋아한다.
   c. 아주 싫다.

10. 휴일에 집안에서 목공일은?
    a. 자주 한다.
    b. 조금 한 적이 있다.
    c. 전혀 없다.

11. 자동차 면허는?
    a. 꼭 따고 싶다.
    b. 딸 수 있으면 따고 싶다.
    c. 따고 싶지 않다.

12. 인류 멸망의 원인은?
    a. 환경 파괴
    b. 전쟁
    c. 외계인 공격

13. TV 출연은?
    a. 꼭 출연하고 싶다.
    b. 조금 나가보고 싶다.
    c. 나가고 싶지 않다.

14. 신체장애자에 대해서?
    a. 매우 동정한다.
    b. 조금 동정한다.
    c. 관심이 없다.

15. 가장 좋아하는 것은?
    a. 평야와 수평선
    b. 집과 정원
    c. 기계와 기구

16. 집에서 정전이 되면?
    a. 퓨즈를 살핀다.
    b. 촛불을 켜다.
    c. 불이 켜질 때까지 기다린다.

17. 금융 사고가 났을 땐?
    a. 법률로 규제해야 한다.
    b. 본인이 반성해야 한다.
    c. 그냥 놔두면 된다.

18. 이제까지의 내 사진은?
    a. 앨범에 정리하고 있다.
    b. 조금 정리하고 있다.
    c. 거의 정리하지 않고 있다.

19. 구름을 볼 때 생각나는 것은?
    a. 변화무쌍한 그림
    b. 자유로운 꿈
    c. 비와 눈

20. 학급회에서 발언은?
    a. 잘한다.
    b. 조금 한다.
    c. 전혀 하지 않는다.

21. 학교 규칙은?
    a. 필요하다고 생각한다.
    b. 조금 필요하다고 생각한다.
    c. 자유방임이 좋다.

22. 외국 사진은?
    a. 잘 본다.
    b. 약간 본다.
    c. 거의 보지 않는다.

23. 비행기는?
    a. 타본 일이 있다.
    b. 타고 싶다.
    c. 타는 것이 두렵다.

24. 무슨 일을 할 때 손익은?
    a. 잘 생각한다.
    b. 조금 생각한다.
    c. 거의 생각하지 않는다.

25. 아프리카나 남미에는?

  a. 꼭 가보고 싶다.

  b. 조금 가보고 싶다.

  c. 가고 싶지 않다.

26. 미술 전람회나 음악회는?

  a. 잘 간다.

  b. 좀 간다.

  c. 안 간다.

27. 영어로 물어왔을 때에는?

  a. 아는 영어로 말한다.

  b. I can't speak English라고 답한다.

  c. 잠자코 가던 길을 간다.

28. 전기기구에 고장이 났을 때는?

  a. 내가 직접 고친다.

  b. 간단한 것이면 고친다.

  c. 전혀 고치지 못한다.

29. 여러 가지 아이디어는?

  a. 잘 떠오른다.

  b. 조금 떠오른다.

  c. 떠오르지 않는다.

30. 휴일에 비가 오면?

  a. 음악 감상이나 삽화 그리기

  b. 모형 비행기나 자수하기

  c. 독서나 낮잠 자기

31. 과학시간 그림 그리기는?

  a. 신중하게 그린다.

  b. 보통이다.

  c. 조잡하게 그린다.

32. 반이나 동창회 모임에선?

  a. 간부직을 맡고 있다.

  b. 잘 참석하지 않는다.

  c. 거의 참석하지 않는다.

33. 살고 싶은 곳이 있다면?

  a. 농촌/전원 지역

  b. 도시의 교외

  c. 도심 지역

34. 몸이나 옷이 더러워졌을 때는?

  a. 거의 신경을 쓰지 않는다.

  b. 좀 싫다.

  c. 매우 싫다.

35. 버스/전철을 탔을 때 보는 것은?

  a. 차내의 광고

  b. 가지고 있는 신문이나 책

  c. 바깥 풍경

36. 신문/TV의 해외 뉴스에는?

  a. 관심을 둔다.

  b. 조금 둔다.

  c. 별로 안 둔다.

37. 우리의 국가적인 문제는?

  a. 인간 타락

  b. 북한의 위협

  c. 자연 파괴

38. 화초를 돌보는 일은?

  a. 있다.

  b. 좀 있다.

  c. 없다.

39. 과학 잡지는?

  a. 잘 읽는다.

  b. 좀 읽는다.

  c. 거의 읽지 않는다.

40. 사회과 리포트는?

  a. 잘 살펴서 쓴다.

  b. 책에서 적당히 뽑아 쓴다.

  c. 책을 그대로 베낀다.

41. 인생의 가치에 대해서는?

  a. 자주 생각한다.

  b. 조금씩 생각한다.

  c. 거의 생각하지 않는다.

42. 산업에서 가장 중요한 것은?

  a. 기술 발달

  b. 경영 합리화

  c. 계획 경제 추진

## ✖ 예시 집계표

| 문항별 점수 (a 2점, b 1점, c 0점) | | | | | | | | | | | | | | 합계 | 흥미 분야 |
|---|---|---|---|---|---|---|---|---|---|---|---|---|---|---|---|
| 2 | a 2 | 4 | a 2 | 22 | a 2 | 23 | a 2 | 25 | a 2 | 27 | b 1 | 36 | b 1 | 12 | 국제적 흥미 |
| 8 | c 0 | 17 | c 0 | 20 | b 1 | 21 | c 0 | 24 | c 0 | 35 | b 1 | 40 | c 0 | 2 | 사회적 흥미 |
| 1 | a 1 | 5 | b 1 | 14 | c 1 | 18 | b 1 | 32 | b 0 | 37 | c 0 | 41 | b 1 | 6 | 인간적 흥미 |
| 3 | b 1 | 9 | b 0 | 12 | b 1 | 15 | b 1 | 33 | c 0 | 34 | c 1 | 38 | b 1 | 5 | 자연적 흥미 |
| 10 | b 1 | 11 | c 0 | 16 | b 1 | 28 | b 1 | 31 | c 0 | 39 | b 1 | 42 | b 1 | 5 | 기계적 흥미 |
| 6 | b 1 | 7 | b 1 | 13 | b 1 | 19 | b 1 | 26 | a 2 | 29 | c 0 | 30 | b 1 | 7 | 예술적 흥미 |

## ✖ 실제 집계표

| 문항별 점수 (a 2점, b 1점, c 0점) | | | | | | | 합계 | 흥미 분야 |
|---|---|---|---|---|---|---|---|---|
| 2 | 4 | 22 | 23 | 25 | 27 | 36 | 12 | 국제적 흥미 |
| 8 | 17 | 20 | 21 | 24 | 35 | 40 | 2 | 사회적 흥미 |
| 1 | 5 | 14 | 18 | 32 | 37 | 41 | 6 | 인간적 흥미 |
| 3 | 9 | 12 | 15 | 33 | 34 | 38 | 5 | 자연적 흥미 |
| 10 | 11 | 16 | 28 | 31 | 39 | 42 | 5 | 기계적 흥미 |
| 6 | 7 | 13 | 19 | 26 | 29 | 30 | 7 | 예술적 흥미 |

**결과 알아보기**

1. 합계 점수가 가장 많은 것이 자신의 흥미분야라고 보면 된다.
2. 가장 많이 나온 점수와 관련된 직업에 어떤 것이 있는지 아래 표에서 찾아본다.
3. 다른 여러 검사 결과와 비교해서 모두가 비슷한 결과가 나오면, 그 쪽으로 진로를 선택하는 것도 괜찮다.

## ✖ 흥미분야 별 관련 직업표

| 흥미분야 | 관련분야 | 관련직업 |
|---|---|---|
| 국제적 흥미 | 비즈니스 관계 | 상사원, 금융비지니스, 세일즈 엔지니어, 항해사, 선원, 해운 회사 |
| | 교육 관계 | 재외 한국인학교 파견교사, 스포츠 지도원 |
| | 운수 관계 | 파일럿, 스튜어디스, 항공회사 직원 |
| | 공무 관계 | 외교관, 외무부 직원, 국제기관 직원 |
| | 관광 관계 | 여행사 대리점 직원, 여행 기획가, 관광통역 가이드 |
| | 매스컴 관계 | 신문기자 · 방송기자, 번역가 |
| 사회적 흥미 | 비즈니스 관계 | 대기업, 제조회사, 은행, 보험, 증권, 상사, 판매, 서비스업 |
| | 사무기술 관계 | 속기사, 타이피스트 |
| | 매스컴 관계 | 신문기자, 방송기자, 편집자, 아나운서, 평론가 |
| | 경찰/소방 관계 | 교도관, 경찰관, 소방관 |
| | 공무 관계 | 국가 공무원, 지방 공무원 |
| | 경영 관계 | 경영 컨설턴트, 중소기업 지도사 |
| | 경리 관계 | 회계사, 세무사, 변리사, 관세사 |
| | 국영기업 관계 | 정부에서 투자하는 각종 기업체 |
| | 사법 관계 | 판사, 검사, 변호사 |
| | 부동산 관계 | 부동산 감정사, 부동산 중개사 |
| 인간적 흥미 | 서사 관계 | 사법서사, 행정서사 |
| | 문필 관계 | 소설가, 평론가, 각본가, 방송작가, 카피라이터 |
| | 예능 관계 | 프로듀서, 아나운서, 디스크자키 |
| | 교육 관계 | 유치원/초/중/고 교사, 양호, 특수학교 교사, 학원 강사, 대학교수 |
| | 상업 관계 | 상점 경영, 점원, 세일즈맨 |
| 자연적 흥미 | 의료/약학 관계 | 의사, 한의사, 치과의사, 간호원, 약사 |
| | 의료기술 관계 | 임상 병리사, 방사선 기사 |
| | 스포츠 관계 | 프로 스포츠 선수, 심판 |
| | 농수산 관계 | 농업 · 원예 · 임업 · 조경 · 수산 · 축산 기술자, 수의사 |
| | 지구/과학 관계 | 천문연구가, 지질연구가, 해양기술자, 기상기술자, 공해방지기사 |
| | 식품 관계 | 식품 기술자, 영양사 |

| | 건축/토목 관계 | 건축사, 토목·환경 기술자, 건축·기계·토목 시공관리 기사 |
|---|---|---|
| 기계적 흥미 | 금속 관계 | 금속 기술자 |
| | 전기/전자 관계 | 전기·전자 기술자, 냉동 기사 |
| | 화학 관계 | 화학·재료 기술자 |
| | 기계 관계 | 기계 기술자, 항공 정비사, 보일러기사, 자동차정비사 |
| | 운수 관계 | 조선 기술자, 항공 기술자, 파일로트, 항해사, 기관사 |
| | 원자력 관계 | 원자력·원자로 기술자 |
| | 통신 관계 | 무선 통신사, 무선 기술자 |
| | 정보 관계 | 정보처리 기술자, 시스템 엔지니어, 프로그래머, 통계관 |
| | 기술 관계 | 섬유기술자, 발효기술자, 사진인쇄기술자, 공업디자이너 |
| 예술적 흥미 | 사진 관계 | 카메라맨, 보도카메라맨, TV카메라맨 |
| | 음악 관계 | 작곡가, 지휘자, 성악가, 연주가 |
| | 음악/기술 관계 | 믹서, 효과기술자, 피아노조율사 |
| | 연주 관계 | 연출가, 무용가, 배우 |
| | 예능 관계 | 성악가, 가수, 밴드맨, 탤런트 |
| | 미용 관계 | 미용사 |
| | 미술 관계 | 화가, 삽화가, 만화가, 무대 미술가 |
| | 디자인 관계 | 상업, 그래픽, 디스플레이, 인테리어, 공업디자이너 |
| | 공예 관계 | 조각가, 공예가, 액세서리 디자이너 |
| | 의상 관계 | 패션 디자이너, 모델 |

www.sesri.re.kr 서울시교육과학연구원, 1999

삶에는 지나치게 많이 써서 안 될 것이 세 가지 있다. 빵의 이스트, 소금 그리고 망설임이다.

– 탈무드

 ▶ 다음은 자신의 흥미 분야가 어느 쪽인지 간단히 알아보는 것이다. 따라서 문항 별 흥미 정도를 5단계로 평점한 후, 총점으로 자신의 흥미분야가 어느 쪽인지 알아본다.

| 문항 | 흥미 정도 점수 | 합계 | 관련직업 |
|---|---|---|---|
| 1. 많은 사람과 접촉하는 것을 즐긴다. | ① ② ③ ④ ⑤ | | |
| 2. 상품의 광고 선전을 좋아한다. | ① ② ③ ④ ⑤ | | |
| 3. 모르는 사람과 대화하는 것을 좋아한다. | ① ② ③ ④ ⑤ | | 상업/판매직 |
| 4. 남에게 봉사하는 일을 아주 좋아한다. | ① ② ③ ④ ⑤ | | |
| 5. 상품을 파는데 남다른 재주가 있다. | ① ② ③ ④ ⑤ | | |
| 6. 습관적으로 기록하고 문장을 쓴다. | ① ② ③ ④ ⑤ | | |
| 7. 계산하는 일이나 도표 그리기를 좋아한다. | ① ② ③ ④ ⑤ | | |
| 8. 경제/법률/통계에 관한 책을 즐겨 읽는다. | ① ② ③ ④ ⑤ | | 사무직 |
| 9. 타자기나 컴퓨터 다루기를 좋아한다. | ① ② ③ ④ ⑤ | | |
| 10. 공책을 조리 있게 정리하는 일을 잘한다. | ① ② ③ ④ ⑤ | | |
| 11. 기계나 컴퓨터 조작을 즐긴다. | ① ② ③ ④ ⑤ | | |
| 12. 기계의 분해와 조립을 아주 좋아한다. | ① ② ③ ④ ⑤ | | |
| 13. 플라스틱 모형 만들기나 목공예를 좋아한다. | ① ② ③ ④ ⑤ | | 기계/기술직 |
| 14. 실험/조사/연구를 좋아한다. | ① ② ③ ④ ⑤ | | |
| 15. 물건을 연구하여 새롭게 만드는 것을 즐긴다. | ① ② ③ ④ ⑤ | | |
| 16. 어려운 사람을 돕는다. | ① ② ③ ④ ⑤ | | |
| 17. 남을 지도하거나 가르친다. | ① ② ③ ④ ⑤ | | |
| 18. 아이들과 놀거나 이야기를 나눈다. | ① ② ③ ④ ⑤ | | 교육/복지직 |
| 19. 노인이나 복지시설 사람들을 보살핀다. | ① ② ③ ④ ⑤ | | |
| 20. 교육이나 복지관련 책을 읽는다. | ① ② ③ ④ ⑤ | | |
| 21. 그림 그리기와 조각을 좋아한다. | ① ② ③ ④ ⑤ | | |
| 22. 패션 잡지 보기를 선호한다. | ① ② ③ ④ ⑤ | | |
| 23. 시/소설의 읽기나 쓰기를 좋아한다. | ① ② ③ ④ ⑤ | | 문화/예술직 |
| 24. 문화행사의 기획을 잘 한다. | ① ② ③ ④ ⑤ | | |
| 25. 음악 감상과 연주를 자주 한다. | ① ② ③ ④ ⑤ | | |
| 26. 병약자나 동물 돌봐주기를 자주 한다. | ① ② ③ ④ ⑤ | | |
| 27. 평소 이웃 사람의 불편을 많이 도와준다. | ① ② ③ ④ ⑤ | | |
| 28. 사람과 동물의 병 치료를 좋아한다. | ① ② ③ ④ ⑤ | | 의료직 |
| 29. 인체나 동물의 신체구조에 대해 관심이 많다. | ① ② ③ ④ ⑤ | | |
| 30. 남을 이롭게 하는 일에 열성을 다한다. | ① ② ③ ④ ⑤ | | |

| | | |
|---|---|---|
| 31. 문화/여행 기획을 잘 한다. | ① ② ③ ④ ⑤ | 기획직 |
| 32. 사물의 실태를 파악하는 일을 좋아한다. | ① ② ③ ④ ⑤ | |
| 33. 광고 포스터나 카피 창작에 흥미를 느낀다. | ① ② ③ ④ ⑤ | |
| 34. 이벤트/회의를 기획하고 추진하기 좋아한다. | ① ② ③ ④ ⑤ | |
| 35. 기획한 것의 프리젠테이션을 잘한다. | ① ② ③ ④ ⑤ | |
| 36. 각종 행사나 파티의 사회를 잘 본다. | ① ② ③ ④ ⑤ | 예능직 |
| 37. 영화나 연극을 자주 보러 간다. | ① ② ③ ④ ⑤ | |
| 38. 대중 앞에서 하는 연기를 잘 한다. | ① ② ③ ④ ⑤ | |
| 39. 악기 연주나 노래를 잘 한다. | ① ② ③ ④ ⑤ | |
| 40. 시/동화/전래 동요의 낭독을 잘 한다. | ① ② ③ ④ ⑤ | |
| 41. 전차/선박/비행기 구조에 관심이 많다. | ① ② ③ ④ ⑤ | 운수/통신직 |
| 42. 복잡하고 정교한 기계의 조작을 즐긴다. | ① ② ③ ④ ⑤ | |
| 43. 자동차 정비나 점검을 잘 한다. | ① ② ③ ④ ⑤ | |
| 44. 컴퓨터 기기를 잘 조작한다. | ① ② ③ ④ ⑤ | |
| 45. 무선 기술을 익히기를 좋아한다. | ① ② ③ ④ ⑤ | |
| 46. 남을 위해서라면 위험한 일도 잘 한다. | ① ② ③ ④ ⑤ | 보안/공안직 |
| 47. 범인 체포나 안전 활동을 잘 한다. | ① ② ③ ④ ⑤ | |
| 48. 소방 활동을 좋아한다. | ① ② ③ ④ ⑤ | |
| 49. 교통정리나 안전지도를 좋아한다. | ① ② ③ ④ ⑤ | |
| 50. 법률 책 읽기를 좋아한다. | ① ② ③ ④ ⑤ | |
| 51. 여행 기획이나 안내를 좋아한다. | ① ② ③ ④ ⑤ | 서비스직 |
| 52. 미용이나 미화에 관한 일을 좋아한다. | ① ② ③ ④ ⑤ | |
| 53. 남을 도와주는 일을 좋아한다. | ① ② ③ ④ ⑤ | |
| 54. 서비스에 남다른 관심을 가지고 있다. | ① ② ③ ④ ⑤ | |
| 55. 유원지나 극장 안내 등에 관심이 많다. | ① ② ③ ④ ⑤ | |

www.sesri.re.kr 서울시교육과학연구원, 1999

1. 일(직업)이란, 좋아하면 자주 하게 되고, 자주하면 잘하게 되고, 잘하면 전문가가 된다.

2. 따라서 직업을 선택할 때에는 적성이나 성격뿐만이 아니라 흥미도 충분히 고려해야 한다. 왜냐하면 아무리 적성과 성격에 맞더라도 흥미가 없으면 끝까지 해내기가 어렵기 때문이다.

3. 검사 결과로 자신의 흥미분야를 알아 본 다음, 그에 해당되는 직업에 어떤 것이 있는지 알아본다.(온라인 상의 여러 직업사전 참조)

▶ 다음은 흥미를 6가지 분야로 나누어서 그에 따른 직업을 알아보는 것이다.

▶ 각 문항에 대해 흥미가 아주 많으면 5점, 많으면 4점, 보통이면 3점, 조금 있으면 2점, 아주 없으면 1점으로 해서 해당 점수에 ●표한다.

▶ 점수를 집계하여 자신의 흥미분야에 따른 직업을 알아본다.

| 문항 | 점수 |
|---|---|
| 1. 나는 집에서 전기 기기나 기구 수리하는 일을 좋아한다. | ① ② ③ ④ ⑤ |
| 2. 나는 동식물을 보호하는 일에 관심이 많다. | ① ② ③ ④ ⑤ |
| 3. 나는 기계나 기구를 보면 그 구조나 원리가 궁금해진다. | ① ② ③ ④ ⑤ |
| 4. 나는 분위기에 맞는 음악과 배색 그리고 꽃 장식 등을 좋아한다. | ① ② ③ ④ ⑤ |
| 5. 나는 사람들과 함께 어울려 일하는 것을 좋아한다. | ① ② ③ ④ ⑤ |
| 6. 나는 언제나 다른 사람과 경쟁하기를 좋아한다. | ① ② ③ ④ ⑤ |
| 7. 나는 새로운 기계나 기구 만드는 일을 좋아한다. | ① ② ③ ④ ⑤ |
| 8. 나는 사람을 치료하고 보살피는 일을 좋아한다. | ① ② ③ ④ ⑤ |
| 9. 나는 한 가지 일을 시작하면 끝장을 보아야 직성이 풀린다. | ① ② ③ ④ ⑤ |
| 10. 나는 연극이나 영화에 관심이 많다. | ① ② ③ ④ ⑤ |
| 11. 나는 올바른 사회를 만드는 일에 관심이 많다. | ① ② ③ ④ ⑤ |
| 12. 나는 조직을 만들고 조직 속에서 일하기를 좋아한다. | ① ② ③ ④ ⑤ |
| 13. 나는 물건을 만들어도 내가 직접 만드는 것을 좋아한다. | ① ② ③ ④ ⑤ |
| 14. 나는 새로운 농작물을 개발해서 재배하고 싶다. | ① ② ③ ④ ⑤ |
| 15. 나는 새로운 아이디어를 많이 내놓는 편이다. | ① ② ③ ④ ⑤ |
| 16. 나는 남과 다른 독특한 복장과 머리 모양을 하고 싶다. | ① ② ③ ④ ⑤ |
| 17. 나는 사람과 어울려서 토론하기를 좋아한다. | ① ② ③ ④ ⑤ |
| 18. 나는 사람들과 협력해서 하나의 목표를 달성하는 것을 좋아한다. | ① ② ③ ④ ⑤ |
| 19. 나는 실내에서 하는 일보다는 실외에서 하는 일을 좋아한다. | ① ② ③ ④ ⑤ |
| 20. 나는 사람과 함께 어울려 일하는 것을 싫어한다. | ① ② ③ ④ ⑤ |
| 21. 나는 평생 동안 배우며 공부하고 싶다. | ① ② ③ ④ ⑤ |
| 22. 나는 생각하기를 좋아해서 온갖 것을 다 상상한다. | ① ② ③ ④ ⑤ |
| 23. 나는 남을 위한 봉사 활동을 좋아한다. | ① ② ③ ④ ⑤ |
| 24. 나는 어떤 일이든 합리적인 방법으로 처리하려고 한다. | ① ② ③ ④ ⑤ |
| 25. 나는 정신적인 노동보다는 육체적인 노동을 더 좋아한다. | ① ② ③ ④ ⑤ |
| 26. 나는 내 일에 대해 남이 간섭하는 것을 싫어한다. | ① ② ③ ④ ⑤ |
| 27. 나는 조각 맞추기나 단어 맞추기와 같은 퍼즐 놀이를 좋아한다. | ① ② ③ ④ ⑤ |

| 28. 나는 항상 독창적인 아이디어를 실험해 본다. | ① ② ③ ④ ⑤ |
| 29. 나는 텔레비전에서 슬픈 장면이 나오면 같이 슬퍼한다. | ① ② ③ ④ ⑤ |
| 30. 나는 실외 작업을 상당히 싫어한다. | ① ② ③ ④ ⑤ |
| 31. 나는 자동차 등 기계의 원리에 관심이 많다. | ① ② ③ ④ ⑤ |
| 32. 나는 집에 여러 가지 동물을 기르고 싶다. | ① ② ③ ④ ⑤ |
| 33. 나는 남에게 잘 따져 묻는 편이다. | ① ② ③ ④ ⑤ |
| 34. 나는 남들과 같이 사고하고 행동하는 것을 싫어한다. | ① ② ③ ④ ⑤ |
| 35. 나는 남을 잘 이해하는 것이 중요하다고 생각한다. | ① ② ③ ④ ⑤ |
| 36. 나는 승진이나 승급이 잘 되는 직장을 좋아한다. | ① ② ③ ④ ⑤ |
| 37. 나는 전자 제품을 자주 분해하고 조립한다. | ① ② ③ ④ ⑤ |
| 38. 나는 사람의 모든 병에 관심이 많다. | ① ② ③ ④ ⑤ |
| 39. 나는 논리적으로 꼼꼼히 생각하는 것을 즐긴다. | ① ② ③ ④ ⑤ |
| 40. 나는 각종 전시회 관람을 아주 좋아한다. | ① ② ③ ④ ⑤ |
| 41. 나는 우리 사회가 서로 돕고 살아가야 한다고 생각한다. | ① ② ③ ④ ⑤ |
| 42. 나는 사람들에게 명령하는 것을 좋아한다. | ① ② ③ ④ ⑤ |
| 43. 나는 언젠가는 반드시 컴퓨터를 조립해 보고 싶다. | ① ② ③ ④ ⑤ |
| 44. 나는 집에서 꽃을 전문적으로 키워 보고 싶다. | ① ② ③ ④ ⑤ |
| 45. 나는 별들의 움직임이나 우주의 신비 등에 관심이 많다. | ① ② ③ ④ ⑤ |
| 46. 나는 사람들과 지적인 대화를 나누는 것을 좋아한다. | ① ② ③ ④ ⑤ |
| 47. 나는 내 고민을 누군가에게 잘 이야기하는 편이다. | ① ② ③ ④ ⑤ |
| 48. 나는 고집을 내세우기보다는 적당히 타협하기를 좋아한다. | ① ② ③ ④ ⑤ |
| 49. 나는 서점에 가면 자동차나 컴퓨터에 관한 책에 관심이 간다. | ① ② ③ ④ ⑤ |
| 50. 나는 조용하고 차분한 분위기를 좋아한다. | ① ② ③ ④ ⑤ |
| 51. 나는 싫증을 잘 내지 않는 편이다. | ① ② ③ ④ ⑤ |
| 52. 나는 독특한 작품을 만들어 내는 사람을 보면 부러운 마음이 든다. | ① ② ③ ④ ⑤ |
| 53. 나는 남의 고민을 잘 듣고 같이 아파해 주고 싶다. | ① ② ③ ④ ⑤ |
| 54. 나는 주요 신문 기사의 스크랩을 좋아한다. | ① ② ③ ④ ⑤ |
| 55. 나는 조용히 책 읽고 사색하는 것을 싫어한다. | ① ② ③ ④ ⑤ |
| 56. 나는 장차 농장을 멋지게 경영해 보고 싶다. | ① ② ③ ④ ⑤ |
| 57. 나는 내가 관심을 가지는 분야는 스스로 찾으려고 한다. | ① ② ③ ④ ⑤ |
| 58. 나는 내가 좋아하는 일이면 외롭고 고독해도 잘 참을 수 있다. | ① ② ③ ④ ⑤ |
| 59. 나는 불쌍한 사람을 보면 측은한 마음과 동정심이 생긴다. | ① ② ③ ④ ⑤ |
| 60. 나는 책이나 서류를 정리하는 것을 좋아한다. | ① ② ③ ④ ⑤ |

1. 위 문항의 점수를 아래 집계 표에 적어서 분야별로 합계를 낸다.
2. 가장 많은 점수를 얻은 것이 자신의 흥미 분야라고 보면 된다.
3. 따라서 가장 많은 점수를 가지고 다음 쪽의 흥미분야 별 특성과 관련 직업을 알아본다.
4. 다른 검사결과와 비교도 해 보고, 또 자신의 흥미분야와 관련 있는 직업을 살펴본다.

## ✖ 집계 표

| 기계/기술 흥미 | | 생물/의료 흥미 | | 전문/연구 흥미 | | 예술/창작 흥미 | | 사회/봉사 흥미 | | 사무/경영 흥미 | |
|---|---|---|---|---|---|---|---|---|---|---|---|
| 문항 | 점수 | 문항 | 점수 | 문항 | 점수 | 문항 | 점수 | 문항 | 점수 | 문항 | 점수 |
| 1 | | 2 | | 3 | | 4 | | 5 | | 6 | |
| 7 | | 8 | | 9 | | 10 | | 11 | | 12 | |
| 13 | | 14 | | 15 | | 16 | | 17 | | 18 | |
| 19 | | 20 | | 21 | | 22 | | 23 | | 24 | |
| 25 | | 26 | | 27 | | 28 | | 29 | | 30 | |
| 31 | | 32 | | 33 | | 34 | | 35 | | 36 | |
| 37 | | 38 | | 39 | | 40 | | 41 | | 42 | |
| 43 | | 44 | | 45 | | 46 | | 47 | | 48 | |
| 49 | | 50 | | 51 | | 52 | | 53 | | 54 | |
| 55 | | 56 | | 57 | | 58 | | 59 | | 60 | |
| 계 | | 계 | | 계 | | 계 | | 계 | | 계 | |

〈자녀의 길 부모의 지혜〉, 한국교육개발원, 1986.

## ✖ 흥미분야별 특성과 관련 직업

| 흥미 분야 | 흥미 특성과 관련 직업 |
|---|---|
| 기계/기술적 흥미 | • 기계/전기/건축 등과 관련된 분야에 흥미를 가지고 있다.<br>• 이 분야의 직업으로는 각종 기계에 관련된 기능공이나 기술자/자동차 기능공/기계 공학자/로봇 관련 직종/전기 · 전자 관련 직 등이 있다. |
| 생물/의료적 흥미 | • 동물/식물/자연을 돌보고 또는 사람의 병이나 질병에 관심이 있다.<br>• 이 분야의 직업으로는 의사/간호사/임상병리사/수의사/조련사/축산/농업/수산업/ 원예/조경업 등이 있다. |
| 전문/연구적 흥미 | • 전문적 분야 연구를 통하여 새로운 발견/발명을 하려는 과학적 흥미이다.<br>• 이 분야의 직업으로는 과학자/연구원/기업체나 대학 실험실 연구원/대학교수/프로 그래머/유전공학자 등이 있다. |

| 예술/창작적 흥미 | • 예술적인 창작 활동에 관심과 흥미가 있다.<br>• 이 분야의 직업으로는 예술가/이벤트기획/방송피디/디자인관련 직종/그래픽/각종 창작 관련 직업 등이 있다. |
|---|---|
| 사회/봉사적 흥미 | • 사회적인 현상이나 대인관계에 관심을 가지고 있다.<br>• 이 분야의 관련 직업은 공무원/교사/사회복지사/세일즈맨/자영업/기업체/관광안내원/각종 사회기관 상담원 등이 있다. |
| 사무/경영적 흥미 | • 일반적 행정적인 사무 또는 조직을 이끌어 가는데 흥미가 있다.<br>• 이 분야의 직업으로는 공무원/은행원/회사원/무역/기업/호텔경영 등의 직종 등이 있다. |

## 쉬어가기

● 프랑스의 한 경찰관이 몹시 더운 날 순찰을 돌던 중, 땅바닥에 엎드려서 꼼짝도 않는 남자를 보게 되었다.

그 행동이 수상하여 경찰관이 다가가 말했다. "여보시오. 경찰서로 갑시다. 조사를 해야 겠소." "나는 단지 파리를 관찰하고 있을 뿐인데요." "파리라니? 그러니 이상하지 않소. 어서 따라 오시오." 이윽고 남자가 일어 선 모습을 보고, 경찰관은 깜짝 놀랐다. 그의 가슴에 프랑스의 최고 훈장 '레종 도뇌르'가 달려 있었기 때문이다. 이 남자는 그 유명한 '곤충기'의 저자 파브르(Jean Henri Fabre/1823~1915)였던 것이다. 이처럼 그는 체면이나 겉치레는 생각지도 않고 자신의 일에 몰두함으로써 '곤충기'를 탄생시킬 수 있었던 것이다. 큰일을 한 사람들은 한 가지 일에만 집중하는 사람이 많다. 그래서 가끔 파브르처럼 낭패를 당하기도 한다. 뉴턴도 냄비에 계란 대신 시계를 넣고 끓인 적이 있다. 이렇게 자신을 잊고 어떤 일에 빠진 상태를 삼매경(三昧境)이라고 한다. 한 가지 일에 몰입(沒入)하여 시간과 자아를 잊은 상태이다. 새로운 발명, 발견은 모두 이런 삼매경 속에서 생겨난다(이룩된다). 이러한 삼매경은 자신이 좋아하는 일에 완전히 몰입했을 때 이르는 경지이다. 이런 경자에는 "과거에 보고, 듣고, 겪고, 배운 것인 기지(旣知)의 것"이 전혀 끼어들지 못하기 때문에 새로운 것이 생겨나는 것이다.

▶ 다음은 자신의 직업적 흥미를 9개 분야로 나누어 알아보는 것이다.

▶ 알아보는(검사) 방법은, ① 아래 문항 별로 자신이 좋아하는 정도를 상, 중, 하로 나누어 3점, 2점, 1점으로 평점을 한 후, ② 그 평점을 유형별로 합계한다. ③ 그리고 가장 많은 점수가 나온 항목이 자신의 적성 분야라고 보고, ④ '적성과 직업' 표에서 관련 직업을 찾아보면 된다.

▶ 다른 검사 결과와 비교해 보고 또 이 외에 어떤 직업이 있는지도 알아본다.

### ① 사무직 분야

| 문항 | 평점 | | |
|---|---|---|---|
| ① 나는 생활 상 유의할 점을 메모하는 일을 좋아한다. | 3 | 2 | 1 |
| ② 나는 도표를 읽고 계산하는 것을 좋아한다. | 3 | 2 | 1 |
| ③ 나는 경제, 경영, 법률, 통계 등에 관한 책을 즐겨 읽는다. | 3 | 2 | 1 |
| ④ 나는 컴퓨터의 워드 작업을 좋아한다. | 3 | 2 | 1 |
| ⑤ 나는 공부한 내용을 일목요연하게 정리하는 것을 좋아한다. | 3 | 2 | 1 |
| ⑥ 나는 여러 사람이 모여서 함께 일하는 것을 좋아한다. | 3 | 2 | 1 |
| ⑦ 나는 일감에 따라 사람들을 조직하고 분담하는 것을 즐기는 편이다. | 3 | 2 | 1 |
| ⑧ 나는 일을 합리적으로 처리하고 해결해야 직성이 풀린다. | 3 | 2 | 1 |
| ⑨ 나는 실외에서 일하는 것보다 실내에서 사무 보는 일을 더 좋아한다. | 3 | 2 | 1 |
| ⑩ 나는 안정적이고 승급, 승진이 잘 되는 직업을 좋아한다. | 3 | 2 | 1 |

### ② 사회/봉사직 분야

| 문항 | 평점 | | |
|---|---|---|---|
| ① 나는 양로원, 보육원 등의 복지시설의 봉사활동을 좋아한다. | 3 | 2 | 1 |
| ② 나는 다른 사람을 지도하고 가르치는 일에 흥미를 느낀다. | 3 | 2 | 1 |
| ③ 나는 아이들과 이야기하고 노는 것을 아주 좋아한다. | 3 | 2 | 1 |
| ④ 나는 사람들과 어울려 함께 일하는 것을 좋아한다. | 3 | 2 | 1 |
| ⑤ 나는 사회적인 문제의 원인과 해결책에 대해 생각해 보는 것을 좋아한다. | 3 | 2 | 1 |
| ⑥ 나는 사람들과 어울려 토론하는 것을 즐긴다. | 3 | 2 | 1 |
| ⑦ 나는 희극보다 비극에서 감동을 더 많이 받는다. | 3 | 2 | 1 |
| ⑧ 나는 다른 사람의 언행에 귀를 잘 기울이고 이해도 잘 하는 편이다. | 3 | 2 | 1 |
| ⑨ 나는 혼자 잘 사는 것 보다 다 같이 잘 사는 것을 좋아한다. | 3 | 2 | 1 |
| ⑩ 나는 걱정거리나 고민을 다른 사람에게 잘 털어놓는 편이다. | 3 | 2 | 1 |

### ③ 과학/연구직 분야

| 문항 | 평점 | | |
|---|---|---|---|
| ① 나는 조용히 책을 읽거나 사색하는 것을 좋아한다. | 3 | 2 | 1 |
| ② 나는 장차 하고자 하는 일은 스스로 찾아야 한다고 생각한다. | 3 | 2 | 1 |
| ③ 나는 자연 현상이나 우주의 비밀에 대한 생각을 많이 한다. | 3 | 2 | 1 |
| ④ 나는 사람들과 지적인 대화나 토론을 무척 좋아한다. | 3 | 2 | 1 |
| ⑤ 나는 사물의 이치를 과학적으로 밝히는 일을 좋아한다. | 3 | 2 | 1 |
| ⑥ 나는 다른 사람에게 따져 묻는 것을 좋아한다. | 3 | 2 | 1 |
| ⑦ 나는 사회적 문제의 원인을 구조적으로 밝히기를 좋아한다. | 3 | 2 | 1 |
| ⑧ 나는 신체적 활동적인 일보다 사색적이고 사변적인 일을 더 좋아한다. | 3 | 2 | 1 |
| ⑨ 나는 조각 맞추기, 단어 맞추기 등 퍼즐 놀이를 즐겨한다. | 3 | 2 | 1 |
| ⑩ 나는 평생 동안 배우고 공부하는 것을 좋아한다. | 3 | 2 | 1 |

### ④ 농업/천연자원직 분야

| 문항 | 평점 | | |
|---|---|---|---|
| ① 나는 농작물의 성장 과정 지켜보기를 좋아한다. | 3 | 2 | 1 |
| ② 나는 도시 생활보다 농촌 생활을 선호한다. | 3 | 2 | 1 |
| ③ 나는 화석 연료의 고갈 등 자원의 유한성에 대해 많이 생각하는 편이다. | 3 | 2 | 1 |
| ④ 나는 지구과학, 생물, 물리 교과를 좋아한다. | 3 | 2 | 1 |
| ⑤ 나는 농촌에 대해 남다른 애정을 가지고 있다. | 3 | 2 | 1 |
| ⑥ 나는 자원을 효율적으로 개발하고 보존하는 것에 대해 자주 생각한다. | 3 | 2 | 1 |
| ⑦ 나는 농수축산물의 품종 개량에 대해 많은 관심을 기울이고 있다. | 3 | 2 | 1 |
| ⑧ 나는 지구의 자원 문제에 대해 생각해 보는 것을 좋아한다. | 3 | 2 | 1 |
| ⑨ 나는 애완동물 기르는 일과 가축 사육을 아주 좋아한다. | 3 | 2 | 1 |
| ⑩ 나는 사물에 대한 과학적 합리적인 사고방식을 좋아한다. | 3 | 2 | 1 |

### ⑤ 기술/공업직 분야

| 문항 | 평점 | | |
|---|---|---|---|
| ① 나는 여러 가지 기계를 분해하여 구조를 살펴보는 것을 좋아한다. | 3 | 2 | 1 |
| ② 나는 집안의 기계나 기구를 분해하고 조립하는 것을 즐긴다. | 3 | 2 | 1 |
| ③ 나는 여러 가지 모형 만들기를 아주 좋아한다. | 3 | 2 | 1 |
| ④ 나는 기계를 면밀히 관찰하거나 시험적으로 작동하는 일을 아주 좋아한다. | 3 | 2 | 1 |
| ⑤ 나는 집안의 기계나 기구를 더욱 편리하게 고치는 것을 좋아한다. | 3 | 2 | 1 |
| ⑥ 나는 기계를 새로 만드는 일을 좋아한다. | 3 | 2 | 1 |
| ⑦ 나는 실내 작업보다 실외에서 몸을 움직이면서 일하는 것을 더 좋아한다. | 3 | 2 | 1 |
| ⑧ 나는 책방에 가면 자동차나 기계에 관한 책부터 찾는다. | 3 | 2 | 1 |
| ⑨ 나는 새롭고 전문적인 방면에 도전하는 것을 좋아한다. | 3 | 2 | 1 |
| ⑩ 나는 사물을 수학적으로 해석하고 처리하는 것을 아주 좋아한다. | 3 | 2 | 1 |

### ⑥ 전산/정보직 분야

| 문항 | 평점 | | |
|---|---|---|---|
| ① 나는 컴퓨터 조작을 통해 일을 처리하는 것을 좋아한다. | 3 | 2 | 1 |
| ② 나는 인터넷의 가상공간에서 이루어지는 일에 많은 흥미를 느낀다. | 3 | 2 | 1 |
| ③ 나는 컴퓨터 게임을 무척 즐긴다. | 3 | 2 | 1 |
| ④ 나는 복잡한 현상을 종합하고 정리하는 일을 좋아한다. | 3 | 2 | 1 |
| ⑤ 나는 핸드폰을 통한 정보의 수집과 유통을 즐긴다. | 3 | 2 | 1 |
| ⑥ 나는 실증적 논리적 사고력을 가지고 있다. | 3 | 2 | 1 |
| ⑦ 나는 컴퓨터를 조립하거나 업그레이드하는 일을 즐겨한다. | 3 | 2 | 1 |
| ⑧ 나는 상상하고 탐구하는 일을 아주 좋아한다. | 3 | 2 | 1 |
| ⑨ 나는 복잡한 업무를 컴퓨터를 통해 전산화하는 일에 관심이 많다. | 3 | 2 | 1 |
| ⑩ 나는 생각한 것을 남에게 올바르게 전달하는 능력을 가지고 있다. | 3 | 2 | 1 |

### ⑦ 상업/경영직 분야

| 문항 | 평점 | | |
|---|---|---|---|
| ① 나는 사람이 서로 어울려서 사귀는 사교적 모임을 좋아한다. | 3 | 2 | 1 |
| ② 나는 사람들에게 상품을 소개하고 판매하는 일을 잘 한다. | 3 | 2 | 1 |
| ③ 나는 처음 보는 사람에게 말 거는 것을 좋아한다. | 3 | 2 | 1 |
| ④ 나는 남에게 도움이 되는 일을 할 때는 언제나 즐겁다. | 3 | 2 | 1 |
| ⑤ 나는 연설하고 설득하는 일을 아주 좋아한다. | 3 | 2 | 1 |
| ⑥ 나는 모험적인 일, 새로운 세계에 도전하는 일을 좋아한다. | 3 | 2 | 1 |
| ⑦ 나는 돈과 권력과 명예를 아주 중요하게 여긴다. | 3 | 2 | 1 |
| ⑧ 나는 경제 경영 마인드를 갖추고 있다. | 3 | 2 | 1 |
| ⑨ 나는 남들로부터 경쟁적이고 공격적이라는 말을 자주 듣는다. | 3 | 2 | 1 |
| ⑩ 나는 언제나 쾌활하고 활동적이고 낙관적이다. | 3 | 2 | 1 |

### ⑧ 언론직 분야

| 문항 | 평점 | | |
|---|---|---|---|
| ① 나는 신문이나 방송의 위력과 사회적 영향력을 항상 실감하고 있다. | 3 | 2 | 1 |
| ② 나는 새로운 사람과 사건을 만나는 일을 아주 좋아한다. | 3 | 2 | 1 |
| ③ 나는 복잡한 사건을 알기 쉽게 정리하는 일을 좋아한다. | 3 | 2 | 1 |
| ④ 나는 영상 매체를 통한 정보 전달에 관심이 아주 많다. | 3 | 2 | 1 |
| ⑤ 나는 다른 사람에 비해 TV드라마, 연극, 영화를 많이 보는 편이다. | 3 | 2 | 1 |
| ⑥ 나는 모르는 사람을 만나 말하는 것이 조금도 두렵지 않다. | 3 | 2 | 1 |
| ⑦ 나는 무미건조한 삶보다 드라마틱한 삶을 선호한다. | 3 | 2 | 1 |
| ⑧ 나는 평소 글쓰기를 많이 하는 편이다. | 3 | 2 | 1 |
| ⑨ 나는 남에게 내 생각을 비교적 명쾌하게 전달하는 편이다. | 3 | 2 | 1 |
| ⑩ 나는 연예인들이 흔히 말하는 '끼' 가 많은 편이다. | 3 | 2 | 1 |

## ⑨ 예술직 분야

| 문항 | 평점 | | |
|---|---|---|---|
| ① 나는 각국의 고유문화에 무한한 애정을 가지고 있다. | 3 | 2 | 1 |
| ② 나는 21세기는 문화생산 시대라고 생각한다. | 3 | 2 | 1 |
| ③ 나는 평소 문화기행을 많이 하는 편이다. | 3 | 2 | 1 |
| ④ 나는 사물에 대한 감수성이 아주 예민한 편이다. | 3 | 2 | 1 |
| ⑤ 나는 가장 민족적인 것이 가장 세계적이라고 생각한다. | 3 | 2 | 1 |
| ⑥ 나는 예술 작품의 창작을 아주 좋아한다. | 3 | 2 | 1 |
| ⑦ 나는 문화 예술의 발전에 남다른 애정을 가지고 있다. | 3 | 2 | 1 |
| ⑧ 나는 독서와 글쓰기를 좋아한다. | 3 | 2 | 1 |
| ⑨ 나는 미술, 음악, 연극, 영화 등의 감상을 많이 하는 편이다. | 3 | 2 | 1 |
| ⑩ 나는 흔히 말하는 예술인들의 '끼' 를 아주 좋아한다. | 3 | 2 | 1 |

## ✖ 흥미와 직업

| 흥미 분야 | 관련 직업 |
|---|---|
| ① 사무 | • 일반사무원, 구매담당사무원. 노무사무원, 법률사무원, 사무보조원, 우편사무원, 은행사무원, 의무기록사, 인사사무원, 전자문서관리자, 특허법률사무원, 회계사무원 등 |
| ② 사회/봉사 | • 가정부, 간병인, 간호사, 바텐더, 배달원, 레크리에이션지도자, 건물/차량청소원, 교도관, 모닝콜, 결혼준비대행자, 경찰관, 경호/경비원, 고객상담원, 버스운전기사, 보석디자이너, 보육교사, 보호관찰관, 소방관, 수화물운반원, 에어로빅강사, 운전강사, 응급구조사, 집배원, 캐디, 태권도사범, 택시운전기사, 전화교환원, 행사기획자, 행사도우미, 호스피스전문간호사, 호텔리어(호텔종사원), 화물취급원, 공무원, 교장, 대학교수(기술/이과/인문/사회과학), 독서지도자, 레포츠지도자, 물리치료사, 법무사, 변리사, 변호사, 비서, 사회단체활동가, 사회복지사, 상담가, 생활체육지도자, 성직자, 심리치료사, 아동놀이지도강사, 알콜중독/금연치료전문가, 언어치료사, 심리치료사, 여행안내원, 여행전문가, 역무원, 운동감독, 운동경기심판관, 운동선수트레이너, 운동처방사, 웨딩플래너, 유아원교사, 음악치료사, 임상병리사, 작업치료사, 장의사, 정신보건임상심리사, 주택관리사, 중등학교교사, 직업군인, 직업훈련교사, 초/중등학교보조교사, 초등학교교사, 치과위생사, 카지노딜러, 컴퓨터온라인강사, 판사, 피부관리사, 바둑기사, 학원강사, 항공기객실승무원, 헤어디자이너, 헬스케어전문가 등 |

| | |
|---|---|
| ③ 과학/연구 | • 고고학자, 곤충학자, 기상연구원, 동물학자, 물리학자, 미생물학자, 방사선학자, 병리학자, 사회과학관련연구원, 생명과학관련연구원, 생물학자, 생화학자, 성형외과의사, 수의사, 수질관리기술자, 수학자, 심리학자, 약리학자, 약사, 유전공학연구원, 의사, 인류학자, 자연과학관련연구원, 지구물리학자, 지질학자, 천문학자, 치과의사, 토양학자, 통계학자, 한의사, 해부학자, 해양학자, 핵물리학자, 화학자, 등<br>• ISO14000심사원, 건설공사품질관리원, 건설안전관리기술자, 건축기술자, 건축설계기술자, 구조기술자, 금속공학기술자, 기계공학자, 기능성섬유연구원, 대기환경기술자, 대체에너지개발연구원, 로봇연구원, 모형제작자, 방사성폐기물관리원, 비파괴검사기술자, 비행교관, 산업공학기술자, 상수도기술자, 생물공학기술자, 선박기술자, 소음진동기술자, 수자원관리자, 수질환경연구원, 신경회로망연구원, 안전관리기술자, 운항관리사, 원자력공학기술자, 위성통신설비연구원, 인공위성연구원, 자연생태기술자, 자원공학기술자, 재료공학자, 전기공학기술자, 전기자동차연구원, 전자공학기술자, 전자기사, 전자통신망연구원, 주문형반도체설계원, 초소형모터연구원, 초음파기기기술자, 초전도체연구원, 컴퓨터공학기술자, 태양전지연구원, 토목기사, 토양환경기술자, 통신공학기술자, 투시도작가, 폐수처리기술자, 항공교통관제사, 항공기조종사, 항공우주공학기술자, 해양환경기사, 핵융합로연구원, 환경공학기술자, 환경시설진단연구원, 환경영향평가기술자, 환경오염방지전문가, 환경오염분석가, 환경컨설턴트 등 |
| ④ 농업/천연자원 | • 나무의사, 농업인, 농업기술자, 담배제조원, 동물사육사, 동물조련사, 수산양식자, 양봉가, 양식어업자, 어로근로자, 원예/종묘기술자, 유제품제조원, 임업숙련종사자, 잠수부, 조경공, 조경기술자, 종자기술자, 특수건훈련원, 해양수산기술자, 화훼재배기술자 등 |
| ⑤ 기술/공업 | • 건축기술자, 검침원, 공정검사원, 기상관측요원, 방사선사, 실험실검사원, 심전도기사, 안경사, 증류/반응기운전원, 측량기술자, 치과기공사,<br>• 가전제품수리원, 건설기계조종사, 건설인부, 고무제품제조원, 공작기계운전원, 광원/채석원, 구두수선공, 금속가공장치운전원, 금형제조원, 급수보수원, 기계수리원, 냉동기조작원, 녹음기사, 녹화기사, 농기계수리공, 더빙기사, 도배공, 도자기제조원, 도장공, 목공, 목재가공장치운전원, 미장공, 방수공, 방석원, 배관공, 벽돌공, 보석감정사, 보일러운전원, 보일러제조공, 분리기운전원, 분쇄/혼합기운전원, 상하수도처리설비운전원, 석공, 석유정제원, 선박부원, 선박기관사, 선박엔진기계공, 세라믹기술자, 세트전문가, 송출기술자, 승강기기사, 시계제조기술자, 시멘트제조기술자, 압연원, 영상기사, 용접공, 유리제품제조원, 음향효과기사, 전기공, 전자제어장비설비원, 전자장비조합원, 전화기수리설치원, 정밀기계제품제조원, 제강원, 제도사, 제조업단순노무자, 제지설비운전원, 주조원, 지하철기관사, 직조원, 철골제작원, 철근콘크리트공, 철도기관사, 철도차량정비원, 촬영기사(카메라맨) 컴퓨터사무기기설치수리원, 타일공, 통신선접속원, 통신장비설비원, 트럭운전사, 판금공, 편집기사, 폐기물처리기술자, 폐수처리원, 품질관리기술자, 플라스틱제품제조원, 항공기지정비원, 항해사, 화학공학기술자, 환경설비기술자, 환경영향측정원, 환경위생관리사 등 |

| | |
|---|---|
| ⑥ 상업/경영 | • 전문직 : 감사기획전문가, 감정평가사, 검사, 경영컨설턴트, 경제학자, 공인노무사, 공인회계사, 관세사, 국제무역사, 국제회의전문가, 금융자산관리사(FP), 기업분석가, 네이미스트, 농/경제학자, 도시계획기술자, 리모델링컨설턴트, 마케팅/여론조사전문가, 물류관리사, 미술품경매사, 병원관리사, 보험계리인, 보험통계전문가, 사회보험전문가, 선물거래중개인, 세무사, 손해사정인, 스크린마케팅어시스턴트, 스포츠마케팅전문가, 시장조사분석가, 신용조합원, 영화전문홍보가, 외교관, 외환딜러, 이벤트전문가, 조직관리인, 정당인, 증권/투자중개인, 증권분석가, 증권중개인, 투자/신용분석가, 펀드매니저 등<br>• 숙련직 : 경매사, 골동품판매인, 농수산물중개인, 마켓터, 머천다이저(MD), 백화점바이어, 부동산중개인, 상품판매원, 생산사무원, 생활설계사, 세무사무원, 스포츠/레저용품판매원, 자동차영업사원, 카드설계사, 텔레마케터, 통관대리인, 파티플래너, 판매사무원 등<br>• 가구수리공, 가구제작원, 가죽/모피가공원, 김치/절임식품제조원, 다이어트메이드, 도축사/육류가공원, 맞춤양복사, 모니터, 바리스타, 세탁원, 소믈리에, 쇼핑호스트, 신발제조원, 영양사, 의복제조원, 전통식품조리원, 제과/제빵사, 조리사, 축산인, 푸드스타일리스트, 한복기능사 등 |
| ⑦ 전산/정보 | • 게임기획자, 게임방송PD, 고객지원엔지니어, 광통신엔지니어, 네트워크프로그래머, 데이터베이스관리자, 베타테스트, 멀티미디어PD, 몰마스터, VRML디자이너, 무선S/W개발전문가, 문자인식시스템개발원, 부가통신망관리원, 사이버교육운영자, 사이버아티스트, CRM전문가, IT교육강사, 시각정보처리연구원, 시스템엔지니어, 시스템운영관리자, IT기술영업원, RF엔지니어, XML전문가, 워드프로세서조작원, 웹PD, 웹프로그래머, 웹디자이너, 웹마스터, 웹마켓터, 의료정보시스템관리사, 응용소프트웨어개발자, 이동통신망운용관리자, 인터넷방송기자, 전산감리사, 전자상거래전문가, 전자출판원, 정보검색원, 정보제공자, 정보중개인, 정보처리기술자, 정보보호관리자, 정보시스템컨설턴트, 정보처리시스템설계분석가, 캐드디자이너, 컨설턴트플래너, 컴퓨터오퍼레이터, 컴퓨터프로그래머, 컴퓨터게임프로그램디자이너, 컴퓨터게임시나리오작가, 컴퓨터게임음향효과기술자, 컴퓨터게임프로그래머, 컴퓨터그래픽디자이너, 컴퓨터속기사, 컴퓨터에디터, 통계프로그래머, 펌웨어프로그래머, 프로젝트매니저, 사운드디자이너 등 |
| ⑧ 언론 | • 가수, 연주가, 작사가, 작곡가, 기술엔지니어, 신문기자, 구성작가, 극작가, 시나리오작가, 드라마작가, 게임방송PD, 뉴스캐스터, 리포터, 방송기자, 방송작가, 번역사, 사진기자, 성우, 세트전문가, 스크립터, 아나운서, 전문MC, 카피라이터, 개그맨, 공연기획자, 방송PD, 방송음악인, 방송저널리스트, 비디오작가, 비디오저널리스트, 시엠플래너, 스포츠캐스터, 악기연주자, 안무가, 연극연출가, 영화배우, 영화감독, 영상기사, 연예인매니저, 영화감독, 영화기획자, 음반기획자, 음반프로듀서, 탤런트, 드라마촬영장소헌팅맨, 무대조립원, 무대감독, 방송기술자, 백댄서, 분장사, 송출기술자, 스턴트맨, 음반녹음기술자, 음향기술자, 조명기술자, 촬영기사, 촬영감독, 특수분장사, 특수효과기술자, 분장사, 영상편집가, 음향효과원, 녹화기사, 녹음기사, 조명기술자, 자켓디자이너 등 |

| | |
|---|---|
| ⑨ 예술 | • 구성작가, 극작가, 서지학자, 소설가, 시인, 언어학자, 역사학자, 외화번역가, 유머작가, 작가, 평론가, 가구디자이너, 가수, 공예원, 광고기획자, 광고디자이너, 국악인, 귀금속/보석세공원, 네온인테리어, 디스플레이어, 만화가, 만화콘티작가, 메이크업아티스트, 모델, 모델리스트, 무용가, 미술가, 북디자이너, 브랜드메이커, 사진작가, 산업디자이너, 성악가, 스타일리스트, 시각디자이너, 아바타디자이너, 애니메이션기획자, 애니메이션작가, 예술품복원기술자, 음악홍보담당자, 이미지관리인, 음악가, 일러스트레이터, 작곡가, 전통기능인, 전통예능인, 제품디자이너, 출판기획전문가, 출판영업인, 출판편집자, 캐릭터디자이너, 컬러리스트, 텍스타일디자이너, 패션디자이너, 패션코디네이터, 큐레이터(학예원), 화가, 광고도장기능인, 네일아티스트, 문화재수리원, 박제사, 벨소리작곡가, 사진사, 사진처리원, 아트플라워디자이너, 악기제조원, 애견미용사, 애니메이터, 인테리어디자이너, 장신구가공원, 조향사, 피아노조율사, 특수사진사, 특수교사, 영화/예술학교교사 등 |

## 쉬어가기

부와 명성을 모두 갖춘 한 외과의사가 늙어서 은퇴를 하게 되었다. 그래서 세계 각국에 흩어져 있던 제자들이 모였다. 그런데 은퇴식 내내 주인공인 의사는 슬픈 표정을 짓고 있었다. 그래서 한 제자가 물었다. "선생님 무슨 일이십니까? 오늘처럼 즐거운 날에 왜 슬픈 표정을 짓고 계십니까? 선생님께서는 행복의 조건을 모두 갖추시지 않으셨습니까? 여기 모인 제자들을 보십시오. 이들은 세계 곳곳에서 명성을 떨치고 있습니다." 그러자 외과의사가 말했다. "내 원래의 꿈은 외과의사가 아니라 무용수였네. 그런데 어쩌다가 그만 의술로 삶을 모두 소모해 버렸네. 물론 성공한 의사이긴 하지만 그것이 나에게 만족을 주지 않으니 어쩌겠나? 만일 자네에게 배고프지도 않은데 먹기를 강요한다고 가정해 보게. 아마 화를 내겠지? 또 자네가 물을 원하는데 누가 우유를 먹으라고 강요했다면 어떻게 하겠는가? 물론 물보다 우유가 몸에는 좋겠지. 그러나 갈증 해소나 만족감은 어떻게 되는가?"

## 07

진로 심리학자 홀랜드(John L. Holland, 1966)는 개인의 행동 양식이나 인성유형이 직업 선택과 발달에 중요한 영향을 미친다는「직업적 성격유형」이론을 내놓았다. 그는 개인의 행동은 인성과 환경의 상호작용 결과이며, 직업 선택은 이러한 인성의 표출이라는 것이다. 그래서 사람들은 자기의 인성유형을 표출할 수 있는 직업 환경을 선택한다는 것이다. 즉 직업 선택을 개인의 유전적 소질과 문화적 요인의 상호작용에 의한 것이라고 본 것이다. 여기서 유전적 소질이란 성격을, 문화적 요인이란 동료, 부모, 중요한 타인, 개인의 물리적 환경 등을 의미한다.

그의「직업적 성격유형」이론은 다음 네 가지 가설에 기초하고 있다.

1) 대부분의 사람은 여섯 가지 유형 중 한 가지로 분류할 수 있다. 이는 해당 직업에 종사하고 있는 사람의 특징을 요약한 것으로 각 성격 유형에 대한 개인의 유사성 정도를 평가한 것이다.

2) 우리의 생활환경도 이 여섯 가지로 묶을 수 있다. 각각의 환경은 주어진 성격 유형에 의해 지배되고 또 어떤 특수성이 있는 물리적 환경에 의해 특징지어진다.

3) 사람은 자신의 기술과 능력을 발휘하고, 자신의 태도나 가치관에 따라 일할 수 있는 환경을 선호하며, 나아가 자신에게 맞는 역할을 담당할 수 있는 직업 환경을 찾는다.

4) 개인의 행동은 성격과 환경 특성간의 상호작용에 의해 결정된다. 그 결과 직업의 선택 · 변경 · 성취 그리고 교육적, 사회적 행동 등으로 나타난다. 따라서 자신의 직업적 성격유형에 따라 진학, 학과와 직업 선택, 결혼, 여가생활 등 전 생애에 걸친 역할을 예언할 수 있다.

다음 활동자료를 통해 홀랜드의 흥미유형에 따라, 6가지 유형별 직업적 특성과, 관련 성격/적성/추구하는 가치/관련 학과 등을 알아 볼 수 있다.

▶ 다음은 홀란드의 흥미유형 검사이다. 아래 6개 문항별로 응답한 후, 그 점수로 자신의 흥미 유형과 진로를 알아본다.

## ✖ 문항 ①

| 가. 아래 덕목 중 좋아하는 것에 ○표 한다. | 나. 아래의 일 중 좋아하는 정도를 5단계로 평점한다. |
|---|---|
| ① 강건한 것 ····························( ) | |
| ② 순응하는 것 ··························( ) | ① 손이나 도구를 사용해서 하는 일 |
| ③ 물질주의적인 것 ·····················( ) | ① ② ③ ④ ⑤ |
| ④ 완고한 것 ····························( ) | |
| ⑤ 실제적인 것 ··························( ) | ② 기계나 물건을 수선하거나 만드는 일 |
| ⑥ 현실적인 것 ··························( ) | ① ② ③ ④ ⑤ |
| ⑦ 엄격한 것 ····························( ) | |
| ⑧ 안정적인 것 ··························( ) | ③ 공구나 기계를 다루는 기술 |
| ⑨ 무뚝뚝한 것 ··························( ) | ① ② ③ ④ ⑤ |
| ⑩ 검소한 것 ····························( ) | |
| '가'에 ○표 한 개수 + '나' 점수의 합계 = ( ) | |

## ✖ 문항 ②

| 가. 아래 덕목 중 좋아하는 것에 ○표 한다. | 나. 아래의 일 중 좋아하는 정도를 5단계로 평점한다. |
|---|---|
| ① 비판적인 것 ··························( ) | ① 수학, 물리학, 생물학, 사회과학 같은 학문을 연구 |
| ② 호기심 많은 것 ·······················( ) | 하는 것 |
| ③ 창의적인 것 ··························( ) | ① ② ③ ④ ⑤ |
| ④ 독립적인 것 ··························( ) | |
| ⑤ 지적인 것 ····························( ) | ② 추상적인 문제를 푸는 것 |
| ⑥ 논리적인 것 ··························( ) | ① ② ③ ④ ⑤ |
| ⑦ 수학적인 것 ··························( ) | |
| ⑧ 방법적인 것 ··························( ) | ③ 분석적인 사고나 복잡한 원리나 방법을 이해하는 것 |
| ⑨ 합리적인 것 ··························( ) | ① ② ③ ④ ⑤ |
| ⑩ 과학적인 것 ··························( ) | |
| 점수 합계 / '가'에 ○표 한 개수 + '나' 점수의 합계 = ( ) | |

## ✖ 문항 ③

| 가. 아래 덕목 중 좋아하는 것에 ○표 한다. | 나. 아래의 일 중 좋아하는 정도를 5단계로 평점한다. |
|---|---|
| ① 창의적인 것 ·······························(    ) | |
| ② 비우호적인 것 ·························(    ) | ① 자신을 표현하는 일 |
| ③ 정서적인 것 ·······························(    ) | ① ② ③ ④ ⑤ |
| ④ 표현적인 것 ·······························(    ) | |
| ⑤ 비현실적인 것 ·························(    ) | ② 창의적인 작가/음악가/연극인 등 |
| ⑥ 독립적인 것 ·······························(    ) | ① ② ③ ④ ⑤ |
| ⑦ 혁신적인 것 ·······························(    ) | |
| ⑧ 통찰력있는 것 ·························(    ) | ③ 미술/문학/음악/희곡 등의 작품을 창작하는 일 |
| ⑨ 자유분방한 것 ·························(    ) | ① ② ③ ④ ⑤ |
| ⑩ 예민한 것 ·······························(    ) | |

'가'에 ○표 한 개수 + '나' 점수의 합계 = (          )

## ✖ 문항 ③

| 가. 아래 덕목 중 좋아하는 것에 ○표 한다. | 나. 아래의 일 중 좋아하는 정도를 5단계로 평점한다. |
|---|---|
| ① 수용적인 것 ·······························(    ) | |
| ② 배려하는 것 ·······························(    ) | ① 다른 사람과 협력해서 하는 일 |
| ③ 공감적인 것 ·······························(    ) | ① ② ③ ④ ⑤ |
| ④ 우호적인 것 ·······························(    ) | |
| ⑤ 도움을 주는 것 ·························(    ) | ② 다른 사람과 복지에 대한 일이나 관심 |
| ⑥ 친절한 것 ·······························(    ) | ① ② ③ ④ ⑤ |
| ⑦ 설득력있는 것 ·························(    ) | |
| ⑧ 책임질 수 있는 것 ···················(    ) | ③ 사람을 교육하고 치료하는 일 |
| ⑨ 가르치는 것 ·······························(    ) | ① ② ③ ④ ⑤ |
| ⑩ 이해하는 것 ·······························(    ) | |

점수 합계 / '가'에 ○표 한 개수 + '나' 점수의 합계 = (          )

## ✖ 문항 ⑤

| 가. 아래 덕목 중 좋아하는 것에 ○표 한다. | 나. 아래의 일 중 좋아하는 정도를 5단계로 평점한다. |
|---|---|
| ① 야망을 품는 것 ·····················( ) | ① 개인과 조직을 위하는 일, 남을 지도하고 통제하고 설득하는 일 |
| ② 분명한 것 ·····················( ) |  ① ② ③ ④ ⑤ |
| ③ 자기주장적인 것 ·····················( ) |  |
| ④ 확신하는 것 ·····················( ) | ② 권력/지위/성취를 위한 일 |
| ⑤ 비결정을 잘하는 것 ·····················( ) |  ① ② ③ ④ ⑤ |
| ⑥ 지배적인 것 ·····················( ) |  |
| ⑦ 열성적인 것 ·····················( ) | ③ 야망/열정/판매/정치 관련 활동 |
| ⑧ 영향력있는 것 ·····················( ) |  ① ② ③ ④ ⑤ |
| ⑨ 설득적인 것 ·····················( ) |  |
| ⑩ 생산적인 것 ·····················( ) |  |

'가'에 ○표 한 개수 + '나' 점수의 합계 = (　　　　)

## ✖ 문항 ⑥

| 가. 아래 덕목 중 좋아하는 것에 ○표 한다. | 나. 아래의 일 중 좋아하는 정도를 5단계로 평점한다. |
|---|---|
| ① 조직화된 것 ·····················( ) | ① 세부적이고 질서정연한 일 |
| ② 책임질 수 있는 것 ·····················( ) |  ① ② ③ ④ ⑤ |
| ③ 효율적인 것 ·····················( ) |  |
| ④ 질서정연한 것 ·····················( ) | ② 자료를 정리하고 정확히 구조화 된 일 |
| ⑤ 순응하는 것 ·····················( ) |  ① ② ③ ④ ⑤ |
| ⑥ 실제적인 것 ·····················( ) |  |
| ⑦ 정확한 것 ·····················( ) | ③ 자신에게 기대되는 것이 무엇인지, 정해진 일이 무엇인지 아는 것 |
| ⑧ 체계적인 것 ·····················( ) |  ① ② ③ ④ ⑤ |
| ⑨ 보수적인 것 ·····················( ) |  |
| ⑩ 잘 통제 된 것 ·····················( ) |  |

점수 합계 / '가'에 ○표 한 개수 + '나' 점수의 합계 = (　　　　)

**결과 알아보기**

1. 6개 문항별로 점수 합계를 낸다.
2. 가장 많은 점수를 받은 것이 자신의 흥미분야라고 보면 된다.
   ❶-현장형, ❷-탐구형, ❸-예술형, ❹-사회형, ❺-진취형, ❻-사무형
3. 아래 흥미유형별 특성에서 자신에게 해당되는 것을 찾아본다.
4. 다른 검사 결과와 비교해 보고, 또 관련 특성이나 직업도 더 깊고 넓게 알아본다.

## ✖ 흥미 유형별 제반 특성

• 현장형/Realistic

| | |
|---|---|
| **특성** | 기계적 소질이 있는 반면 사교능력이 부족하고, 물질 지향적/구체적/실용적이며 기능성과 예측 가능성을 선호한다. |
| **직업 활동** | - 명확한 결과를 산출하는 일      - 고치기, 만들기, 수리하기 등<br>- 무거운 장비나 큰 기계를 작동하고 설계하는 일<br>- 섬세한 운동신경, 손재주를 요하는 일, 도구를 사용하는 일<br>- 정밀한 기계를 작동하는 일(구멍 뚫는 압착기, X레이 촬영기 등) |
| **잠재적 능력** | - 기계적 재능과 연구      - 도구와 기계를 사용한 문제 해결 능력<br>- 정신 운동성 기술/신체적 힘      - 야외 작업이나 모험적 활동 시 침착성 |
| **자아개념/가치관** | - 수줍음을 타고 겸손하다.      - 실용적이고 검소하고 끈기 있다.<br>- 정서가 안정되고 신뢰할 만하다.      - 시선이 집중되는 것을 꺼린다.<br>- 신체적 위험부담을 감수하려 한다.      - 전통적 가치를 고수하려 한다.<br>- 아이디어를 받아들이는데 느리다.      - 자신에 관해 이야기하는 것을 불편해 한다. |
| **환경** | - 소규모 지역공동체      - 격식 없는 복장이 허용되는 상황<br>- 타인과 최소한의 교류가 필요한 상황      - 위계적 조직(군대, 집행부, 경호회사 등)<br>- 유형 상품 제조, 건설업, 광산/에너지 산업, 운송업, 공학/기술 회사 |
| **취미** | - 옥외스포츠, 차, 비행기, 배에 관한 책/잡지 읽기<br>- 낡은 물건 수리하기, 만들기, 다시 만들기, 탈 것 작동하기<br>- 사냥, 낚시, 캠핑, 암벽등반, 신체 모험활동(스카이다이빙, 등산, 자동차 경주 등) |
| **직업** | - 자동차정비사/정원사/용지관리인/배관공/경찰/목축업자/전기기술자/공학자 등 |

• 탐구형/Investigative

| | |
|---|---|
| **특성** | 사람보다 아이디어를 중시하고, 높고 추상적 지능의 소유자이며, 사회적 관계에는 관심이 적다. |
| **직업 활동** | - 독립적인 일, 조사 분석적인 일, 자료수집과 조직하는 일<br>- 사고를 통한 문제를 해결하는 일<br>- 과학적 실험적인 일      - 애매하거나 추상적인 과제를 수행하는 일 |
| **잠재적 능력** | - 과학적 능력      - 분석적 수학적 능력<br>- 작문 능력      - 어렵고 추상적인 문제를 해결하는 인내심 |
| **자아개념/가치관** | - 독립적이고 조심스럽고 내성적이다.      - 분석적이고 호기심이 많다.<br>- 과제 중심적이다. (일에 빠지는 형이다)      - 학문적, 지적 능력에 자신이 있다.<br>- 독자적, 창조적이다.      - 관행을 싫어하고 가치/태도를 중시한다. |
| **환경** | - 대학, 조사/기획 연구소      - 의료 기관<br>- 컴퓨터 관련 연구소      - 과학 재단이나 연구소<br>- 일 유형에서 자유를 허용하는 구조화되지 않은 조직 |
| **취미** | - 천문학/체스/새 관찰/독서/컴퓨터 프로그램<br>- 일에 열중하기(여가/가족/사회활동을 위해서는 시간을 적게 쓴다)<br>많은 사색과 세부사항/원리학습이 요구되는 복잡한 활동(스키/항해/스쿠버다이빙 등) |
| **직업** | - 교수/의사/심리학자/약사/화학자/지압사/수의사/호흡치료사/과학교사/의료공학자 등 |

• 예술형/Artistic

| 특성 | 창의성을 지향하며 아이디어와 재료를 사용하여 새로운 방식으로 표현하는 작업을 한다. | |
|---|---|---|
| 직업 활동 | - 작곡/작문/연기/공연 등<br>- 독립적으로 일하기 | - 예술 창작<br>- 악기연주/장식/설계 등 |
| 잠재적 능력 | - 창조력 상상력<br>- 음악적 재능 | - 말 언어적 기술/연기술<br>- 예술적 재능 |
| 자아개념/<br>가치관 | - 독립적이고 낭만적이며 자유롭다.<br>- 예민하고 감정적이다.<br>- 아름다움과 미학적 본질에 이끌린다. | - 충동적이고 표현적이다.<br>- 직관적이고 복잡하다.<br>- 관습을 따르지 않고 독립적이다. |
| 환경 | - 예술 작업실<br>- 예능을 가르치는 학원 필요한 상황<br>- 자기표현을 허용해 주며 융통성 있고 비구조적인 조직 | - 극장/연주회장/박물관/도서관/화랑<br>- 광고/홍보업무/실내장식 회사 |
| 취미 | - 데생/스케치/회화/악기연주/춤추기<br>- 춤/음악 콘서트 참석/극장/박물관/화랑 가기<br>- 독서/글쓰기/예술품 수집 | |
| 직업 | - 순수예술가/응용미술가/리포터/변호사/사서/음악가/미술교사/광고전문가/방송인/전문<br>저술가/영어교사/건축사/사진작가 등 | |

• 사회형/Social

| 특성 | 다른 사람과 협력하여 일하는 것을 좋아하고, 다른 사람의 복지와 교육에 관심을 갖고 있다. | |
|---|---|---|
| 직업 활동 | - 가르치기/설명하기/계몽하기/안내하기<br>- 정보 제공하기/ 계획하기 | - 돕기/촉진하기<br>- 문제해결/논의 주도 등 |
| 잠재적 능력 | - 청취기술<br>- 다른 사람을 이해하고 공감하는 능력 | - 구술/교수 기술<br>- 사회 대인 관계에서의 수완 |
| 자아개념/<br>가치관 | - 인간적 이상적이다.<br>- 재치 있고 협동적이다.<br>- 이해심과 통찰력이 있다. | - 윤리적이고 책임감이 있다.<br>- 친절하고 다정하고 활발하고 감동적이다.<br>- 다른 사람의 복지에 관심이 있다. |
| 환경 | - 사회봉사 기관<br>- 정신 건강 클리닉<br>- 종교조직/학교 | - 의료부서와 보건 기관<br>- 인력자원부 |
| 취미 | - 다른 사람 즐겁게 하기/집회에 참석하기 - 자원봉사/사회적 행사 기획하기<br>- 예술적/현실적 활동(피 고용자일 경우 극도로 피곤한 경향을 보임, R/A 형 활동 특징인 고<br>독도 필요하다) | |
| 직업 | - 어린이보육자/초등학교교사/상담가/가정경제교사/공원책임자/체육교사/인사담당자/사<br>회교사/간호사/농산물중개인/물리치료사 등 | |

• 진취형/Enterprising

| 특성 | 기업가적 기질이 강하고, 특정 목표의 달성을 위해 남을 통제하고 지배하는 데 관심이 있다. | |
|---|---|---|
| 직업 활동 | - 판매/구입 업무/고객접대 하기<br>- 위원회/단체/조직/회사 이끌기 | - 정치적 모의 활동/연설하기/회담하기/발표하기<br>- 사람/사업 관리하기 |
| 잠재적 능력 | - 연설/설득/판매를 위한 언어구사 능력<br>- 쾌활/강력한 행동력/낙관주의 | - 사회/대인관계 능력/리더십<br>- 이윤추구나 조직/목표에 집중하는 능력 |
| 자아개념/<br>가치관 | - 지위를 의식한다.<br>- 사교적인 이야기를 좋아한다.<br>- 모험적이고 위험을 감내한다.<br>- 돈/권력/물질적 소유에 집착한다. | - 야심적/경쟁적/공격적이다.<br>- 기지 있고 논쟁하기를 좋아한다.<br>- 낙관적이고 활동적이며 인기가 있다. |
| 환경 | - 기금 조성 기구/자영업<br>- 도소매 회사(자동차 판매회사/백화점/부동산 회사 등)<br>- 재정과 권력 있는 자리(법인회사/행정기관/증권 중개사 등) | - 정부/정치조직/제조회사 등 |
| 취미 | - 정치적 활동/집회 참석하기<br>- 유쾌하고 사교적인 것 스포츠 행사에 참여하거나 관람하기 | - 클럽이나 조직에 들어가기 |
| 직업 | - 생활설계사/마케팅간부/여행사직원/부동산중개사/판매책임자/항공기승무원/구매인/농업관리인/치위생사/상점지배인/경매업자/식당지배인/원예업자 등 | |

• 사무형/Conventional

| 특성 | 잘 짜여 진 계획으로 일하고 세밀하고 꼼꼼하며, 일에 능숙하고 정확하며 수리적 과제를 잘 해 낸다. | |
|---|---|---|
| 직업 활동 | - 재정분석 수행/사무기계 작동<br>- 기록/재정장부 정리/사업보고서 작성 | - 사무진행 과정 조직하기<br>- 차트와 그래프 만들기 |
| 잠재적 능력 | - 효율성 제고능력/조직 능력<br>- 수학적 기술/사무기계 작동 | - 시스템/자료관리 능력<br>- 섬세한 업무 처리능력/완벽주의 |
| 자아개념/<br>가치관 | - 성실하고 끈기 있다.<br>- 침착하고 보수적이다.<br>- 간결하고 정확하다.<br>- 돈과 물건의 소유에 신경 쓴다. | - 실용적이다.<br>- 정돈되고 체계적이다.<br>- 조심스럽고 통제가 가능하다. |
| 환경 | - 대규모 법인회사<br>- 금융업(은행/사무실)<br>- 통제와 위계질서를 따르도록 만들어진 조직 | - 진취적 사무실<br>- 회계회사/통제 감사 업무 |
| 취미 | - 우표/동전 수집/집안 개선 프로젝트<br>- 시민적 우애적 조직/규칙이 확실한 게임 | - 모형 만들기(비행기/인형집/전기작동차 등) |
| 직업 | - 부기사/은행가/외교기특인/공인회계사/상업교사/사무직원/신용관리사/식품서비스경영인/판매업자/가정관리사/행정비서/보험계리사/법정서기 등 | |

내 자신 알아보기

## ✖ 유형별 흥미/성격/적성/직업가치/관련학과

### 1. 흥미

| | |
|---|---|
| 현장형 / R | 연장/기계 등을 조작하는 활동이나 신체적 기술은 좋아하나, 교육적이고 치료적인 것은 싫어한다. |
| 탐구형 / I | 관찰적/체계적/물리적/문화적 현상이나 창조적 탐구 활동은 좋아하나, 사회적이고 반복적인 활동은 싫어한다. |
| 예술형 / A | 예술적 창조/변화와 다양성/자유롭고 상징적인 활동은 좋아하나, 분명하고 체계적이고 구조적이며 틀에 박힌 활동을 싫어한다. |
| 사회형 / S | 남을 잘 이해하고 도와주고 치료하고 봉사하는 것은 좋아하나, 기계/도구 등을 다루거나 체계적이고 질서정연한 일은 싫어한다. |
| 진취형 / E | 권위로 남을 지도/통제/관리하고 목적을 성취하는 일은 좋아하나, 관찰하고 체계적으로 하는 일은 싫어한다. |
| 사무형 / C | 정해진 원칙과 계획에 따라 계산/기록/정리하는 일은 좋아하나, 창의적/모험적/비체계적인 일은 싫어한다. |

### 2. 성격

| | |
|---|---|
| 현장형<br>Realistic | 단순하고/말이적고/냉정하고/건실하고/기계적/구체적/실리적/비사교적이며/솔직하고/순응적이고/고집스럽고/거칠고/검소하고/실제적임 |
| 탐구형<br>Investigative | 분석적이고/지적이며/호기심 많고/학구적이고/꼼꼼하고/정확하고/비판적이고/신중하고/합리적이며/소극적이고/인기가 없음 |
| 예술형<br>Artistic | 상상력 풍부하고/직관적이며/독창적이고/감수성 강하고/감정적·관념적이며/복잡하고/잘순응하지 않으며/개방적이고/충동적임 |
| 사회형<br>Social | 이해심 있고/친절하고/우호적이며/사회성 있고/외향적이며/관대하고/따뜻하며/재치 있고/남을 잘 돕고/활동적임 |
| 진취형<br>Enterprising | 외향적/지배적/열성적/설득적/과시적/지도력/모험심/쾌락주의적/언변/활기/자신감 |
| 사무형<br>Conventional | 보수적/관습적/순응적/방어적/실천적/능률적/사무적/적응적이며/절제하고/검소하며/질서정연하고/상상력이 없음 |

## 3. 적성

| | |
|---|---|
| **현장형 / R** | 수공/농업/전기/기술/기계적이고 운동적인 일을 잘한다. |
| **탐구형 / I** | 학구적/수학적/과학적/연구적 능력이 있으며 지적 자부심도 강하다. |
| **예술형 / A** | 자유분방하고 음악/미술 등 상징적/예술적/비정형적 활동을 잘한다. |
| **사회형 / S** | 사회적/교육적 지도력이 있고 대인관계를 원만히 한다. |
| **진취형 / E** | 적극적/사회적/설득적이고 지도력이 있으며 대인관계에도 능하다. |
| **사무형 / C** | 사무적/계산적/체계적 능력이 있고 정확한 일을 좋아한다. |

## 4. 직업적 가치

| | |
|---|---|
| **현장형/ R** | 기계나 장치의 발견/기술사/전문인/운동선수, 그리고 특기/기술/기능/전문성/유능성/생산성 등 |
| **탐구형 / I** | 사물이나 현상의 발견/과학에 대한 이론적 기여, 그리고 탐구/지식/학문/지혜/합리성 등 |
| **예술형 / A** | 예술계 유명인/독창적인 작품 활동, 그리고 예술/창의성/재능/변화/자유/개성 등 |
| **사회형 / S** | 남 돕기/존경받는 스승/치료전문가, 그리고 사랑/평등/헌신/공익/용서/봉사 등 |
| **진취형 / E** | 영향력 있는 지도자/금융ㆍ상업 전문가, 그리고 권력/야망/명예/모험/자유/보상 등 |
| **사무형 / C** | 금융ㆍ회계 전문가/사무행정 전문가, 그리고 능률/체계/안전/안정성 등 |

## 5. 관련 학과

| | |
|---|---|
| **현장형/ R** | 공과대학/농과대학/수산ㆍ축산대학/체육대학 등 |
| **탐구형 / I** | 자연대학/의과대학/치과대학/한의대/공과대학 등 |
| **예술형 / A** | 예술대학/건축학/국문학/영문학/외국어문학 등 |
| **사회형 / S** | 사범대학/사회복지학/심리학/종교학/특수교육학/간호학 등 |
| **진취형 / E** | 경상대학/법과대학/경찰대학/행정대학/상과대학 등 |
| **사무형 / C** | 회계학/산업전산/세무대학/행정학/비서학 등 |

> 자기 자신의 마음속에서 싸움을 시작한 사람은 가치 있는 사람이다.
>
> － 브라우닝

제1차 세계 대전 때 일이다. 1914년 8월, 독일군은 벨기에를 점령한 후 영국과 프랑스군을 무찌르고 파리로 진격했다. 또한 바다에서는 영국의 순양함이 독일의 잠수함에 의해 격침되는 일이 발생하였다. 처칠(Sir Winston Leonard Spencer Churchill/1874~1965/영국의 정치가)은 해군을 이끌고 작전을 개시했지만, 여러 척의 배를 잃고 2만여 명의 사상자까지 내게 되었다. 책임을 느끼고 해군 장관에서 일단 물러났던 그는 다음 해에 자원하여 서부 전선에서 싸우게 되었다. 쏟아지는 포탄 속에서 그와 함께 지냈던 병사들은 처칠의 친절과 용기에 감탄했다. 처칠이 싸움터에서 '전쟁은 웃으면서 하는 거야'라고 한 그 말엔 그의 낙천적이고 긍정적인 성격이 잘 나타나 있다. 탁월한 통솔력과 작전 능력을 십분 발휘한 그는 1917년 다시 군수장관에 임명되었고, 1918년 독일은 마침내 항복하고야 말았다. 사람에겐 무한한 잠재력이 있다고 한다. 그러나 쉽게 좌절하고, 용기를 잃을 때엔 그 힘을 발휘할 수 없다. 낙천적이고 긍정적인 삶의 태도와 여유가 처칠을 훌륭한 지도자로 만들었다. 지도자는 그 자질을 기르는 사람만이 될 수 있다. 즉 우선 긍정적인 생각을 하고, 긍정적인 말을 하고, 긍정적인 행동을 하면 된다.

## 08

철저한 노력가로 알려진 소설가 L씨가 TV 인터뷰에서 한 말이다. "나는 지금까지 내 성격 중 마음에 들지 않는 점을 고치려고 무진 애를 써왔다. 그런데 노력하면 할수록 그것이 고쳐지기는커녕 죄의식과 스트레스만 늘어갔다. 그래서 마음을 바꾸어 성격 중 좋은 점을 더욱 신장시키기로 했다. 그랬더니 마음이 안정되고 삶의 활기도 되찾게 되었다."

성격이란 '그 사람이 가지고 있는 심리적 특성으로 다른 사람이나 사물 또는 일에 대해서 나타내는 태도나 반응'을 말한다. 따라서 어떤 상황에서도 잘 변하지 않으며 일관성 있게 드러난다. 예를 들면 외향적인 사람은 많은 사람과 접촉하는 사교적인 활동을 좋아하는 반면, 내향적인 사람은 조용히 혼자서 하는 일을 좋아하고 즐긴다. 따라서 자신이 성격을 정확히 이해하고 그에 맞는 진로를 선택하는 일이 매우 중요하다.

성격은 마치 유전자처럼 변하지 않는 것으로 타고난 기질 같은 것이기도 하다. 그래서 일찍이 그리스 의학자 히포크라테스(Hippocrates)는 사람의 성격을 체액의 종류에 따라, 1) 정이 많고 세밀하고 명랑하며 다정다감한 '다혈질', 2) 쉽게 우울해 지고 말수가 적으며 조용하고 흥분을 잘 하지 않는 '우울질', 3) 조그만 일에도 우울해지고 쉽게 화내고 흥분도 잘 하는 '담즙질', 4) 냉정하고 차분하며 좀처럼 흥분하지 않는 이성적 성격인 '점액질'로 나누었다.

또 스위스의 정신의학자 융(Jung)은 정신 에너지의 성향에 따라 '내향적 성격'과 '외향적 성격'으로 나누었으며, 심리학자 홀랜드(Holland)는 사람의 성격이 직업 선택에 직접적인 영향을 준다는 이론에 따라, 실제적/탐구적/예술적/사회적/기업적/관습적 유형으로 나누기도 했다.

진로를 개발할 때에는 성격과 흥미/적성/지능과 관계를 살펴보는 것이 좋다. 1) 성격은 일종의 기질이기 때문에 지능이나 적성이 따라주지 않으면 성공 가능성이 희박하다는 점, 2) 높은 지능도 흥미, 동기, 창의력이라는 실질적 추진력이 따라주지 않으면 성공하기 어렵다는 점, 3) 높은 적성도 기초 능력인 지능과 선천적 기질인 성격이 따라주지 않으면 성취 가능성이 희박하다는 점이다.

▶ 다음은 자신의 성격을 알아볼 수 있는 것이다. 항목별로 자신의 성격과 일치하는 것에는 "예", 그렇지 않은 것에는 "아니요"에 O표한 후 그 결과를 알아본다.

▶ 정답이나 오답이 있는 것이 아니므로, 시간을 끌지 말고 바로바로 응답한다.

| 문항 | | 응답 | |
|---|---|---|---|
| (1) 나는 무슨 일이든 내 방식대로 일하는 것을 좋아한다. | 마 | 예 / 아니요 | 나 |
| (2) 나는 모르는 사람과도 쉽게 사귀고 가까워지는 편이다. | 다 | 예 / 아니요 | 바 |
| (3) 나는 사소한 실패도 오래 오래 마음에 담아두는 편이다. | 사 | 예 / 아니요 | 라 |
| (4) 나는 깊이 생각하지 않고 행동하는 예가 종종 있다. | 가 | 예 / 아니요 | 나 |
| (5) 나는 걱정거리는 좀처럼 잊지 못하는 편이다. | 사 | 예 / 아니요 | 라 |
| (6) 나는 아무리 어려운 일이라도 망설임 없이 뛰어든다. | 가 | 예 / 아니요 | 아 |
| (7) 나는 주위 사람이 동의해 주지 않아도 생각한 것은 끝까지 말한다. | 다 | 예 / 아니요 | 바 |
| (8) 나는 모임의 책임자나 리더가 되는 것을 좋아하지 않는다. | 바 | 예 / 아니요 | 다 |
| (9) 나는 모든 사람과 함께 협력해서 하는 일을 좋아한다. | 나 | 예 / 아니요 | 마 |
| (10) 나는 상대방의 기분을 상하지 않게 하기 위해 많은 노력을 기울인다. | 사 | 예 / 아니요 | 라 |
| (11) 나는 한 가지 일에 매달릴 때는 확실하고 빈틈없이 하는 편이다. | 아 | 예 / 아니요 | 가 |
| (12) 나는 책이나 신문을 읽을 때 슬픈 기사 쪽에 눈길이 많이 간다. | 사 | 예 / 아니요 | 라 |
| (13) 나는 내 잘못을 쉽게 인정하지 않는 성격이다. | 라 | 예 / 아니요 | 사 |
| (14) 나는 인생을 있는 그대로 받아들이는 편이다. | 아 | 예 / 아니요 | 가 |
| (!5) 나는 팀을 짜서 일할 때 능력을 발휘하는 형이다. | 나 | 예 / 아니요 | 마 |
| (16) 나는 모임에 참석하기보다는 집에 혼자 있는 것을 좋아한다. | 바 | 예 / 아니요 | 다 |
| (17) 나는 최신 유행이나 패션에 항상 늘 관심을 가지고 있다. | 가 | 예 / 아니요 | 나 |
| (18) 나는 이 세상에 고통과 불행이 너무 많다고 생각한다. | 사 | 예 / 아니요 | 라 |
| (19) 나는 오랜 동안 가만히 앉아 있는 것은 싫어한다. | 가 | 예 / 아니요 | 아 |
| (20) 나는 언제나 새롭고 재미있는 일에 도전하는 편이다. | 사 | 예 / 아니요 | 아 |
| (21) 나는 어떠한 상황에서도 자신만만한 태도를 취한다. | 라 | 예 / 아니요 | 사 |
| (22) 나는 일을 시작할 때 경솔하게 시작하지 않는다. | 라 | 예 / 아니요 | 사 |
| (23) 나는 어떠한 경우에도 친구들에게 힘이 되려고 노력한다. | 나 | 예 / 아니요 | 마 |
| (24) 나는 다른 사람이 어떻게 생각하는가에 대해 무척 신경을 쓰는 편이다. | 사 | 예 / 아니요 | 다 |
| (25) 나는 토론하는 곳에서는 항상 내 주장을 편다. | 다 | 예 / 아니요 | 바 |
| (26) 나는 사소한 일이 머리에 떠올라 잠을 설치는 경우가 가끔 있다. | 사 | 예 / 아니요 | 라 |
| (27) 나는 내 기분이 남에게 알려져도 나는 별로 신경을 쓰지 않는다. | 나 | 예 / 아니요 | 마 |
| (28) 나는 만약 친구가 없다면 나는 어떻게 해야 할지를 모를 것이다. | 나 | 예 / 아니요 | 마 |

| (29) 나는 종종 부모님 몰래 일을 저지른다. | 마 | 예 / 아니요 | 나 |
|---|---|---|---|
| (30) 나는 내 생각에 반대하는 사람은 꺾고 싶어진다. | 나 | 예 / 아니요 | 바 |
| (31) 나는 어떤 일을 하다가 종종 옆길로 빗나가기도 한다. | 나 | 예 / 아니요 | 아 |
| (32) 나는 한번 결심한 것을 중도에 바꾸어 버리는 일이 종종 있다. | 가 | 예 / 아니요 | 아 |
| (33) 나는 사람을 소개하거나 사귀는 일을 좋아한다. | 다 | 예 / 아니요 | 사 |
| (34) 나는 비밀스런 즐거움을 좋아하는 것은 남에게 말할 수 있기 때문이다. | 나 | 예 / 아니요 | 바 |
| (35) 나는 무엇을 결정할 때, 그것이 남을 놀라게 하는 것이면 곧잘 흔들린다. | 사 | 예 / 아니요 | 라 |
| (36) 나는 내 말을 하기보다, 듣는 것을 좋아한다. | 사 | 예 / 아니요 | 다 |
| (37) 나는 남과 다툰 것도 금방 화해를 할 수 있다. | 다 | 예 / 아니요 | 바 |
| (38) 나는 지금의 나 자신에 대해 대체로 만족하고 있다. | 아 | 예 / 아니요 | 가 |
| (39) 나는 내 물건을 빌리려는 사람이 미리 말하기를 원한다. | 마 | 예 / 아니요 | 나 |
| (40) 나는 고민이 있을 때는, 친구에게 털어놓고 상의하고 싶어진다. | 나 | 예 / 아니요 | 마 |

〈진로탐색 지도자료〉, 서울시교육연구원, 1989.

1. "예", "아니요"에 ○표 한 것 중 '가, 나, 다, 라'에 한 것만 센다.
2. 센 개수를 아래 가, 나, 다, 라 눈금에 표시한다.
3. 가, 나, 다, 라 별로 「0 ⟷ 10」 중 많이 치우친 쪽이 자신의 성격 유형이라고 보면 된다.
4. 이상과 같이 자신의 성격유형이 나오면, 다음 쪽의 『성격 유형별 특성과 관련 직업』 표에서 자기 것을 찾아본다.
5. 평소 자신이 생각했던 성격과 비교해 보고, 부모님이 말해 준 성격과도 비교해 본다.

가 　온화형 ← 　　　→ 흥분형
　　0　1　2　3　4　⑤　6　7　8　9　10

나 　독립형 ← 　　　→ 집단/사교형
　　0　1　2　3　4　⑤　6　7　8　9　10

다 　내성/고독형 ← 　　　→ 외향/행동/사교형
　　0　1　2　3　4　⑤　6　7　8　9　10

라 　민감형 ← 　　　→ 현실/행동형
　　0　1　2　3　4　⑤　6　7　8　9　10

## ✖ 성격 유형별 특성과 관련 직업

| 순 | 성격유형 | 특성 | 관련 직업 |
|---|---|---|---|
| 1 | 사고형 | 논리적이고 이론적이며 사물에 대해 깊이 사색하는 편이다. 따라서 문제를 신중히 처리하며 책임감도 강하다. | 물리학자, 인류학자, 화학자, 수학자, 생물학자 등 |
| 2 | 내성형 | 사람 앞에 나서면 수줍어하고 매사에 소극적이다. 또 의사표시가 분명치 않고 혼자 행동하기를 좋아한다. | 양복점, 디자이너, 재단사, 미용사, 사진사, 기사 등 |
| 3 | 냉담형 | 감정의 표현이 적으며 싸늘하고 오만(?)하여 남의 오해를 받기도 한다. | 의사, 변호사, 판사, 검사, 경찰 등 |
| 4 | 흥분형 | 다정다감한 반면 다혈질적이어서 소리를 잘 지르고 감정 노출도 심하다. 또 흥분하면 앞뒤를 가리지 않는다. | 응원단장, 오락사회자, 스포츠맨 등 |
| 5 | 순종형 | 얌전하고 차분한 성격으로 누구에게나 복종을 잘 하고 고분고분하다. | 회사원, 공무원, 수위 |
| 6 | 독립형 | 의지가 강하여 남의 간섭을 싫어한다. 신념이나 행동이 뚜렷하여 언제나 자기주장대로 한다. | 사업가, 신문기자, 잡지 편집인, 낙농가, 원예가, 농장 경영, 약사 등 |
| 7 | 강인형 (담대형) | 끈기와 인내심이 강해서 하는 일을 중도에 그만두지 않는다. 또 고통도 잘 참고 이겨내는 성격이다. | 등산가, 탐험가, 항해사, 선장, 기관사, 승무원 등 |
| 8 | 민감형 | 감정이 예민하고 직감력이 뛰어나 이성보다 감성에 치우치기 쉽다. | 형사, 연출가, 탤런트, 배우 등 |
| 9 | 사교형 | 매사에 적극적이며 능란한 사교술로 여기저기를 누비고 다닌다. 또 활달하고 화술이 뛰어나 적응도 빠르다. | 외교관, 사업가, 임상·심리학자, 교육자, 목사, 상담자 등 |
| 10 | 행동형 | 말보다 행동이 앞서고 현실 감각이 뛰어나며 남 앞에 나서기를 좋아한다. 그리고 모든 일에 정열적으로 임한다. | 비행사, 기계조작, 사회사업가, 농부, 낙농가, 트럭 운전사 등 |
| 11 | 고독형 | 말이 없고 혼자 있기를 좋아하며 매사에 조심스럽다. 또한 조용히 사색하기를 좋아한다. | 작가, 소설가, 시인, 화가 등 |
| 12 | 태평형 | 신경이 둔하고 덜렁거리며 매사에 느긋한 낙천가이다. 따라서 뭐든지 좋은 쪽으로만 생각하고 걱정을 안 한다. | 농부, 농장경영인 등 |
| 13 | 안전형 | 신중하고 침착하여 감정을 잘 나타내지 않는다. 따라서 언제나 안정되고 믿음직한 모습이다. | 은행원, 출납원, 통계학자, 행정 보조원, 아나운서 등 |
| 14 | 지배형 | 남의 지시를 받는 것을 싫어하는 반면 남을 이끌고 지배하는 것을 좋아한다. | 정치가, 군인, 사회자, 회사 경영자 등 |
| 15 | 예술형 | 낭만과 사색을 즐기며 홀로 명상하기를 좋아한다. 또한 감정도 풍부하다. | 시인, 소설가, 음악가, 조각가, 화가, 극작가, 연출가, 성악가 등 |

▶ 다음은 자신의 성격유형과 관련 직업을 알아보는 문항이다. 평소 자신의 생각과 일치하는 것에 ○표 한 다음, ○표한 개수를 번호 별로 합한다.

▶ 가장 많이 응답한 것이 자신의 성격유형이다, 따라서 자신의 성격유형과 관련 직업을 살펴본다.

| 순 | 문항 | 응답 | 합계 | 유형 | 관련 직업 |
|---|---|---|---|---|---|
| 1 | • 나는 무슨 일이나 깊이 생각하고 검토한다.<br>• 나는 여러 번 생각 한 후 결정을 내린다.<br>• 나는 어떤 일이든지 선후를 따져본다.<br>• 나는 일단 결정한 것은 차분히 행동으로 옮긴다. | | | 사<br>고<br>형 | 물리학자, 인류학자, 화학자, 수학자, 생물학자 등 |
| 2 | • 나는 조심성이 많은 편이다.<br>• 나는 사람들 앞에 나서기를 꺼린다.<br>• 나는 사람들 앞에서 부끄러움을 잘 탄다.<br>• 나는 모든 일을 심사숙고하여 결정한다. | | | 내<br>성<br>형 | 양복점, 디자이너, 재단사, 미용사, 사진사, 기사 등 |
| 3 | • 나는 은근과 끈기가 있는 사람이다.<br>• 나는 차분하고 조용한 사람이다.<br>• 나는 침착하고 냉철한 사람이다.<br>• 나는 남에게 동정심이 잘 생기지 않는다. | | | 냉<br>담<br>형 | 의사, 변호사, 판사, 검사, 경찰 등 |
| 4 | • 나는 끈기가 없는 사람이다.<br>• 나는 아주 솔직하고 직선적인 사람이다.<br>• 나는 쉽게 흥분하고 당황한다.<br>• 나는 일을 당하면 잘 긴장하고 덤벙댄다. | | | 흥<br>분<br>형 | 응원단장, 오락사회자, 스포츠맨 등 |
| 5 | • 나는 남의 지시나 충고를 쉽게 받아들인다.<br>• 나는 전통적이고 관습적인 것들을 좋아한다.<br>• 나는 남에게 의견을 제안할 때는 넌지시 한다.<br>• 나는 모든 규칙을 잘 지키는 사람이다. | | | 순<br>종<br>형 | 회사원, 공무원, 수위 등 |
| 6 | • 나는 모든 일을 내 주장대로 한다.<br>• 나는 남의 지시나 충고를 싫어한다.<br>• 나는 급진적이고 변화를 좋아한다.<br>• 나는 필요한 경우에는 정해진 규칙도 곧잘 깬다. | | | 독<br>립<br>형 | 사업가, 신문기자, 잡지 편집인, 낙농가, 원예가, 농장경영, 약사 등 |
| 7 | • 나는 혼자서도 일을 잘 하는 사람이다.<br>• 나는 무슨 일이든지 잘 참는 사람이다.<br>• 나는 언제나 실제적이고 현실적이다.<br>• 나는 강인한 사람이다. | | | 강<br>인<br>형 | 등산가, 탐험가, 항해사, 선장, 기관사, 승무원 등 |

| 8 | • 나는 상상력이 풍부한 사람이다.<br>• 나는 다른 사람의 도움을 자주 받는 편이다.<br>• 나는 부드럽고 점잖아 보이는 타입이다.<br>• 나는 예민한 성격이어서 작은 일에도 잘 놀란다. | | | 민감형 | 형사, 연출가, 탤런트,<br>배우 등 |
|---|---|---|---|---|---|
| 9 | • 나는 쾌활하고 남과 대화하기를 좋아한다.<br>• 나는 마음이 따뜻한 사람이다.<br>• 나는 새로운 환경에 늘 도전하는 사람이다.<br>• 나는 매사에 충동적이고 계획도 자주 바꾼다. | | | 사교형 | 외교관, 사업가, 임상·심리학자, 교육자, 목사, 상담자 등 |
| 10 | • 나는 일할 때 기분이 좌우되는 때가 많다.<br>• 나는 생각보다 행동이 앞서는 편이다.<br>• 나는 침착한 면이 부족하다.<br>• 나는 실천하고 행동하는데 쾌감을 느낀다. | | | 행동형 | 비행사, 기계조작, 사회사업가, 농부, 낙농가, 트럭 운전사 등 |
| 11 | • 나는 늘 혼자 있는 것을 즐긴다.<br>• 나는 낙엽의 의미를 깊이 생각하는 편이다.<br>• 나는 달을 보면 울고 싶은 기분이 되기도 한다.<br>• 나는 혼자서 사색하기를 좋아한다. | | | 고독형 | 작가, 소설가, 시인,<br>화가 등 |
| 12 | • 나는 배짱이 두둑하고 두려운 것이 별로 없다.<br>• 나는 언제나 어디서나 자신 만만한 편이다.<br>• 나는 담이 큰 편이다<br>• 나는 법이나 질서 따위를 곧잘 무시하는 편이다. | | | 담대형 | 등산가, 탐험가, 항해사, 선장, 기관사, 승무원 등 |
| 13 | • 나는 어지간해서는 흥분하지 않는다.<br>• 나는 언제나 마음을 편안하게 갖는다.<br>• 나는 평소 덜렁대는 일이 거의 없다.<br>• 나는 거의 걱정을 안 하는 편이다. | | | 안정형 | 은행원, 출납원, 통계학자, 행정 보조원, 아나운서 등 |
| 14 | • 나는 남의 지배를 받는 것을 싫어한다.<br>• 나는 모든 일에 앞장서야 직성이 풀린다.<br>• 나는 늘 명령하는 위치에 있고 싶어 한다.<br>• 나는 어디서나 지배하는 입장이 되고 싶다. | | | 지배형 | 정치가, 군인, 사회자,<br>회사경영자 등 |
| 15 | • 나는 새로운 것을 창조하는 것을 좋아한다.<br>• 나는 감동을 자주 받는다.<br>• 나는 마음이 따뜻한 편이다.<br>• 나는 누군가를 끊임없이 사랑하고 싶다. | | | 예술형 | 시인, 소설가, 음악가,<br>조각가, 화가, 극작가,<br>연출가, 성악가 등 |
| 16 | • 나는 불필요한 근심 걱정을 거의 안한다.<br>• 나는 인생살이는 다 잘 되어간다고 생각한다.<br>• 나는 평화로운 시골 풍경과 한가함을 좋아한다.<br>• 나는 나쁜 일은 쉽게 잊어버린다. | | | 태평형 | 농부, 농장경영인 등 |

〈학부모를 위한 진로지도 100문 100답〉, 서울시교육연구원, 1991.

▶ 다음은 욕구의 특성에 따른 성격유형을 알아보는 문항이다. 따라서 아래와 같은 점수에 따라 답한다.
 – 언제나 그렇다　　5점　　– 자주 그렇다　　　4점
 – 때때로 그렇다　　3점　　– 별로 그렇지 않다　2점
 – 전혀 그렇지 않다　1점
▶ 점수 합계를 가지고 자신의 성격 특성과 관련 진로를 알아본다.

## ✖ 문항 ①

| 문항 | 점수 |
|---|---|
| 1. 나는 항상 돈이나 물건을 절약한다. | 1　2　3　4　5 |
| 2. 나는 외모나 복장을 단정하게 가꾸는데 관심이 있다. | 1　2　3　4　5 |
| 3. 나는 내 몸의 건강 유지에 관심을 가지고 있다. | 1　2　3　4　5 |
| 4. 나는 부득이한 경우가 아니면 모험을 피하려고 한다. | 1　2　3　4　5 |
| 5. 나는 쓸 수 있는 물건은 버리지 않고 간직한다. | 1　2　3　4　5 |
| 총점 | |

## ✖ 문항 ②

| 문항 | 점수 |
|---|---|
| 1. 나는 친구를 위한 일에 시간을 잘 낸다. | 1　2　3　4　5 |
| 2. 나는 사람들과 함께 있는 것을 아주 좋아한다. | 1　2　3　4　5 |
| 3. 나는 모르는 사람이나 친구들이 나를 좋아해 주기 바란다. | 1　2　3　4　5 |
| 4. 나는 다른 사람이나 친구들에게 친절하게 대한다. | 1　2　3　4　5 |
| 5. 나는 아는 사람과 가깝고 친밀하게 지낸다. | 1　2　3　4　5 |
| 총점 | |

## ✖ 문항 ③

| 문항 | 점수 |
|---|---|
| 1. 나는 내가 하는 공부나 일에 대해 사람들로부터 인정받고 싶다. | 1　2　3　4　5 |
| 2. 나는 친구나 다른 사람에게 지시를 잘 하는 편이다. | 1　2　3　4　5 |
| 3. 나는 사람들에게 칭찬 듣는 것을 좋아한다. | 1　2　3　4　5 |
| 4. 나는 내 분야에서 최고의 사람이 되고 싶다. | 1　2　3　4　5 |
| 5. 나는 어떤 집단에서든 지도자가 되고 싶다. | 1　2　3　4　5 |
| 총점 | |

| 문항 | 점수 |
|---|---|
| 1. 나는 부모님이나 선생님이 지시하는 것을 싫어한다. | 1 2 3 4 5 |
| 2. 나는 원하지 않는 일을 하라고 하면 그것을 잘 못 참는다. | 1 2 3 4 5 |
| 3. 나는 누구나 인생은 자기 생각대로 살 권리가 있다고 생각한다. | 1 2 3 4 5 |
| 4. 나는 내가 하고 싶은 일을 하는 편이다. | 1 2 3 4 5 |
| 5. 나는 모든 사람은 자유롭다고 믿는다. | 1 2 3 4 5 |
| 총점 | |

✖ 문항 ⑤

| 문항 | 점수 |
|---|---|
| 1. 나는 큰 소리로 웃기를 좋아한다. | 1 2 3 4 5 |
| 2. 나는 유머가 있고 또 그것을 듣는 것도 좋아한다. | 1 2 3 4 5 |
| 3. 나는 뭐든지 유익하고 새로운 것을 배우는 것을 좋아한다. | 1 2 3 4 5 |
| 4. 나는 흥미 있는 게임이나 놀이를 좋아한다. | 1 2 3 4 5 |
| 5. 나는 영화나 비디오 보기를 좋아한다. | 1 2 3 4 5 |
| 총점 | |

▶ 문항별 점수 총점이 가장 많은 것이 자신이 성격유형이라고 보면 된다. 다음 표에서 자신의 성격특성과 관련 직업을 알아본다.

✖ 성격유형별 특성과 관련 직업

| 유형 | 특성 | 관련직업 |
|---|---|---|
| 문항-① 생존형 | • 현실 감각이 뛰어나고 언제 어디서나 앞에 서기를 좋아한다.<br>• 신중하고 침착하며 어디서나 뿌리를 내린 듯한 믿음직한 모습을 보이기도 한다. | 은행원, 출납원, 아나운서, 통계학자, 사회사업가, 농업경영, 축산경영 등 |
| 문항-② 소속형 | • 매사에 적극적이며 능란한 사교술로 천지사방을 누비고 다닌다.<br>• 활달하고 화술이 뛰어나며, 환경 적응이 빠르다.<br>• 복종하기를 좋아하고 어디서나 잘 어울린다. | 외교관, 사업가, 목사, 임상 심리학자, 교육자, 상담자, 회사, 공무원 등 |

| 문항-③ 성취형 | • 대체로 이론적이고 사물에 대한 깊은 사색과 논리적인 두 뇌로 문제를 신중히 처리하며 책임감이 강하다.<br>• 남으로부터 지시 받는 것을 기피하며 남을 이끌고 지배하기 위해 언변적 기술이 탁월하다. | 학자, 정치가, 군인 장교, 사회자, 회사 경영주 등 |
|---|---|---|
| 문항-④ 자유형 | • 의지가 강하고 간섭을 싫어한다.<br>• 신념이나 행동이 뚜렷하여 매사를 독단적으로 판단하고 자기주장대로 해 나간다.<br>• 낭만적 사색을 즐기며, 감정이 풍부하다. | 사업가, 기자, 편집인, 원예가, 약사, 시인, 음악가, 연출가, 화가 등 |
| 문항-⑤ 재미형 | • 다혈질로 다정다감하고 곧잘 소리치며 감정노출이 심하다.<br>• 흥분하면 앞뒤를 가리지 않는 기분파에 속한다.<br>• 직감력이 강하여 이성보다 감정에 치우치기가 쉽다. | 응원단장, 스포츠맨, 형사, 연출가, 탤런트, 배우 등 |

www.keric.or.kr 〈강원도교육과학연구원〉, 2002.

## 쉬어가기

미국의 한 곤충학자가 벼룩을 병 속에 넣어 실험을 해 보았다. 벼룩은 땅 바닥에 놓으면 천장까지 뛸 수 있는 놀라운 점프력을 가지고 있는데, 이를 병 안에 오랜 동안 넣어 둔 것이다. 그러자 병 안에 갇힌 벼룩은 뛸 때마다 병뚜껑에 부딪혔다. 그리고 벼룩은 마침내 "아! 내 능력은 병뚜껑까지로구나" 하고 스스로 능력의 한계를 고정시켜 버리고 말더라는 것이다. 이렇게 길들여진 벼룩은 뚜껑을 열어 천장까지 뛰어오를 수 있는 기회를 주어도 고작 병 높이만큼 밖에 뛰지 못한다는 것이다. '나는 뛰어봐야 병뚜껑까지가 한계야' 하고 뛰는 것을 포기한다는 것이다. 사람이 '나는 안 된다', '나는 높이 뛸 수 없다' 고 능력을 과소평가하는 것과 같은 것이다. '나는 지능이 나쁘니까', '나는 능력이 없으니까', '우리 집은 가난하니까' 하고 지레 포기하는 일은 없는지 돌아보게 하는 이야기다. 우리가 목표를 세우고 이를 달성하려면 무엇보다도 용기 있고 두려워하지 않는 정신력이 필요하다. "혼자 섰을 때 목표를 세워 도달하는 사람이 진정한 성공인"이라고 독일의 시인 쉴러는 말했다. 우리는 자기 스스로의 신념으로 목표를 세우고 힘차게 추진해 나아가는 굳센 용기를 가져야 하겠다.

## 09

성격에 따른 진로 알아보기 2

성격은 타고난 기질이고, 지능은 지금 가지고 있는 지적 능력이며, 적성은 어느 분야에 대한 잠재 능력이다. 따라서 진로개발을 위해서는 이 세 가지의 연관성을 잘 살펴봐야 한다. 예를 들면 1) 성격은 일종의 기질이기 때문에 어떤 일을 할 때에 지능이나 적성이 따라주지 않으면 성공 가능성이 희박하고, 2) 아무리 높은 지능이라도 실제 일을 할 때 흥미, 동기, 창의력이라는 실질적 추진력이 따라주지 않으면 성공하기 어려우며, 3) 아무리 높은 적성을 가졌더라도 기초 능력인 지능과 성격이 따라주지 않으면 성취 가능성이 희박하기 때문이다.

따라서 이 세 가지는 검사가 따로 이루어지긴 하지만, 해석하고 이용할 때에는 이를 종합하고 연계하지 않으면 안 된다. 실제로 일이 되어 가는 모습을 살펴보면, 지능과 성공은 상관도가 낮고, 적성, 흥미와는 높음을 알 수 있다. 흥미가 있고 동기도 강하면 비록 싸구려 공구일망정 얼마든지 훌륭한 조각 작품을 만들어 낼 수 있는 것이 그 좋은 예이다. 이러한 동기는 또 그 사람의 선천적 기질이나 성격과 깊은 관계가 있음도 유념할 필요가 있다.

MBTI는 Myers-Briggs Type Indicator의 머리글자만 딴 것으로 G. C. Jung의 성격유형 이론을 근거로 Catharine C. Briggs와 그의 딸 Isabel Briggs Myers, 그리고 손자인 Peter Myers에 이르기까지 무려 3대에 걸쳐 70여 년 동안 계속적으로 연구 개발한 '인간 이해를 위한 성격 유형 검사'이다. 따라서 이 검사는 중학생부터 고등학생 그리고 성인까지 두루 이용할 수 있다.

여기 실린 것은 현재 우리나라에서 사용하고 있는 것들을 종합하여 재구성한 것이다. 따라서 문항은 비교적 짧은 문장으로 하였다. 그리고 문항별 성격유형 지표는, ① 외향형/내향형, ② 감각형/직관형, ③ 사고형/감정형, ④ 판단형/인식형으로 되어 있다.

▶ 응답(∨)은 번호 별로 ㉮ ㉯ 중 하나만 선택한다. 그리고 응답할 때에는 다음과 같은 점에 유의한다.

① 깊이 생각하지 말고 응답한다. 왜냐하면 생각을 깊이 하면 그 동안 환경에 적응하기 위해 취해 온 행동이 마치 타고난 것처럼 나타나기 때문이다.

② 첫 느낌이나 즉각적인 느낌에 따라 응답한다. 그것이 꾸밈없는 속마음이기 때문이다.

③ ㉮ / ㉯ 중 하나를 선택할 때에는 양면성 때문에 망설여지기도 한다. 그럴 때에는 '현실적 제약이 없다고 할 때 어느 쪽이 편할 것인가'를 생각한다. 즉 '살아가는 동안 하나를 선택하라고 한다면 어느 쪽이 편할 것인가' 하는 식으로 생각한다.

④ 도저히 선택이 안 될 때에는 응답하지 않아도 된다.

▶ 응답이 끝나면 문항별로 집계하여 자신의 성격과 관련 진로를 알아본다.

## ✖ 검사 문항

• 문항 – 1 (외향형 Extroversion / 내향형 Introversion)

| 응답 | ㉮ 문항 | 번호 | ㉯ 문항 | 응답 |
|---|---|---|---|---|
| | 나는 사람과 함께 있을 때 힘을 얻는다. | 1 | 나는 혼자 조용한 있을 때 힘을 얻는다. | |
| | 나는 관심이 집중되는 것을 좋아한다. | 2 | 나는 시선집중이나 관심을 피한다. | |
| | 나는 행동하고 나서 생각한다. | 3 | 나는 먼저 생각해 본 후 행동을 한다. | |
| | 나는 폭넓게 사람과 사귄다. | 4 | 나는 마음에 맞는 사람과 깊이 사귄다. | |
| | 나는 듣기보다 말하기를 더 좋아한다. | 5 | 나는 말하기보다 듣기를 더 좋아한다. | |
| | 나는 즉시 반응을 한다. | 6 | 나는 신중하게 반응한다. | |
| | 나는 다양한 것에 관심이 많다. | 7 | 나는 관심이 가는 것은 깊이 파고든다. | |
| | 나는 한 가지 일에 집중을 못한다. | 8 | 나는 집중력이 강하다. | |
| 집계 | ㉮에 응답한 것(∨)이 ㉯보다 많으면 외향형 → E<br>㉯에 응답한 것(∨)이 ㉮보다 많으면 내향형 → I<br>㉮ ㉯의 응답이 같을 경우는 내향형 → I | | | |

• 문항 - 2(감각형 Sensing / 직관형 iNtuition)

| 응답 | ㉮ 문항 | 번호 | ㉯ 문항 | 응답 |
|---|---|---|---|---|
| | 나는 구체적/실증적 사실을 믿는다. | 1 | 나는 내 영감을 믿는다. | |
| | 나는 실용적 아이디어를 좋아한다. | 2 | 나는 확실성 있는 아이디어를 좋아한다. | |
| | 나는 현실적/보편적 가치를 좋아한다. | 3 | 나는 영감과 혁신적 가치를 좋아한다. | |
| | 나는 확인된 기술 그대로를 사용한다. | 4 | 나는 새로운 기술을 개발하여 사용한다. | |
| | 나는 구체적 표현을 좋아한다. | 5 | 나는 상징적/비유적 표현을 좋아한다. | |
| | 나는 직접적으로 설명하는 형이다. | 6 | 나는 간접적으로 설명하는 형이다. | |
| | 나는 현실 인정하는 성향이다. | 7 | 나는 미래 지향적 성향이다. | |
| | 나는 확인된 것을 좋아한다. | 8 | 나는 변화를 좋아한다. | |
| 집계 | ㉮에 응답한 것(∨)이 ㉯보다 많으면 감각형 → S<br>㉯에 응답한 것(∨)이 ㉮보다 많으면 직관형 → N<br>㉮ ㉯의 응답이 같을 경우는 직관형 → N | | | |

• 문항 - 3(사고형 Thinking / 감정형 Feeling)

| 응답 | ㉮ 문항 | 번호 | ㉯ 문항 | 응답 |
|---|---|---|---|---|
| | 나는 한 발 물러서서 문제를 객관적으로 분석한다. | 1 | 나는 한 발 앞서서 문제가 가져올 결과를 미리 생각한다. | |
| | 나는 논리, 정의, 공정성을 중요하게 생각하며 예외를 좋아하지 않는다. | 2 | 나는 공감과 화합에 비중을 두고 규칙에서도 예외를 인정한다. | |
| | 나는 느낌도 논리적일 때만 가치가 있다고 생각한다. | 3 | 나는 논리와 무관하게 모든 느낌은 가치가 있다고 생각한다. | |
| | 나는 비판적이고 다른 사람의 결점을 많이 본다. | 4 | 나는 감사할 줄 알고 다른 사람들을 기쁘게 한다. | |
| | 나는 냉정하고 무감각하며 남을 배려할 줄 모르는 사람으로 오해받기도 한다. | 5 | 나는 감상적이고 비논리적이며 나약한 것으로 오해받기도 한다. | |
| | 나는 재치보다 성실을 더 좋아한다. | 6 | 나는 재치와 성실 모두를 좋아한다. | |
| | 나는 성취동기가 강하다. | 7 | 나는 성취동기가 약한 편이다. | |
| | 나는 보편적 원칙에 관심을 둔다. | 8 | 나는 개인적 원칙에 관심을 둔다. | |
| 집계 | ㉮에 응답한 것(∨)이 ㉯보다 많으면 사고형 → T<br>㉯에 응답한 것(∨)이 ㉮보다 많으면 감정형 → F<br>㉮ ㉯의 응답이 같을 경우는 감정형 → F | | | |

• 문항 − 4(판단형 Judging / 인식형 Perceiving)

| 응답 | ㉮ 문항 | 번호 | ㉯ 문항 | 응답 |
|---|---|---|---|---|
| | 나는 뭐든지 결정을 해야 개운하다. | 1 | 나는 상황을 봐 가면서 결정을 미룬다. | |
| | 나는 일부터 끝내 놓고 보는 형이다. | 2 | 나는 먼저 놀고 나서 일하는 형이다. | |
| | 나는 목표를 세우고 계획대로 달성한다. | 3 | 나는 상황이 달라지면 목표를 바꾼다. | |
| | 나는 결과를 중시한다. | 4 | 나는 과정을 중시한다. | |
| | 나는 일의 마무리 짓기를 좋아한다. | 5 | 나는 새로운 일 벌리기를 좋아한다. | |
| | 나는 자기 통제력과 결단성이 있다. | 6 | 나는 인내성과 적응력이 있다. | |
| | 나는 대화가 옆길로 가는 것을 싫어한다. | 7 | 나는 대화가 옆길로 나가도 개의치 않는다. | |
| | 나는 약속 일자를 잘 지키는 편이다. | 8 | 나는 약속 일자를 못 지키는 편이다. | |
| 집계 | ㉮에 응답한 것(∨)이 ㉯보다 많으면 판단형 → J<br>㉯에 응답한 것(∨)이 ㉮보다 많으면 인식형 → P<br>㉮ ㉯의 응답이 같을 경우는 인식형 → P | | | |

〈중등학교 여학생용 진로지도 지침〉, 교육부, 2002.

1. 문항에 응답이 끝나면, 문항별로 집계를 하여 자신의 성격유형이 어느 것인지 알아본다. 예를 들어 문항−1이 (외=E)이고, 문항−2가 (감=S)이며, 문항−3이 (사=T)이며, 문항−4가 (판=J)이면, 외/감/사/판 = ESTJ으로 '불변형/사업가형' 이 된다.
2. 성격 유형별로 자신의 성격 특성과 관련 진로를 알아본다.
3. 검사 결과를 볼 때에는 항상 그것이 절대적인 것이 아니라는 점을 알아두어야 한다. 따라서 검사 결과를 가지고 진로를 선택하려면, ① 검사 결과의 전체적인 추세와, ② 평소 자기 자신을 관찰한 결과나 생각했던 것을 가지고, ③ 진로 전문가와 상담을 한 후에 하는 것이 바람직하다.

일하지 않는 것과 존재하지 않는 것은 같은 것이다.

−볼테르

| 유형 | 특성 |
|---|---|
| 책임형<br>(세상의 소금형)<br>ISTJ | 고난과 역경에 굴하지 않고 해야 할 일을 스스로 책임지고 꾸준히 추진하며, 모든 것을 조직적으로 처리하고, 진지하고, 조용하며, 집중을 잘 하고, 실제적이며, 사려가 깊다. |
| 충성형<br>(임금 뒤의 권력형)<br>ISFJ | 임무 완수에 충실하고, 조용하며 우호적이고 책임감 있고 양심적이며, 철저하고 고통을 잘 참는다. 기술적이지 않은 것에 관심이 많고, 세세한 것을 챙기며, 남을 생각해 사려 깊게 행한다. |
| 사색형<br>(예언자형)<br>INFJ | 공동의 이익을 추구하는 확고한 원칙 때문에 남의 존경을 받는다. 조용하고 독창적이며, 다른 사람들이 어떻게 생각 할 것인가를 고려한다. 해야 할 일이 이루어지도록 최선을 다한다. |
| 자립형<br>(과학자형)<br>INTJ | 독창적, 독립적이며 아이디어와 목표를 추구하는데 단호하다. 쉽게 믿지 않고 비판적, 독립적이어서 가끔은 고집 세다는 말을 듣는다. 작은 걸 노리다가 큰 걸 놓치지 않도록 조심해야 한다. |
| 실리형<br>(백과사전형)<br>ISTP | 냉철하고 점잖다. 삶과 일을 호기심을 가지고 본다. 사물을 논리적 원칙 아래서 분석한다. 뜻밖에 독특한 유머를 터트린다. 기계적인 작동원리와 사물의 인과관계에 관심이 많다. |
| 예술형<br>(성인군자형)<br>ISFP | 현실을 즐기는 여유가 있고, 자신의 의견을 남에게 강요하지 않으며, 리드하기보다 충실히 따르려고 한다. 우호적이고 감수성이 높으며 자신이 좋아하는 것을 창조할 수 있다고 믿는다. |
| 이상형<br>(잔다르크형)<br>INFP | 조용한 것처럼 보이지만 열정과 충성심으로 가득 차 있다. 평생학습을 좋아하고 많은 것을 시도하다가 일과 생활의 균형을 잃는 예가 있다. 인내심 있고 재산, 물리적 환경에는 초연하다. |
| 개념형<br>(아이디어뱅크형)<br>INTP | 논리적, 분석적 기법으로 문제를 해결한다. 아이디어나 이론에 관심이 많으며 조용하고 점잖다. 사회활동은 한가한 사람이 하는 것으로 생각하며, 관심 가진 분야에서만 성공할 수 있다. |
| 자발형<br>(수완좋은 활동가형)<br>ESTP | 문제는 즉석에서 해결하고 장래 걱정을 하지 않는다. 현실과 순간을 즐기며 기계적인 것과 운동, 친구를 좋아한다. 적응성과 인내성이 많으나 가치관은 보수적이다. |
| 관대형<br>(사교형)<br>ESFP | 재미있게 일 하는 것을 즐기고, 사람·사물에 대해 건전한 상식과 실용적 능력을 가졌다. 운동 좋아하고 결과 만들어 내기를 좋아하며, 감수성 있고 열정적이다. 이론보다는 사실 기억하기를 쉬워한다. |
| 낙관형<br>(스파크형)<br>ENFP | 모든 문제에 대해 즉석 해결책을 가지고 있다. 문제를 가진 사람 돕기를 좋아하고, 사전준비보다는 즉석해결에 지나치게 의존하기도 한다. 온화하고 창의성과 상상력이 풍부하다. |
| 발명형<br>(발명가형)<br>ENTP | 새롭고 어려운 일의 해결에는 능해도 일상적인 것에는 소홀히 할 수 있다. 여러 가지 재주를 가졌으며, 거리낌 없이 대화하고 주위 친구들에게 자극제가 된다. 찬/반 어느 쪽이든 재미 삼아 논쟁을 할 수 있다. |
| 불변형<br>(사업가형)<br>ESTJ | 실제적, 현실적인 것을 선호하고, 업무적, 기계적인 것에 능숙하다. 조직화하고 일이 되도록 하는 데 능하며, 남의 생각과 감정을 고려해 준다면 좋은 관리자가 될 수 있다. |
| 조화형<br>(친선도모형)<br>ESFJ | 남을 위해 일 하기를 좋아하고 협력적이며 모임에서 활동적이다. 화합을 잘 이끌어 내어 인기가 있다. 격려, 칭찬을 받으면 최고의 성과를 내며, 생활에 실질적 영향을 미칠 일에 관심이 있다. |
| 설득형<br>(언어능숙형)<br>ENFJ | 설득, 토의에 능숙하고 전략적이다. 남의 감정에 주의를 기울이고 그들을 위해 최선의 배려를 한다. 사교적이고 인기가 있으며 동정심이 많고 칭찬과 비판에 즉각적인 반응을 보인다. |
| 위엄형<br>(지도자형)<br>ENTJ | 논리적 추론에 능하고 지적인 연설에 능숙하다. 어떤 활동에서든 앞장서기를 좋아하고, 새로운 지식을 얻기 위해 배우는 것을 즐긴다. 자신의 경험을 과신할 수 있다. |

## ✈ 성격 유형별 관련 직업/ 전공

| 유형 | 관련 직업 | 관련 전공 |
|---|---|---|
| 책임형 ISTJ | 회계/공정·품질관리직/전산직/감사직/공무원/재경직/경찰직/교정직/금융·은행/증권회사/부동산/전산/법률/외과·치과/수의사/간호감독 등 | 문과·이과 - 전산공학/산업공학/수학/의예/치의예/수의학/경영·경제학/법학/행정학 등 |
| 충성형 ISFJ | 비서/고객서비스/전산응용/인사/가정의/개업한의사/간호사/물리치료사/유치원·초등·상담교사/사서/실내장식/디스플레이/경비/호텔지배인 등 | 이과·예체능 - 비서학/호텔경영학/경영학/의예과(가정의)/한의예과/유아·초등교육/문헌정보학/디자인 등 |
| 사색형 INFJ | 인사/조직개발/복리후생/마케팅/소설가/시인/극작가/디자이너/화가/경력관리/심리상담/교사(인문·예체능)/성직자/사회봉사기관직원 등 | 문과·예체능 - 경영학/사회복지/심리학/산업심리학/광고홍보학/문학/미술/신학 등 |
| 자립형 INTJ | 컴퓨터시스템분석가/프로그래머/작가/예술가/디자이너/건축가/교수/대학행정직/교육과정개발자/변호사/판사/경영컨설턴트/기자 등 | 이과·예체능·문과 - 전산학/문학/음악/미술/디자인/건축공학/교육학/법학/경영학 등 |
| 실리형 ISTP | 외근공무원/조종사/승무원/카레이서/은행원/증권사직원/경제학자/법무사/프로그래머/카이프로랙터/물리치료사/농부/코치/목수/상업미술가 등 | 문과·이과·예체능 - 경영학/경제학/법학/전산학/농학/사회체육/미술/대체의학/목공(전문대) 등 |
| 예술형 ISFP | 디자이너/조경사/도예가/화가/무용가/경찰/초등교사/이·미용사/웨이터/가정간호사/물리치료사/방사선기사/컴퓨터기사/식물학자/기계기사 등 | 이과·예체능 - 컴퓨터공학/기계공학/생물학/조경학/무용/미술/초등교육/간호학/물리치료 등 |
| 이상형 INFP | 작가/배우/연주자/디자이너/공예가/카운슬러/사회사업가/교육컨설턴트/성직자/선교사/교육/인사/홍보/마케팅 등 | 문과·예체능 - 문학/영화연극/음악/디자인/미술/심리학/사회복지학/교육학/신학/경영학 등 |
| 개념형 INTP | 컴퓨터소프트웨어설계·개발/전략기획/신경외과/성형외과/약사/변호사/경제학자/건축가/발명가/철학/고고학/역사/수학/물리학자 등 | 문과·이과 - 전산학/의예과(신경정신·성형)/약학/물리학/법학/경제학/건축공학/철학/역사학/고고학/수학 등 |
| 자발형 ESTP | 경찰/소방관/형사/각종의회의원/은행원/주식딜러/보험영업직/경기중계자/운동코치/레크리에이션지도자/기업가/목수/주방장/타일공 등 | 문과·예체능 - 사회과학분야의 모든 전공/체육학/조리학 등 |
| 관대형 ESFP | 유치·초등·보육교사/운동코치/응급구조/간호/사회사업/사진/연극/영화/무용/여행기획/승무원/비서/꽃꽂이/레크리에이션지도자/이벤트기획자 | 문과·예체능 - 유아·초등교육학/무용·사회체육학/간호학/사회복지학/사진학/연극영화학/비서학 등 |
| 낙관형 ENFP | 언론/극작가/배우/작곡가/만화가/실내장식가/홍보/마케팅/광고기획/카피라이터/투자가/인사관리/채용전문가/회의기획/주택관리/심리학자/재활치료사/성직자 등 | 문과·예체능 - 문학/연극영화/음악/미술/디자인/광고홍보학/경영학/심리학/재활의학/신학 등 |
| 발명형 ENTP | 정치가/고급관리/정치분석가/인사기획/부동산기획/컴퓨터시스템분석가/광고/조사/홍보/기업/컨설턴트/투자가/사진사/언론인/배우 등 | 문과·이과 - 행정학/경영학/전자계산학/광고홍보학/언론홍보학/사진학 |
| 불변형 ESTJ | 경찰/경영직/요리사/장교/교사/엔지니어/기계직/컴퓨터분석/농부/약사/은행원/신용분석/프로젝트관리/데이터베이스관리/치과/일반외과/판사/경영관리자 등 | 문과·이과 - 기계공학/전자계산학/농학/약학/경영학/의예과(일반외과)/치의예과/교육학/조리 등 |
| 조화형 ESFJ | 가정의/치과/운동처방/간호사/안경사/초·특수·보육교사/코치/봉사기관근무/성직자/상담가/판매대리인/홍보대행/텔레마케터/고객서비스/승무원/미용사/출장요리 | 문과·이과·예체능 - 의예과/치의예과/간호학/교육학/체육학/신학/심리학/산업심리학/광고홍보학 등 |
| 설득형 ENFJ | 언론인/홍보/엔터테이너/프로듀서/뉴스보도자/정치인/외교관/심리학자/성직자/토론자/교수·교사/사서/기숙사사감/인력개발/영업교육/여행대리인 | 문과 - 언론홍보학/광고홍보학/심리학/신학/교육학/사회학/산업심리학/정치학/도서관학 |
| 위엄형 ENTJ | 경영자/인사·영업·마케팅간부/투자브로커/주식브로커/재무분석가/신용분석가/창업/경영/교육/판사/검사/변리사/세무사/공인회계사/공인노무사 | 문과 - 경영학/회계학/교육학/법학/행정학 등 |

오늘날 전 세계에서 사랑받고 있는 소담스러운 빨간 선인장은 우리나라에서 개발한 특산품이다. 빨간 선인장 연구에 평생을 바친 선인장 박사 이동운 선생은 20여 년 동안 백여 번에 걸친 선인장 재배에서 무수한 실패를 거듭하였다. 어느 날 그는 빨간 색이 안 나오는 이유가 바이러스 때문임을 깨닫게 되었고, 드디어 무균 대목에 비모란 씨앗을 접목시키는 방법으로 세계 최고품질의 빨간 선인장을 탄생시킬 수 있었다. 국·내외의 그 어떤 연구소에서도 이루어내지 못한 것을 우리의 이동운 박사는 끈질긴 집념과 노력으로 성공시킨 것이다. 그 공로가 인정되어 이동운 박사는 세계의 꽃 수출 종주국인 네덜란드에서 파격적인 조건의 스카우트 제의를 받았다. 그러나 그는 오직 우리나라 선인장 농업을 위하여 그 제의를 거절하였으며, 나아가 빨간색뿐만이 아니라 노란색, 핑크색, 검정색 선인장까지 잇달아 개발하여 우리나라가 세계 선인장 시장을 계속 석권하게 하고 있는 것이다. 자신만의 방법을 고집하며 집념을 불태우는 삶은 이처럼 아름답고 또 많은 사람들에게 깊은 감동을 주게 된다.

애니어그램(enneagram)이란 '9'를 의미하는 희랍어의 'ennea'와 '그림을' 뜻하는 'grammos'의 합성어로, 우리말로 번역하면 '9개의 점으로 이루어진 그림'이라고 할 수 있다.

이것은 2000여 년 전 아프가니스탄 이슬람교의 신비주의 종파인 수피즘(sufism) 스승들에게 구전 되어 오던 것이, 1980년경 미국 스탠포드 대학의 심리학과 교수들이 중심이 되어 체계적으로 정리하여 책으로 발간되면서 세상에 알려졌다. 그리고 미국의 카톨릭 계통의 대학에서는 이 애니어그램을 정규 과목으로 강의하기도 한다.

현재의 애니어그램은, ① 러시아 출신 구르지에프(Gurdjieff)에서 비롯한 '과정 모델(process model)'과 ② 볼리비아 출신으로 이를 미국에 소개한 오스카 이차조(Oscar Ichazo)에서 출발한 '인성유형론'이라는 두 개의 큰 조류가 있다. 전자는 애니어그램을 통해 인간의 삶뿐만 아니라 진행하고 변화하는 우주의 모든 과정을 이해할 수 있다고 하며, 후자는 인간의 성격 형성에 국한하여 적용하고 있다

애니어그램에서는, "사람들이 어린 시절 부모와 세상에 노출되면서 그 상황에서 살아남기 위한 몸부림으로 각자의 탈을 쓰게 되고 그 탈속에 갇힌 채 살아가고 있다"고 한다. 따라서 이를 통해 자신이 어떤 성격 유형에 속하는지 알아 본 다음, 자신의 성격을 긍정적으로 발전시키도록 해야 한다. 왜냐하면 애니어그램에서는 이상적인 인간을 아홉 가지 유형 모두를 고루 개발하고 확장하는 상태로 보기 때문이다.

모든 진로 관련 검사가 절대적이 아니듯 애니어그램 또한 마찬가지다. 따라서 이 결과만으로 자신이나 타인을 판단하는 것은 위험하고 부정확하다. 다만 이를 통해 자신과 타인을 이해하고 나아가 균형잡힌 인간으로서의 성장/발달/개발에 이용하는 것이 바람직하다. 참고로 알아둘 것은, 애니어그램은 칼 융의 성격에 관한 연구 업적을 기초로 만든 MBTI와 공통점이 있다는 점이다. 왜냐하면 이 또한 심리학적 통찰의 일부이기 때문이다. 어떻든 모든 인간의 본질에는 아홉 가지 유형이 존재하며 각 유형의 수는 균등하다는 애니어그램의 명제를 명심해 둘 필요가 있다.

## 10

성격에 따른 진로 알아보기 3

▶ 성격을 알아보는 애니어그램 문항이다. 9개 문항 별로 그 정도를 5단계로 평점을 하고 그 결과를 가지고 자신의 성격 유형과 관련 진로를 알아본다.

### ✖ 문항 – 1 : 개혁형

| 문항 | 점수 |
|---|---|
| 1. 나는 일을 할 때 부족한 점이나 잘못된 점을 잘 찾아낸다. | ① ② ③ ④ ⑤ |
| 2. 나는 다른 사람과 이야기를 할 때 핵심을 잘 전달한다. | ① ② ③ ④ ⑤ |
| 3. 나는 나 자신에게나 타인에게 높은 성취 수준을 요구한다. | ① ② ③ ④ ⑤ |
| 4. 나는 완벽해지기 위해서라면 어떤 대가도 치를 각오가 되어 있다. | ① ② ③ ④ ⑤ |
| 5. 나는 일을 함에 있어 완벽하게 처리하려고 노력하는 편이다. | ① ② ③ ④ ⑤ |
| 6. 나는 실수하는 것을 아주 싫어하기 때문에 모든 일을 철저하게 수행한다. | ① ② ③ ④ ⑤ |
| 7. 나는 목표 달성을 위해 과정을 잘 준비하고 많은 시간과 노력을 기울인다. | ① ② ③ ④ ⑤ |
| 8. 나는 다른 사람의 칭찬을 들어도 자신의 부족한 점을 꾸준히 찾는 편이다. | ① ② ③ ④ ⑤ |
| 9. 나는 내가 하는 일에 대해 확고한 사명감을 가지고 있다. | ① ② ③ ④ ⑤ |
| 10. 나는 어려운 상황에서도 고결함을 잃지 않으려고 노력한다. | ① ② ③ ④ ⑤ |

### ✖ 문항 – 2 : 봉사형

| 문항 | 평점 |
|---|---|
| 1. 나는 내 주변에 도와주기를 바라는 사람을 많이 두고 있다. | ① ② ③ ④ ⑤ |
| 2. 나는 사람에 대한 사려가 깊고 너그러우며 부드러운 사람이라고 생각한다. | ① ② ③ ④ ⑤ |
| 3. 나는 나 자신보다 다른 사람을 위해 일하는 것을 좋아한다. | ① ② ③ ④ ⑤ |
| 4. 나는 친구나 친지들을 즐겁게 해주거나 대접하는데서 즐거움을 느낀다. | ① ② ③ ④ ⑤ |
| 5. 나는 불우한 사람들을 돕는 일로 기진맥진해진 적이 있다. | ① ② ③ ④ ⑤ |
| 6. 나는 나에게 무관심한 것 같은 사람을 이기기 위해 노력할 때가 많다. | ① ② ③ ④ ⑤ |
| 7. 나는 나를 '상심한 사람의 마음을 어루만져 주는 사람' 이라고 생각한다. | ① ② ③ ④ ⑤ |
| 8. 나는 나보다 남이 무엇을 필요로 하는지 먼저 생각하는 경우가 더 많다. | ① ② ③ ④ ⑤ |
| 9. 나는 다른 사람에게 베푼 것에 대한 보상을 바라지 않는 사람이다. | ① ② ③ ④ ⑤ |
| 10. 나는 다른 사람을 도울 때 생생하게 살아 있는 기분이 된다. | ① ② ③ ④ ⑤ |

## ✖ 문항 – 3 : 성취형

| 문항 | 점수 |
|---|---|
| 1. 나는 무슨 일이나 성취하는 과정에 있지 않으면 마음이 불안하다. | ① ② ③ ④ ⑤ |
| 2. 나는 목표가 분명해야 마음이 놓이고 일도 잘 되어간다. | ① ② ③ ④ ⑤ |
| 3. 나는 '나도 일을 실패할 수 있다' 는 생각을 하면 불안해 진다. | ① ② ③ ④ ⑤ |
| 4. 나는 완전해 지기 위해서는 어떤 어려운 상황도 잘 건딘다. | ① ② ③ ④ ⑤ |
| 5. 나는 일을 효율적으로 하지 못했을 때는 마음이 아주 불편하다. | ① ② ③ ④ ⑤ |
| 6. 나는 사람들에게 나의 가장 좋은 모습만 보이려고 많은 노력을 한다. | ① ② ③ ④ ⑤ |
| 7. 나는 나의 불안감을 감추는데 아주 탁월한 능력을 가지고 있다. | ① ② ③ ④ ⑤ |
| 8. 나는 항상 내가 하는 일이 잘 되어가고 있다고 생각한다. | ① ② ③ ④ ⑤ |
| 9. 나는 일이 잘 안 되어 갈 때도, 어떻게 하면 좋아질 수 있는지를 잘 안다. | ① ② ③ ④ ⑤ |
| 10. 나는 내가 하고 있는 일에 최선을 다하려고 한다. | ① ② ③ ④ ⑤ |

## ✖ 문항 – 4 : 개인형

| 문항 | 평점 |
|---|---|
| 1. 나는 남 앞에 서는 것이나 남의 의견에 따르는 것을 싫어한다. | ① ② ③ ④ ⑤ |
| 2. 나는 사물을 대할 때 직관적으로 느끼는 것이 무엇인지 잘 아는 편이다. | ① ② ③ ④ ⑤ |
| 3. 나는 저속한 행동이나 취향을 가진 사람과 같이 있기를 싫어한다. | ① ② ③ ④ ⑤ |
| 4. 나는 아름다운 과거 추억이나 좋았던 사람에 대한 향수에 곧잘 잠긴다. | ① ② ③ ④ ⑤ |
| 5. 나는 가끔 우울할 때가 있고 침울한 기분으로 시간을 보낼 때도 있다. | ① ② ③ ④ ⑤ |
| 6. 나는 앞으로 일어날 가능성이 없는 것들에 대해 상상할 때가 많다. | ① ② ③ ④ ⑤ |
| 7. 나는 혼자서 나만의 특별한 감각과 방법으로 일 하는 것을 좋아한다. | ① ② ③ ④ ⑤ |
| 8. 나는 언제나 내가 혼자라는 생각을 할 때가 많다. | ① ② ③ ④ ⑤ |
| 9. 나는 부정적 감정을 비교적 오랫동안 품고 있는 편이다. | ① ② ③ ④ ⑤ |
| 10. 나는 사람들로부터 '알기 어렵고 모순된 사람' 이라는 말을 곧잘 듣는다. | ① ② ③ ④ ⑤ |

## ✖ 문항 – 5 : 탐구형

| 문항 | 점수 |
|------|------|
| 1. 나는 항상 논리적 일관성을 중시하며 합리적 사고를 잘 하는 편이다. | ① ② ③ ④ ⑤ |
| 2. 나는 내가 좋아하는 일에 몰입하면 시간 가는 것을 잊을 때가 많다. | ① ② ③ ④ ⑤ |
| 3. 나는 호기심이 많아 일이 되어가는 방식에 대해서도 깊이 탐구하는 편이다. | ① ② ③ ④ ⑤ |
| 4. 나는 내가 하는 일의 실패를 막기 위해 많은 정성과 시간을 들인다. | ① ② ③ ④ ⑤ |
| 5. 나는 일을 잘 처리하기 위해 남다른 집중력과 노력을 들이는 편이다. | ① ② ③ ④ ⑤ |
| 6. 나는 문제 해결을 위해 많은 시간을 혼자서 보낸다. | ① ② ③ ④ ⑤ |
| 7. 나는 문제의 핵심으로 들어가기 위해 상당히 깊이 파고드는 편이다. | ① ② ③ ④ ⑤ |
| 8. 나는 '내가 만일 스파이가 된다면 그 일을 잘 해 낼 것' 이라고 생각한다. | ① ② ③ ④ ⑤ |
| 9. 나는 많은 것을 잘 알고 있고, 또 몇몇 분야에서는 전문가 수준이다. | ① ② ③ ④ ⑤ |
| 10. 나는 내 주변에서 일어나는 일을 주의 깊게 지켜보는 편이다. | ① ② ③ ④ ⑤ |

## ✖ 문항 – 6 : 충실형

| 문항 | 평점 |
|------|------|
| 1. 나는 때로 권위에 끌리기도 하지만 그것을 크게 신뢰하지는 않는다. | ① ② ③ ④ ⑤ |
| 2. 나는 불안을 겪을 때가 꽤 많은 편이다. | ① ② ③ ④ ⑤ |
| 3. 나는 어떤 일을 결정할 때 믿을 만한 사람의 의견을 들어보는 편이다. | ① ② ③ ④ ⑤ |
| 4. 나는 사람을 믿고 싶은데 그 동기가 의심스러울 때가 많아 걱정이다. | ① ② ③ ④ ⑤ |
| 5. 나는 주어진 일을 비교적 성실하게 최선을 다해 하는 편이다. | ① ② ③ ④ ⑤ |
| 6. 나는 내가 존경하는 인물을 영웅으로 생각한다. | ① ② ③ ④ ⑤ |
| 7. 나는 나의 안전에 대해 상당히 민감한 편이다. | ① ② ③ ④ ⑤ |
| 8. 나는 다른 사람의 기대에 부응하였을 때 마음이 편하다. | ① ② ③ ④ ⑤ |
| 9. 나는 사물에 대해 냉소적이고 회의적인 면이 강하다. | ① ② ③ ④ ⑤ |
| 10. 나는 아주 감정적이지만 친한 사람에게도 감정을 잘 보여주지 않는다. | ① ② ③ ④ ⑤ |

## ✖ 문항 – 7 : 열정형

| 문항 | 점수 |
|---|---|
| 1. 나는 인생을 살만한 것이라고 생각하며 미래에 대해서도 희망적이다. | ① ② ③ ④ ⑤ |
| 2. 나는 안전하고 편안한 삶보다 다양하고 흥분된 삶을 추구한다. | ① ② ③ ④ ⑤ |
| 3. 나는 삶에서 지루하고 무료하고 천편일률적인 것을 아주 싫어한다. | ① ② ③ ④ ⑤ |
| 4. 나는 호기심이 많아서 항상 흥미를 끄는 것이나 새로운 것을 찾아다닌다.. | ① ② ③ ④ ⑤ |
| 5. 나는 매일 매일 꽉 찬 계획에 따라 언제나 바쁘게 지낸다. | ① ② ③ ④ ⑤ |
| 6. 나는 매사에 낙천적이어서 미래의 일에 대해서도 더욱 낙관하는 편이다. | ① ② ③ ④ ⑤ |
| 7. 나는 하던 일에 흥미를 잃으면 미련 없이 그만 둬 버린다. | ① ② ③ ④ ⑤ |
| 8. 나는 생활이 상당히 산만하고 집중력이 부족한 편이다. | ① ② ③ ④ ⑤ |
| 9. 나는 사람과 만나거나 여행을 하거나 음식을 맛보는 것들을 아주 좋아한다. | ① ② ③ ④ ⑤ |
| 10. 나는 원하는 것이 있으면 그것을 얻기 위한 방안도 골똘히 강구한다. | ① ② ③ ④ ⑤ |

## ✖ 문항 – 8 : 도전형

| 문항 | 평점 |
|---|---|
| 1. 나는 불같이 화를 내기도 하지만 금방 가라앉기도 한다. | ① ② ③ ④ ⑤ |
| 2. 나는 사람들이 어렵다고 하는 일을 할 때 가장 많은 힘이 솟는다. | ① ② ③ ④ ⑤ |
| 3. 나는 손해는 누구에게나 생기겠지만 나만은 거기서 제외되고 싶다. | ① ② ③ ④ ⑤ |
| 4. 나는 독립적인 것을 원하기 때문에 남에게 의존하는 것을 아주 싫어한다. | ① ② ③ ④ ⑤ |
| 5. 나는 의지가 강하기 때문에 어떤 일이든 쉽게 포기하지 않는다. | ① ② ③ ④ ⑤ |
| 6. 나는 추진하는 일이 어렵게 이루어지는 것을 즐기는 편이다. | ① ② ③ ④ ⑤ |
| 7. 나는 도전 정신이 강해 일을 열정적으로 밀어 붙이는 형이다. | ① ② ③ ④ ⑤ |
| 8. 나는 약하고 우유부단한 사람을 보면 짜증이 난다. | ① ② ③ ④ ⑤ |
| 9. 나는 사람들에게 지시하고 명령하는 것을 좋아한다. | ① ② ③ ④ ⑤ |
| 10. 나는 내가 원하는 것을 얻기 위해서는 저돌적으로 접근하는 편이다. | ① ② ③ ④ ⑤ |

| 문항 | 점수 |
|---|---|
| 1. 나는 다른 사람이 말을 걸면 방해 받는 것 같아 불편한 심정이 된다. | ① ② ③ ④ ⑤ |
| 2. 나는 어려울 때 스스로를 위안하는 내 나름의 지혜와 철학을 가지고 있다. | ① ② ③ ④ ⑤ |
| 3. 나는 일을 억지로 잘 되게 하기보다 자연스럽게 되어 가도록 하 편이다. | ① ② ③ ④ ⑤ |
| 4. 나는 혼자 있거나 함께 있거나 마음만 편안하면 된다. | ① ② ③ ④ ⑤ |
| 5. 나는 자연 현상을 바라 볼 때면 그것과 하나가 되는 체험을 곧잘 한다. | ① ② ③ ④ ⑤ |
| 6. 나는 주로 낮에는 일하고 밤에는 긴장을 풀고 편안히 쉬는 타입이다. | ① ② ③ ④ ⑤ |
| 7. 나는 큰 욕심을 부리지 않으며 지금 가진 것에 쉽게 만족하는 편이다. | ① ② ③ ④ ⑤ |
| 8. 나는 사람들 앞에 나서기를 좋아하지 않는다. | ① ② ③ ④ ⑤ |
| 9. 나는 주변 사람과 되도록이면 다투지 않고 편안하게 지내기를 원한다. | ① ② ③ ④ ⑤ |
| 10. 나는 안정적이고 침착하기 때문에 흥분하는 사람을 잘 이해 못한다. | ① ② ③ ④ ⑤ |

〈에니어그램의 지혜〉 한문화, 2004.

1. 유형 별로 점수 총점을 가지고 자신의 성격 유형을 알아본다.
   - 총점이 30 ~ 40점이면 그 유형의 성격일 가능성이 크고,
      40 ~ 50점 이상이면 그 유형의 성격이라고 보면 된다.
2. 아래의 유형별 성격 특성과 관련 진로 표에서 자신에게 해당되는 부분을 찾아본다.
3. 검사 결과를 이용할 때 한 가지 주의할 점은, 모든 진로 관련 검사가 그러하듯이 이 검사 결과 또한 절대적인 것이 아니라는 점이다. 따라서 이 결과만으로 진로를 결정하는 것은 위험한 일이다. 그러므로 다른 여러 가지 검사 결과와 전문가 상담 등을 종합하여 진로를 결정하는 것이 좋다.

| 유형 | 성격 |
|------|------|
| 유형 - 1<br>개혁가 | 완벽주의자로 노력가이기도 하고 개혁가이기도 하다. 무슨 일에나 완벽을 기하고 스스로의 이상을 건설적인 자세로 추구하고 노력을 아끼지 않는다. 현실적이고 양심적이며 원칙을 고수하고 매우 윤리적이기도 하다. 항상 공정과 정의를 의식하고 깔끔한 이미지가 있다. '해야 한다', '올바른 일을 하고 있다' 라는 생각을 자주 한다. |
| 유형 - 2<br>돕고자 하는<br>사람 | 조력자로서 지원을 잘하고 정이 많아 사람들에게 도움을 주며 수고를 아끼지 않는 도움을 주는 사람이기도 하다. 반면 직감이 예리하고 적응력이 뛰어나기도 한다. 다른 사람의 필요에 민감하게 반응한다. '다른 사람을 돕고 있다' 는 사실에 만족감을 갖는다. |
| 유형 - 3<br>성취하는<br>사람 | 성취주의자로서 자신과 타인에게 동기부여 능력이 탁월하고 때로는 경쟁적이기도 하다. 인생의 가치를 성공/실패로 판단하고 실적과 성취를 중요하게 생각한다. 권력적이고 신념이 강하며 목표 지향적이다. 효율성을 중시하며 낙천적인 면도 있다. '일을 효율성 있게 잘 해냈다' 라는데 가장 만족감을 갖는다. |
| 유형 - 4<br>개인주의자 | 예술가로서 낭만적이고 몽상가이기도 하다. 평범함을 거부하고 자신은 특별한 사람이라고 생각하며 감동을 중시하고 예민하다. 또 사람을 지지하고 격려하기를 좋아한다. 세련된 느낌을 주고 표현이 풍부하기도 하다. |
| 유형 - 5<br>탐구자 | 관찰자, 사색가이다. 지식을 축적하기를 좋아하고 분석력이나 통찰력 있으며 객관적인 방관자로 일관하기를 좋아한다. 말 수가 적고 직접 나서기를 꺼려하고 의견을 말하기 전에 정보를 수집하고 생활을 파악하려고 한다. 혼자 있기를 즐겨하고 현명함을 중시한다. |
| 유형 - 6<br>충실한 사람 | 성실한 사람으로 충성심이 많고 안전을 찾아 신중하게 행동하는 사람이다. 항상 보호자, 지지자를 찾으나 때로는 권력에 과감하게 도전하기도 하고 약자 편에 서기도 한다. 믿을 만하고 인정이 많으며 따뜻한 마음을 가지고 있다. '성실하다' '솔직하다' 는 평에 만족을 얻는다. |
| 유형 - 7<br>열정적인<br>사람 | 모험가로 즐거움을 찾아 계획하는 사람이다. 매사에 낙관적이고 밝고 쾌활한 분위기를 느끼게 한다. 주위에 좋아하는 사람이 많고 정력적이며 생동감이 넘친다. 상상력이 풍부하고 늘 새로운 즐거움을 탐색하는데 특별함이 있다. '즐겁다', '스케줄이 많다' 는 생각에 만족을 누린다. |
| 유형 - 8<br>도전하는<br>사람 | 지도자로서 통제력이 있고 지휘관 스타일이다 용기와 힘이 넘치고 직선적이며 항상 자신감이 넘친다. 다른 사람들을 잘 보호하며 권력구조 파악에 뛰어난 통솔자이다. '힘이 있다' '강하다' 라는 생각에 만족을 누린다. |
| 유형 - 9<br>평화주의자 | 조정자로 조화와 평화를 원하는 사람이다. 갈등이나 긴장을 피하는 평화주의자이며, 조정 역할을 잘 하는데 탁월하다. 수용적이고 사람을 좋아하며 마음이 넓고 인내심도 많다. 다른 사람의 고민을 잘 들어주고 화합에 능란하다. |

## ✖ 유형별 관련 진로

| 유형 | 특성 | 덕목/역할 | 관련 직업 |
|---|---|---|---|
| 유형-1<br>개혁가 | 이성적/원칙적/자기관리 철저 | 교사, 활동가, 변혁운동가, 도덕주의자, 완벽주의자, 조직적인 사람 | 경영/법률/과학/의료/보건/교육/종교/자동차/기계/치과의사/은행가/주식중개인/능률적인 일/마무리를 잘 해야 하는 일 등 |
| 유형-2<br>돕고자 하는<br>사람 | 남을 잘 보살핌/너그러움/소유욕강함 | 이타주의자, 사랑스런 사람, 남을 돕는 사람, 남을 즐겁게 하는 사람, 특별한 친구, 능력 있는 사람 | 상담가/교사/간호사/배우/강연가/판매직/접수창구직원/비서/조수/장식가/의복 컨설턴트/사람과 함께 해야 하는 일/남을 돕는 직업 등 |
| 유형-3<br>성취하는<br>사람 | 적응을 잘함/야망 있음/자신의 이미지에 충실함 | 동기부여를 잘 하는 사람, 모범, 귀감, 타인과 의사소통을 잘 하는 사람, 지위를 추구하는 사람 | 관리직/사업계/법조계/금융계/컴퓨터분야/정치계/방송인/연기자/교직/사회복지/간호직/목표지향적 직업/열심히 일하는 직업 등 |
| 유형-4<br>개인주의자 | 직관적/심미적/자신 안으로 빠져들게 됨 | 예술가, 낭만주의자, 우울한 사람, 유미주의자, 희생사, 특별한 사람 | 음악/회화/무용/시/소설/언론/심리학자/상담가/설득하는 일/창의력을 발휘하고 현실성 있는 직업/가르치는 일 등 |
| 유형-5<br>탐구자 | 지각능력이 뛰어남/혁신적/남들과 떨어져 있음 | 사상가, 혁신가, 관찰자, 전문가, 급진적인 사람, 숙련된 사람 | 과학/기술/지적분야/상담가/음악가/작가/예술가/혼자 하는 일/독립적으로 사고하는 일 등 |
| 유형-6<br>충실한 사람 | 붙임성 있음/책임감 강함/방어적 | 보호하는 사람, 신봉자, 의심이 많은 사람, 분쟁을 조정하는 사람, 전통주의자, 충성스러운 사람 | 법조계/군대/기업/학계/의료직/교육계/위험을 감수하는 일 등 |
| 유형-7<br>열정적인<br>사람 | 쾌활함/충동적/성취 지향적 | 다방면에 지식을 가진 사람, 동시에 여러 가지 일을 하는 사람, 재치 있는 사람, 다양한 취미를 가진 사람, 안목 있는 사람, 에너지가 많은 사람 | 비행기승무원/사진사/도구 사용하는 일/실외서 하는 일/교사/간호사/상담가/생산라인/회계/도전적일 일/비상대처 능력이 필요한 일 등 |
| 유형-8<br>도전하는<br>사람 | 자신감/결단력/남을 지배하려 함 | 리더, 제공하는 사람, 기업가, 이단자, 바윗덩어리, 보호하는 사람 | 사업가/기업가/중역/변호사/군인/노조지도자/스포츠 스타/남을 돕는 일/주도권을 쥐는 일/책임을 지는 일 등 |
| 유형-9<br>평화주의자 | 수용적/남을 편하게 해 줌/스스로 만족함 | 돕는 사람, 긍정적인 사람, 화해시키는 사람, 사람을 편안하게 해주는 사람, 이상주의자, 특별하지 않은 사람 | 중재자/외교관/군인/공무원/관료/조직화 된 상황에서 하는 일 등 |

## 11

옛 속담에 '저 먹을 것은 다 가지고 태어난다.' 는 것이 있다. 이는 태어나기만 하면 모든 것이 해결된다는 것이 아니라, 사람은 제각기 자신의 적성을 가지고 태어난다는 의미이다. 즉 먹을 것이란 곧 그 사람만이 가진 적성이라고 할 수 있다. 007 영화로 명성을 떨친 배우 숀 코넬리는 벽돌공이었으며, 프랑스의 가수이며 배우였던 이브 몽땅은 학교 교육을 제대로 받지 못했으며, 이태리의 칸초네 가수 페리 코모는 이발사 출신이었으며, 락 음악의 황제 엘비스 프레슬리는 트럭 운전사였다. 그러나 이들은 한결같이 자신의 적성과 소질을 발견하고 계발함으로써 성공을 거둔 사람이다.

사람은 일이나 공부를 할 때, 힘들이지 않고도 잘 할 수 있는 것이 있는가 하면, 많은 노력을 해도 잘 하지 못하는 것이 있다. 이처럼 '특정한 분야의 일을 잘 할 수 있는 능력' 을 적성이라고 한다. 즉, 적성이란 '장차 어떤 일을 잘 해 낼 수 있는 소질이나 잠재능력' 이다. 따라서 적성의 발견과 계발은 진로 개발에 필수적인 것이다.

적성을 발견하는 방법으로는 검사와 관찰이 있다. 예를 들면 부모가 자녀를 관찰할 때에는 물건 사오기를 시켰을 때, 설명한 물건에 대해 얼마나 이해했는가, 거스름돈은 정확히 받아 왔는가, 수량은 맞게 가져 왔는가, 등으로 형태지각력/수리력/색 분별력을 알아보는 것이다. 그리고 적성의 계발은 발견된 분야의 일과 공부를 꾸준히 해 가는 것이다. 예를 들면 피아노 치는 것에 높은 적성을 보이면 유명 피아노곡을 많이 들어 예술적 감각을 높이도록 한다든지, 유명 피아니스트의 전기를 통해 가치관이나 철학을 알아보는 것이다.

따라서 적성검사 결과를 이용할 때에는 이런 점에 유의할 필요가 있다.

1) 평소 생활 경험, 가정환경, 개인적 가치관, 학습 성취도 등과 함께 이용해야 한다.

2) 결과가 높게 나온 분야의 진로를 선택하면 성공할 것이라는 성급한 판단은 금물이다.

3) 어느 쪽 적성이 많을 때, 그 쪽의 비슷한 적성도 많으면 좋은 현상으로 해석해도 된다.

4) 진로 결정에 중요한 정보를 제공하며, 또 성공 가능성을 예측하는데 도움을 준다.

5) 과정 선택 시 판단 기준으로 이용되나, 문/이과 적성이 비슷하게 나온 경우는 다른 검사 결과를 함께 이용하는 것이 좋다.

6) 흥미검사 결과를 함께 이용하는 것이 좋다. 좋아하는 것은 탁월성과 함께 관심과 노력을 잘 기울이기 때문이다.

▶ 다음은 크게 4가지 부문으로 적성을 알아보는 것이다.

▶ ㉮ ㉯ ㉰ ㉱ 중 자신의 생각과 일치하는 것에 ○표 한다.(중복 선택도 괜찮음)

▶ 응답 결과를 집계하여 자신의 적성 유형과 관련 직업을 알아본다.

| 구분 | 응답항목 | | | |
|---|---|---|---|---|
| 학교 | ㉮ 몸이 아파도 간다 | ㉯ 부모 시키는 대로 한다 | ㉰ 지각/조퇴는 안 한다 | ㉱ 학교가 싫다 |
| 성적 | ㉮ 성적이 좋다 | ㉯ 국어/사회가 좋다 | ㉰ 과학/가정이 좋다 | ㉱ 성적이 나쁘다 |
| 공부 | ㉮ 책을 많이 읽는다 | ㉯ 시키는 대로 한다 | ㉰ 어쩔 수 없어 한다 | ㉱ 재미가 없다 |
| 사고력 | ㉮ 깊은 편이다 | ㉯ 결단을 잘 내린다 | ㉰ 이론적이다 | ㉱ 생각하기 싫다 |
| 예술성 | ㉮ 작문을 잘 한다 | ㉯ 듣기를 잘 한다 | ㉰ 기술과를 좋아 한다 | ㉱ 예술엔 흥미가 없다 |
| 놀이 | ㉮ 집안에서 논다 | ㉯ 앞 장 선다 | ㉰ 만들면서 논다 | ㉱ 힘으로 하는 것이 좋다 |
| 소유물 | ㉮ 소중하게 취급 한다 | ㉯ 내 것으로 만든다 | ㉰ 분해/조립 한다 | ㉱ 잘 부순다 |
| 친구 | ㉮ 깊이 사귄다 | ㉯ 새 친구가 많다 | ㉰ 친구가 적다 | ㉱ 아무하고나 잘 사귄다 |
| 사교성 | ㉮ 혼자 있기를 좋아 한다 | ㉯ 이야기를 잘 한다 | ㉰ 말이 귀찮다 | ㉱ 활동적이다 |
| 자신감 | ㉮ 불안하다 | ㉯ 자신 있다 | ㉰ 책임감이 강하다 | ㉱ 열등감이 많다 |
| 주장 | ㉮ 주장이 약하다 | ㉯ 양보 안 한다 | ㉰ 양보해 준다 | ㉱ 고집이 세다 |
| 비판 | ㉮ 소문에 신경 쓴다 | ㉯ 좋은 평가를 받고 싶다 | ㉰ 명예욕이 강하다 | ㉱ 욕을 들으면 화낸다 |
| 기질 | ㉮ 내향적이다 | ㉯ 외향적이다 | ㉰ 신경질적이다 | ㉱ 변덕이 심하다 |
| 인내심 | ㉮ 아주 강하다 | ㉯ 약하다 | ㉰ 강한 편이다 | ㉱ 아주 약하다 |
| 주의력 | ㉮ 깊고 예리하다 | ㉯ 넓고 치밀하다 | ㉰ 오래 지속 한다 | ㉱ 허술한 편이다 |
| 행동 | ㉮ 천천히 한다 | ㉯ 민첩하다 | ㉰ 빈틈이 없다 | ㉱ 대충 한다 |
| 봉사 | ㉮ 머리로 한다 | ㉯ 돈으로 한다 | ㉰ 손으로 한다 | ㉱ 몸으로 한다 |
| 운동 | ㉮ 관심이 없다 | ㉯ 실내/외 운동을 한다 | ㉰ 실내 운동을 한다 | ㉱ 실외 운동을 한다 |
| 정돈 | ㉮ 장소를 생각 한다 | ㉯ 위치를 고정 시킨다 | ㉰ 위치를 자주 바꾼다 | ㉱ 정리/정돈을 못 한다 |
| 음악 | ㉮ 작곡을 잘 한다 | ㉯ 고루 잘 한다 | ㉰ 악기를 잘 다룬다 | ㉱ 노래를 잘 한다 |
| 합계 | | | | |

〈진로탐색 지도자료〉, 서울시교육연구원, 1991.

1. ㉮ ㉯ ㉰ ㉱ 항 중 선택한 항목수가 가장 많은 것이 자신의 적성이라고 할 수 있다.
2. 가장 많은 항목 수에 해당되는 형과 관련 직업이 무엇인지 알아본다.
    • ㉮ 항 – 지성형 – 학자/교수/의사/교사/예술가/작가 등
    • ㉯ 항 – 경제형 – 기업가/사업가/사무원/판매원/상인 등
    • ㉰ 항 – 기술형 – 건축가/기술자/사진사/조리사 등
    • ㉱ 항 – 육체형 – 스포츠맨/농업/임업/어업 등
3. 위 직업 외에도 많은 것이 있다. 따라서 직업사전을 통해 다른 직업도 찾아본다.

쉬어가기

적성(aptitude)이란 특수한 분야에서의 능력발휘 가능성으로서, 능력에 한정된 개념으로 통용되고 있다. 그러나 일상용어에서 보통 사람들이 사용할 때에는 능력, 흥미, 성격을 포괄하는 개념으로 사용되고 있다. 이처럼 진로를 결정할 때 능력에 한정되지 않고 흥미와 성격 특성을 포함한 다양한 요소들을 고려해야 한다고 볼 때 적성이라는 개념을 그렇게 사용하는 것에 큰 무리는 없는 듯하다. 다만 많은 적성검사가 능력에 초점을 맞추고 있으므로 가정하는 개념과 검사가 실제로 주는 정보에 차이가 있을 수 있다는 점은 유념해야 한다.

적성을 찾기 위한 가장 쉬운 방법이 적성검사지만, 이는 적성을 파악하기 위한 다양한 방법 중 하나에 불과하다. 검사마다 적성을 분류하는 방식이 다르며, 모든 검사에는 오차가 포함되므로 일정한 한계가 있음을 알고 그 결과를 활용해야 한다.

초등학생 시기에는 성장과 변화가 많은 시기이고 또 모든 지필 검사는 일정한 수준의 언어능력이 있어야 하므로 어린이에게 굳이 적성검사를 실시할 필요는 없다. 따라서 대개 중학교 2학년부터 적성검사를 실시하는 것이 적합하다. 어떻든 각종 심리검사가 이를 해 가는 과정에 자신을 성찰할 수 있고, 그 결과가 진로개발의 동기가 된다는 이점이 있다.

적성을 한 인간의 특성을 포괄하는 개념으로 볼 때, 적성을 찾는다는 것은 결국 온전한 자기 이해이다. 따라서 지속적인이 자기이해와 적성 찾기가 매우 중요하다. 사람들은 누구나 타고난 적성이 있고 이는 일정하게 변하지 않고 유지된다는 생각으로 이를 빨리 찾아서 키우려는 생각을 가지고 있다. 물론 적성이 확연히 드러나서 이를 일찍부터 발견/발전시켜야 하는 경우도 있다. 그러나 대부분의 사람은 다양한 경험을 쌓는 가운데 적성이 형성된다. 따라서 적성은 단지 발견해야 하는 것이 아니라 키워 주어야 할 것이기도 하다. 그래서 자신의 다양한 가능성을 인식하고 이를 넓히기 위해 다양한 경험을 쌓는 한편, 일관된 특성도 발견하고 키워가는 것이 중요하다.

▶ 다음은 자신의 적성과 관련 직업을 알아보는 것이다.

▶ 응답 점수는 아래와 같은 배점으로 한다.

   – 아주 잘 한다  5점,    – 조금 잘 한다  4점,    – 보통이다  3점,

   – 남보다 못 한다 2점,    – 아주 못 한다  1점

## ✖ 문항 ①

| | |
|---|---|
| 1. 나는 한 두 과목만은 남보다 월등히 잘 할 수 있다. | 1  2  3  4  5 |
| 2. 나는 내 성격이나 특성을 남에게 행동으로 보여줄 수 있다. | 1  2  3  4  5 |
| 3. 나는 상상력이 풍부해서 내 생각을 행동이나 글로 잘 표현할 수 있다. | 1  2  3  4  5 |
| 4. 나는 구성이 잘 된 수필이나 콩트도 쓸 수 있다. | 1  2  3  4  5 |
| 5. 나는 다른 사람과 대화할 때 비교적 좋은 인상을 준다. | 1  2  3  4  5 |
| 6. 나는 말이나 행동으로 다른 사람을 내가 원하는 대로 움직일 수 있다. | 1  2  3  4  5 |
| 7. 나는 다른 사람의 가치관도 잘 이해하는 편이다. | 1  2  3  4  5 |
| 8. 나는 남에게 내 소개를 할 때 실수하지 않도록 특별히 조심한다. | 1  2  3  4  5 |
| 9. 나는 한두 가지 악기도 전문적으로 다룬다. | 1  2  3  4  5 |
| 10. 나는 연극이나 영화 같은 분야의 배역도 잘 소화할 수 있다. | 1  2  3  4  5 |
| 11. 나는 답답한 상황에서도 비교적 오래 참고 견딘다. | 1  2  3  4  5 |
| 12. 나는 자신을 주의 깊게 관찰한 후 스스로 깨닫는 편이다. | 1  2  3  4  5 |

## ✖ 문항 ②

| | |
|---|---|
| 1. 나는 인간 탐구와 관련된 교과에 흥미가 있고 성적 또한 좋다. | 1  2  3  4  5 |
| 2. 나는 다른 사람을 돕는 일이라면 발 벗고 나서는 편이다. | 1  2  3  4  5 |
| 3. 나는 다른 사람의 요구를 매우 민감하게 받아들인다. | 1  2  3  4  5 |
| 4. 나는 다른 사람의 이야기를 귀 기울여 듣는 편이다. | 1  2  3  4  5 |
| 5. 나는 개인차와 개성을 인정하고 중시한다. | 1  2  3  4  5 |
| 6. 나는 모든 인간을 신뢰하는 편이다. | 1  2  3  4  5 |
| 7. 나는 모르는 사람에게도 따뜻한 감정으로 대한다. | 1  2  3  4  5 |
| 8. 나는 다른 사람의 눈치도 충분히 고려하는 편이다. | 1  2  3  4  5 |
| 9. 나는 혼자서 하는 일보다 여럿이 하는 일을 좋아한다. | 1  2  3  4  5 |
| 10. 나는 남을 가르치는 일을 좋아하고 잘한다. | 1  2  3  4  5 |
| 11. 나는 다른 사람의 어려운 문제에 대해 잘 상담해 준다. | 1  2  3  4  5 |
| 12. 나는 다른 사람을 도와 줄 때 많은 기쁨을 느낀다. | 1  2  3  4  5 |

| 1. 나는 손재주와 함께 기계적 기능이 뛰어난 편이다. | 1 2 3 4 5 |
|---|---|
| 2. 나는 어려운 문제를 쉽게 풀 수 있는 많은 아이디어를 가지고 있다. | 1 2 3 4 5 |
| 3. 나는 생활용 품의 구조나 쓰임새에 많은 관심을 가지고 있다. | 1 2 3 4 5 |
| 4. 나는 기계 기구의 고장 원인을 잘 찾아내는 편이다. | 1 2 3 4 5 |
| 5. 나는 전자 제품의 고장 수리도 잘한다. | 1 2 3 4 5 |
| 6. 나는 복잡한 기계나 기구도 잘 다룬다. | 1 2 3 4 5 |
| 7. 나는 아무리 복잡한 기계라도 고장 난 곳은 잘 찾아낸다. | 1 2 3 4 5 |
| 8. 나는 기계 기구의 고장은 끝까지 찾아내는 편이다. | 1 2 3 4 5 |
| 9. 나는 여러 가지 공구를 잘 다룬다. | 1 2 3 4 5 |
| 10. 나는 손재주가 아주 많은 편이다. | 1 2 3 4 5 |
| 11. 나는 기계가 움직이는 원리를 쉽게 알아내는 편이다. | 1 2 3 4 5 |
| 12. 나는 여러 재료를 이용해 필요한 물건을 잘 만들어 낸다. | 1 2 3 4 5 |

✖ 문항 ④

| 1. 나는 숫자의 계산이나 통계 처리를 잘 하는 편이다. | 1 2 3 4 5 |
|---|---|
| 2. 나는 복잡한 문제를 풀 수 있는 실마리를 잘 찾아낸다. | 1 2 3 4 5 |
| 3. 나는 일을 조직적이고 과학적이며 계획적으로 해 가는 편이다. | 1 2 3 4 5 |
| 4. 나는 일의 결과를 확인해야만 직성이 풀린다. | 1 2 3 4 5 |
| 5. 나는 사물에 대한 결론을 내리기 전에 모든 상황을 면밀히 살핀다. | 1 2 3 4 5 |
| 6. 나는 기술을 요하는 일에는 사전 계획을 치밀하게 세운다. | 1 2 3 4 5 |
| 7. 나는 토론을 할 때 옳고 그름을 잘 판단하는 편이다. | 1 2 3 4 5 |
| 8. 나는 컴퓨터와 정보 관련 기기를 잘 다루는 편이다. | 1 2 3 4 5 |
| 9. 나는 일반적인 답보다는 기발하고 참신한 답을 좋아한다. | 1 2 3 4 5 |
| 10. 나는 학문적인 이론보다 실제적인 것을 좋아한다. | 1 2 3 4 5 |
| 11. 나는 과학 기술 서적을 1주일에 한 번 정도 읽는다. | 1 2 3 4 5 |
| 12. 나는 내 관심을 갖는 분야의 정보를 많이 가지고 있다. | 1 2 3 4 5 |

| | |
|---|---|
| 1. 나는 운영직이나 관리직을 잘 할 수 있다. | 1  2  3  4  5 |
| 2. 나는 시간을 합리적 경제적으로 조직하고 관리할 수 있다. | 1  2  3  4  5 |
| 3. 나는 다른 사람을 효과적으로 통제하고 지도할 수 있다. | 1  2  3  4  5 |
| 4. 나는 학급이나 학교 조직의 효율성을 체계적 합리적으로 분석할 수 있다. | 1  2  3  4  5 |
| 5. 나는 어느 모임에서나 능력 있는 지도자가 될 수 있다. | 1  2  3  4  5 |
| 6. 나는 다른 사람의 재능과 재질을 잘 발견하고 계발해 준다. | 1  2  3  4  5 |
| 7. 나는 목표를 세우는데 탁월한 능력을 가지고 있다. | 1  2  3  4  5 |
| 8. 나는 공부나 일을 효율적으로 수행한다. | 1  2  3  4  5 |
| 9. 나는 다른 사람이 일한 결과도 면밀히 분석한다. | 1  2  3  4  5 |
| 10. 나는 시간, 건강, 성적 등의 관리를 지속적으로 한다. | 1  2  3  4  5 |
| 11. 나는 회의 진행 방법에 관한 책을 가끔씩 읽는다. | 1  2  3  4  5 |
| 12. 나는 성적 올리는 방안과 정보를 얻기 위해 친구와 대화를 많이 한다. | 1  2  3  4  5 |

✖ 문항 ⑥

| | |
|---|---|
| 1. 나는 친구들의 운동 돕기나 코치 역할을 잘 한다. | 1  2  3  4  5 |
| 2. 나는 신체적 육체적 운동 능력이 있는 편이다. | 1  2  3  4  5 |
| 3. 나는 꽤 높은 수준의 스포츠맨이라고 자부한다. | 1  2  3  4  5 |
| 4. 나는 옥외에서 하는 일은 무엇이나 자신 있는 편이다. | 1  2  3  4  5 |
| 5. 나는 관중 앞에서 운동하는 것을 즐긴다. | 1  2  3  4  5 |
| 6. 나는 친구들에 비해 아주 튼튼한 편이다. | 1  2  3  4  5 |
| 7. 나는 지금까지 큰 질병을 앓아 본 적이 없다. | 1  2  3  4  5 |
| 8. 나는 운동을 위한 클럽이나 모임엔 아주 적극적이다. | 1  2  3  4  5 |
| 9. 나는 몸으로 하는 일은 힘이 들어도 잘 하는 편이다. | 1  2  3  4  5 |
| 10. 나는 신체적인 일을 하기 전에는 반드시 안전 조치를 취한다. | 1  2  3  4  5 |
| 11. 나는 신체 능력 신장을 위해서는 심한 훈련도 잘 참는다. | 1  2  3  4  5 |
| 12. 나는 웬만한 신체적 피로는 잘 견디는 편이다. | 1  2  3  4  5 |

| | |
|---|---|
| 1. 나는 모임이나 조직에서는 영향력이 큰 편이다. | 1  2  3  4  5 |
| 2. 나는 모임의 어려운 문제를 잘 해결했을 때 가슴 뿌듯함을 느낀다. | 1  2  3  4  5 |
| 3. 나는 남과 토론하거나 논쟁을 하면 주로 이기는 편이다. | 1  2  3  4  5 |
| 4. 나는 어떤 일이나 끝마무리를 분명히 짓는 편이다. | 1  2  3  4  5 |
| 5. 나는 남에게 영향을 주는 판단을 잘 한다. | 1  2  3  4  5 |
| 6. 나는 사람에게 물건을 잘 파는 편이다. | 1  2  3  4  5 |
| 7. 나는 내 의견을 개진할 때 다른 사람의 입장을 충분히 고려한다. | 1  2  3  4  5 |
| 8. 나는 여러 가지 방법으로 다른 사람의 마음을 잘 연다. | 1  2  3  4  5 |
| 9. 나는 상대방의 흥미와 성격에 따라 접근하는 편이다. | 1  2  3  4  5 |
| 10. 나는 매우 다양한 사람들과 사귀는 편이다. | 1  2  3  4  5 |
| 11. 나는 가는 곳마다 남들로부터 비교적 융숭한 대접을 받는 편이다. | 1  2  3  4  5 |
| 12. 나는 어떤 어려움이 닥쳐도 지혜롭게 극복하는 편이다. | 1  2  3  4  5 |

〈진로〉, 임두순, 1996.

**결과 알아보기**

1. 영역별 점수 합계를 아래에 적는다.

　①  (　　　　)점　②  (　　　　)점　③  (　　　　)점　④  (　　　　)점

　⑤  (　　　　)점　⑥  (　　　　)점　⑦  (　　　　)점

2. 가장 높은 점수가 나온 영역이 자기 적성이라고 보면 된다.

3. 점수를 가지고 자신의 적성 분야별 특성과 진로를 알아본다.

4. 친구/친지/부모에게 결과를 알려주고 의견을 들어본다.

5. 일상생활에서 나타난 적성과 검사결과를 비교해 본다.

내 자신 알아보기

| 적성분야 | 특성과 진로 |
|---|---|
| 문항 - ①<br>자기<br>표현하기 | - 예술적/창조적/발표적 적성<br>- 내면적인 지성/정서/신체적 자원을 자기 나름대로 개발<br>- 쓰기/말하기/드라마/음악/무용/회화/조각/도자기 중 하나 또는 둘 이상의 적성이 있음<br>- 예술 문화 측면에서 개혁적이고 창조적이며 유명한 배우/저작가/화가/조각가/무용가가 될 수 있음 |
| 문항 - ②<br>남 돕기<br>/돌보기 | - 타인의 삶에 도움을 주고 그들과 친교를 맺으며 봉사하는 적성<br>- 의료/교육/종교/사회사업/상담/어린이교육/레크리에이션/훈련 중 하나 또는 둘 이상의 적성이 있음<br>- 이런 적성은 사람에게만 국한되지 않고 동물/환경보존 등에도 보임<br>- 부드럽고 유순하기보다 자기 위주이고 권위적 성격이 될 수 있음<br>- 위대한 교육자/의사/사회사업가가 될 수 있음 |
| 문항 - ③<br>물건/기<br>계<br>다루기 | - 생산/디자인/수리/관리 · 유지하는 적성<br>- 구체적이고 확실한 일을 좋아함<br>- 장인정신/생산지식/기계 · 전자적 기술/관리 · 유지기술/조작 · 진단기술 중 하나 또는 둘 이상의 적성이 있음<br>- 결과에 대한 자랑과 긍지를 가지고 삶<br>- 발명가/디자이너/인공물 건축가 등이 될 수 있음 |
| 문항 - ④<br>과학<br>응용하기 | - 전문화된 영역에서 업무를 수행하기 위한 지식/기술적 적성<br>- 과학/기술적 문제점에 대한 해결방안을 찾으며, 복잡한 정보를 잘 다루고 의사결정도 잘 함<br>- 물리학/기술공학/엔지니어링/건축학/사회과학/수학/기술관련 학과 중 하나 또는 둘 이상의 적성이 있음<br>- 기술적 지식과 창의적 노력을 자기 전공분야에 응용함<br>- 공학자/과학자/발명가/기술혁신가가 될 수 있음 |
| 문항 - ⑤<br>관리/운<br>영하기 | - 인적/물적 자원을 조직하고 협조하는 적성<br>- 관리/감독/기업가/행정체계(조직)디자인/자문/정치조직에서 높은 지위 중 하나 또는 둘 이상의 적성이 있음<br>- 성공적으로 관리/운영하기 위해 남을 설득하는 재능을 개발함<br>- 지휘/명령/통제하는 성격이 강하고, 목표설정/계획과 협조 등도 나타남<br>- 대 기업가/고위직공무원/기관장/장군 등이 될 수 있음 |
| 문항 - ⑥<br>신체적<br>용기/용<br>맹 | - 경기/근육운동지각/근육질/인내훈련 등 신체의 근력이 필요한 적성<br>- 신체적 힘/경기력/모험적인 일/농업 관련 직업/기타 신체적 직업 중 하나 또는 둘 이상의 적성이 있음<br>- 신체 운동을 좋아하고 자연 환경도 좋아함<br>- 유명한 경기자/운동선수/모험가/군인/레크리에이션 지도자 등이 될 수 있음 |
| 문항 - ⑦<br>남 설득<br>하기 | - 남을 설득해서 자기편으로 만들거나 상품을 파는 적성<br>- 자기만의 독특한 방법으로 매혹적이고 강한 인상을 심어주며 남을 유혹하고 사로 잡기도 함<br>- 선전/판매/상품구매/조언/지역사회의 리더/조직의 참모 중 하나 또는 둘 이상의 적성이 있음<br>- 조직/관리/운영 등과 같은 적성을 동시에 개발하기도 함<br>- 학계 · 도덕계 지도자/기업가/사회운동가/세일즈맨이 될 수 있음 |

▶ 다음은 적성을 11가지로 나누어 알아보는 간단한 검사이다. 따라서 평점은 '잘 할 수 있는 것 5점'으로 하고 '아주 못하는 것을 1점'으로 하여 5단계로 한다.

▶ 점수가 가장 높은 것이 자신의 적성이라고 보고 아래 표에서 관련 직업을 알아본다.

| 순 | 문항 | 평점 |
|---|---|---|
| ① | 나는 기계나 사물의 원리를 잘 이해하고 응용하는 능력도 있는 편이다. | 1  2  3  4  5 |
| ② | 나는 문장 독해 능력이 뛰어나고 내 생각도 잘 표현하는 편이다. | 1  2  3  4  5 |
| ③ | 나는 수리에 밝고 여러 가지 계산도 잘하는 편이다. | 1  2  3  4  5 |
| ④ | 나는 문자/기호를 잘 이해/분석하고 판별 또한 잘 해 내는 편이다. | 1  2  3  4  5 |
| ⑤ | 나는 평면적이거나 입체적인 사물의 형태를 잘 파악하는 편이다. | 1  2  3  4  5 |
| ⑥ | 나는 사물의 형태나 도면을 잘 비교하고 정확히 파악하는 편이다. | 1  2  3  4  5 |
| ⑦ | 나는 운동 신경과 기능이 뛰어나고 행동 또한 민첩한 편이다. | 1  2  3  4  5 |
| ⑧ | 나는 손가락 놀림이 민첩해서 손재주가 뛰어난 편이다. | 1  2  3  4  5 |
| ⑨ | 나는 팔이나 손힘이 세고 또 여러 기계 조작도 잘하는 편이다. | 1  2  3  4  5 |
| ⑩ | 나는 여러 가지 기계나 기구의 원리를 잘 이해하는 편이다. | 1  2  3  4  5 |
| ⑪ | 나는 각종 통계 도표나 그래프, 차트 등의 의미를 잘 파악하는 편이다. | 1  2  3  4  5 |

## ✖ 적성 유형 별 능력과 관련 직업

| 적성 유형 | 적성능력 | 관련직업 |
|---|---|---|
| ① 일반 적성 능력 | 지시 사항/사실/원리를 추리/응용하는 능력, 복잡한 자료나 기초를 학습하고 암기하는 일반 학습 능력 | 자연과학/사회과학 |
| ② 언어 능력 | 정확한 의사소통을 위한 문장의 뜻을 이해하고 정보나 자기 생각을 표현하는 능력 | 사회과학연구가/평론가/논설위원 |
| ③ 수리 능력 | 정확하고 빠르게 계산하는 능력 | 사무계통의 직업/경리원/회계원/사무원 |
| ④ 사무지각 능력 | 유인물/괘도/표 등에서 문자나 기호를 정확하고 신속하게 식별하는 능력 | 전산프로그래머/경리·서기/전화교환/타자수 |
| ⑤ 공간지각 능력 | 입체적 공간관계를 이해하는 능력으로 실제 물체를 회전 또는 분해했을 때의 형태를 상상하는 능력 | 제도/설계/건축/미술/가구 등 제도에서 재단까지 입체 구성 능력을 요구하는 직업 |

| ⑥ 형태지각 능력 | 물체나 도면을 비교 판별하여 형태나 명암의 근소한 차이를 알아 볼 수 있는 능력 | 사진제판/제도 등의 사무분야, 도안/디자인 등 응용 미술 분야 |
|---|---|---|
| ⑦ 운동조절 능력 | 눈과 손 또는 손가락을 같이 움직여 빠르고 정확하게 반응하는 능력 | 타자/속기사/외과수술/치과치료작업/전자/전기/인쇄 등의 세공/운동선수 |
| ⑧ 손가락 재능 | 손가락을 사용하여 작은 물체들을 신속하고 정확하게 다루는 능력 | 인쇄기능직/정밀기계/광학 등의 조립직/악기연주/공예작업 관련 예능분야 |
| ⑨ 손 재능 | 물체를 옮겨 놓거나 돌리는 손작업을 하기 위해 손을 기능적이고 숙련되게 움직이는 능력 | 운전직/악단지휘/기계금속 부품제작 기타 신체적 작업의 직업 |
| ⑩ 기계추리 능력 | 각종 기계기구 및 물리학적 원리를 이해하고 추리하는 능력 | 토목기계수리기술자/기계조립기술자/각종 이공학 시설분야와 공장기술자 |
| ⑪ 척도해석 능력 | 척도/그래프/차트/계기 등을 신속 정확하게 읽는 능력 | 이공학/화학/수학/의학/분야, 실업/기술분야의 직업 |

〈진로탐색 지도자료〉, 서울시교육연구원, 1991.

## 쉬어가기 ✶

유명한 드럼 연주자가 있었다. 그는 쓰레기통이나 깡통 같은 것만 있어도 나뭇가지나 젓가락으로 신나게 연주했다. 어떤 음악이건 가락에 맞추어 두드리면 흥겹고 신나는 연주가 되었다. 사람들이 그의 흉내를 내 보지만 시끄러운 소음만 날 뿐이었다. 그래서 사람들은 그가 천부적인 재능을 타고났다고 했다. 그런데 그의 손에서 놀라운 사실을 발견하게 되었다. 손가락 마디마디에 군살이 박혀 있고, 손바닥도 마치 무술을 익힌 사람처럼 딱딱하게 굳어서 손금이 보이지 않을 정도였다. 그의 연주 솜씨는 타고 난 것이 아니라 후천적 노력과 적성계발에 의한 것이었다.

▶ 다음은 적성을 5가지 유형으로 나누어 알아보는 것이다. 따라서 다음 기준으로 평점을 한다.
　　– 많이 동의 한다  3점,　　　　　– 어느 정도 동의 한다  2점,
　　– 조금 동의 한다  1점,　　　　　– 전혀 동의하지 않는다  0점
▶ 각 유형 별로 점수를 합계한 다음, 가장 많이 나온 점수의 진로를 찾아본다.

## ✖ 문항

| 유형-❶ | 평점(해당 점수에 ○표) | | | |
|---|---|---|---|---|
| 1. 나는 사람들을 보살펴 주는 일을 잘한다. | 3 | 2 | 1 | 0 |
| 2. 나는 많은 사람 앞에 나서서 말하는 것을 잘한다. | 3 | 2 | 1 | 0 |
| 3. 나는 사람들을 가르치거나 이끌어가는 것을 아주 잘한다. | 3 | 2 | 1 | 0 |
| 4. 나는 사람을 조직하고 규율에 따라 이끌어 가는 것을 잘한다. | 3 | 2 | 1 | 0 |
| 5. 나는 사람들에게 명령하고 지시하는 일을 아주 좋아한다. | 3 | 2 | 1 | 0 |
| 6. 나는 상대방을 설득하는 능력을 가지고 있다. | 3 | 2 | 1 | 0 |
| 7. 나는 상대방의 말을 잘 듣고 문제도 잘 해결해 주는 능력이 있다. | 3 | 2 | 1 | 0 |
| 8. 나는 내 생각대로 사람들을 움직일 수 있는 능력을 가지고 있다. | 3 | 2 | 1 | 0 |
| 9. 나는 개인적인 해결보다 단체적인 해결 방식을 선호한다. | 3 | 2 | 1 | 0 |
| 10. 나는 하던 일에 실패하더라도 계속적으로 도전하는 편이다. | 3 | 2 | 1 | 0 |
| 총점 | | | | |

| 유형-❷ | 평점(해당 점수에 ○표) | | | |
|---|---|---|---|---|
| 1. 나는 실내의 사무적인 일보다 실외의 활동적인 일을 더 잘한다. | 3 | 2 | 1 | 0 |
| 2. 나는 목표가 정해지면 그것을 달성하려고 많은 노력을 기울인다. | 3 | 2 | 1 | 0 |
| 3. 나는 세상일은 노력한 만큼 얻을 수 있다고 생각한다. | 3 | 2 | 1 | 0 |
| 4. 나는 새로운 사람을 만나 관계를 맺는 것을 잘 한다. | 3 | 2 | 1 | 0 |
| 5. 나는 남과 경쟁할 때 이길 수 있는 능력이 많은 편이다. | 3 | 2 | 1 | 0 |
| 6. 나는 다른 사람에 비해 열등하다는 생각을 거의 하지 않는다. | 3 | 2 | 1 | 0 |
| 7. 나는 시작도 잘 하지만 끝마무리를 더 잘 하는 편이다. | 3 | 2 | 1 | 0 |
| 8. 나는 정해진 월급보다는 일한 만큼 더 받는 성과급을 선호한다. | 3 | 2 | 1 | 0 |
| 9. 나는 내 스스로 목표를 정하고 그것을 추진할 때 신바람이 난다. | 3 | 2 | 1 | 0 |
| 10. 나는 사람들의 생각이나 마음을 잘 관찰하고 파악한다. | 3 | 2 | 1 | 0 |
| 총점 | | | | |

내 자신 알아 보 기

| 유형-❸ | 평점(해당 점수에 ○표) |
|---|---|
| 1. 나는 정보 수집 능력이나 자료 관리 능력이 뛰어난 편이다. | 3  2  1  0 |
| 2. 나는 사람 앞에 나서는 일보다 뒤에서 돕는 일을 잘한다. | 3  2  1  0 |
| 3. 나는 즉흥적 충동적이지 않고 매사에 신중한 편이다. | 3  2  1  0 |
| 4. 나는 다른 사람이 뭐라고 하든지 내가 하고 싶은 일을 꾸준히 한다. | 3  2  1  0 |
| 5. 나는 주위 사람들로부터 추상적 생각을 많이 한다는 말을 곧잘 듣는다. | 3  2  1  0 |
| 6. 나는 미래를 예측하고 그에 대처하는 방안을 잘 준비한다. | 3  2  1  0 |
| 7. 나는 일을 실천하기보다 생각하고 말하는 것으로 그치는 경우가 많다. | 3  2  1  0 |
| 8. 나는 상사의 말이나 조직의 규칙을 잘 따르지 않는 편이다. | 3  2  1  0 |
| 9. 나는 내 일을 잘 하지 못하면서 다른 사람 일은 곧잘 비판한다. | 3  2  1  0 |
| 10. 나는 남의 간섭은 싫어하면서 막상 독자적인 추진은 잘 못한다. | 3  2  1  0 |
| 총점 | |

| 유형-❹ | 평점(해당 점수에 ○표) |
|---|---|
| 1. 나는 사물과 현상을 논리적으로 분석하는 일을 잘한다. | 3  2  1  0 |
| 2. 나는 좋아하는 일에 빠지면 시간가는 것을 거의 잊는다. | 3  2  1  0 |
| 3. 나는 실험실이나 연구실서 혼자서 조용히 하는 일을 잘한다. | 3  2  1  0 |
| 4. 나는 다른 사람을 만나기보다는 독자적으로 하는 일을 잘한다. | 3  2  1  0 |
| 5. 나는 혼자 일해도 외롭다거나 지루해 하지 않는 사람이다. | 3  2  1  0 |
| 6. 나는 친구와 같이 공부할 때보다 혼자서 할 때가 더 잘 된다. | 3  2  1  0 |
| 7. 나는 무엇인가 새로이 발견/발명하는 것에 소질이 있다. | 3  2  1  0 |
| 8. 나는 다른 사람으로부터 명령을 받거나 지시 받는 것은 딱 질색이다. | 3  2  1  0 |
| 9. 나는 항상 새로운 일을 찾아서 도전한다. | 3  2  1  0 |
| 10. 나는 사람들로부터 괴팍하고 이기적이라는 말을 곧잘 듣는 편이다. | 3  2  1  0 |
| 총점 | |

| 유형-❺ | 평점(해당 점수에 ○표) |
|---|---|
| 1. 나는 꼼꼼하게 영수증을 챙기거나 장부를 정리하는 일들을 잘한다. | 3  2  1  0 |
| 2. 나는 평소 자료를 잘 정리해 두기 때문에 결코 허둥대는 일이 없다. | 3  2  1  0 |
| 3. 나는 사람을 직접 만나기보다 온라인상에서 만나는 일을 더 잘한다. | 3  2  1  0 |
| 4. 나는 변화가 적어 지루하더라도 안정적인 직장이면 좋다고 생각한다. | 3  2  1  0 |
| 5. 나는 다른 사람들 때문에 권리나 이익을 침해받을 수 있다고 생각한다. | 3  2  1  0 |
| 6. 나는 각종 정보나 돈을 효율적으로 이용할 줄 안다. | 3  2  1  0 |
| 7. 나는 조직이나 사회의 규범은 잘 지키는 편이다. | 3  2  1  0 |
| 8. 나는 모나지 않은 성품이어서 다른 사람과도 잘 어울린다. | 3  2  1  0 |
| 9. 나는 어떤 일을 계획해서 문서로 만드는 일을 잘한다. | 3  2  1  0 |
| 10. 나는 공부나 일을 다른 사람과 협동 협력해서 하는 걸 선호한다. | 3  2  1  0 |
| 총점 | |

| 적성유형 | 관련진로 |
|---|---|
| 유형-❶ 경영형 | - 20점 이상이면 경영자나 관리자 쪽에 적성이 있다고 할 수 있다.<br>- 다른 사람을 지도/감독하는 능력이 있다.<br>- 자칫하면 독선이나 독재로 흐를 수도 있다.<br>- 다른 사람 입장을 헤아리고 전체를 생각하는 마음가짐이 필요하다.<br>- 심리학/경영학/정치학/사회학과 같은 문과 계통을 선택하면 좋다. |
| 유형-❷ 영업형 | - 20점 이상이면 직접 발로 뛰는 영업 분야에 적성이 있다고 할 수 있다.<br>- 사람을 만나고 남과 경쟁하기를 좋아하고 스스로 목표를 세워 실천한다.<br>- 유통/마케팅/인간관계론/심리학/경영학을 공부하면 좋다.<br>- 고객관리능력/패인분석능력/감성지수 등을 높여야 한다.<br>- 문과나 이과를 구분할 필요는 없지만 사회과학/인문과학이 잘 맞는다. |
| 유형-❸ 기획형 | - 20점 이상이면 기획과 조정분야에 적성이 있다고 할 수 있다.<br>- 잘 갖춰진 조직에서 새로운 일을 기획하는 능력이 있다.<br>- 리더가 될 기회가 있어도 자신의 아이디어를 실행하는 것을 더 좋아한다.<br>- 정보수집능력/정보분석능력/기획능력/창의력을 키워야 한다.<br>- 조직참모/기획실/이벤트기획/방송국/정치/홍보/출판 분야가 알맞다. |
| 유형-❹ 연구형 | - 20점 이상이면 연구/개발 분야에 적성이 있다고 할 수 있다.<br>- 혼자 있어도 외롭지 않고 인간관계에 크게 구애받지 않는다.<br>- 연구/개발에만 몰두한다고 해서 실험실에만 국한된 사고는 좋지 않다.<br>- 연구 결과를 사회 현실에 적용할 수 있는 능력을 길러야 한다.<br>- 물리/화학/기초의학/약리학/한의학/생리학/심리학/컴퓨터공학 쪽이 알맞다. |
| 유형-❺ 사무형 | - 20점 이상이면 사무분야 적성이라고 할 수 있다.<br>- 조직에 충실하고 상명하복(上命下服)에 적합하다.<br>- 다른 부서의 업무 파악은 물로 부서원과도 원만하게 의사를 소통해야 한다.<br>- 자신보다는 조직과 구성원을 고려하여 업무를 처리해야 한다.<br>- 컴퓨터/회계/조직관리/조직개발/리더십/커뮤니케이션에 쪽이 적합하다. |

http://my.netian.com/~zota/mytype.htm

▶ 모험심이란 어느 분야든 개척할 것이 많다고 보고, 그것을 끝없이 개선해 보려는 욕망이라고 할 수 있다. 따라서 모험심이 강한 사람은 항상 새로운 시도를 통해 새로운 것을 창조해 내는 반면, 모험심이 약한 사람은 현실에 안주함으로써 새로운 업적을 남기지 못한다.

▶ 다음 자료는 이런 모험심을 어느 정도 가지고 있는지를 알아보는 것이다. 따라서 문항에 대한 응답은 찬성/반대 정도를 9단계로 나누어 적어 넣으면 된다. 단 홀수 문항은 왼쪽에, 짝수 문항은 오른쪽 (　) 안에 써넣는다.

▶ 찬성/반대의 정도는 아래와 같이 한다.

← 적극반대————반대————보통————찬성————적극찬성 →

① 　② 　③ 　④ 　⑤ 　⑥ 　⑦ 　⑧ 　⑨점

## ✖ 문항

| | |
|---|---|
| (　) 1. 나는 내가 해야 할 일을 내일로 미루지 않고 즉시 해 치우는 형이다. | |
| 2. 나는 백일몽(공상)도 때로는 매우 유익하다고 생각한다. ⋯⋯⋯⋯⋯⋯⋯⋯⋯(　) | |
| (　) 3. 나와 관련된 도덕적 기준이나 가치는 반드시 내가 결정한다. | |
| 4. 나는 가끔 이성이나 성적인 공상을 곧잘 한다. ⋯⋯⋯⋯⋯⋯⋯⋯⋯⋯⋯(　) | |
| (　) 5. 나는 다른 사람의 기대를 저버림으로써 내 자유를 느낀다. | |
| 6. 나는 창의성은 인간만이 가지고 있는 위대한 특성이라고 생각한다. ⋯⋯⋯⋯(　) | |
| (　) 7. 나는 내 단점이나 약점을 잘 알고 있다. | |
| 8. 나는 일반적인 일처리 방식보다 새로운 방식을 선호한다. ⋯⋯⋯⋯⋯⋯⋯(　) | |
| (　) 9. 나는 내가 하는 일은 모두 성공적으로 수행해야 한다고 생각한다. | |
| 10. 나는 어떤 일이나 그에 적합한 해결 방식 있다고 생각한다. ⋯⋯⋯⋯⋯⋯(　) | |
| (　) 11. 나는 누가 뭐라고 하던지 내가 살아가는 방식으로 살아갈 자신이 있다. | |
| 12. 나는 일을 할 때 사람보다 아이디어를 더 중시한다. ⋯⋯⋯⋯⋯⋯⋯⋯(　) | |
| (　) 13. 나는 어려운 상황에 놓여도 그걸 잘 참고 견디는 능력을 가지고 있다. | |
| 14. 나는 사람은 서로 같은 점보다는 다른 점이 더 많다고 믿는다. ⋯⋯⋯⋯(　) | |
| (　) 15. 나는 다른 사람에게 내가 느낀 바를 분명하게 말하는 편이다. | |
| 16. 나는 위험을 감수하지 않으면 성공할 수 없다고 생각한다. ⋯⋯⋯⋯⋯⋯(　) | |
| (　) 17. 나는 살아가면서 생기는 어려운 문제들을 해결할 수 있는 능력을 가지고 있다. | |
| 18. 나는 보통 사람들보다 우수한 사람이라고 생각한다. ⋯⋯⋯⋯⋯⋯⋯⋯(　) | |
| (　) 19. 나는 다른 사람보다 뛰어난 사람이 될 자신이 있다. | |
| 20. 나는 다른 사람들을 즐겁게 하는 유머 능력을 가지고 있다. ⋯⋯⋯⋯⋯(　) | |
| (　) 21. 나는 내가 원하는 것과 가치 있는 것과 좋아하는 것을 얻기 위해 산다. | |
| 22. 나는 다른 사람들보다 새로운 아이디어를 많이 내는 편이다. ⋯⋯⋯⋯⋯(　) | |

(　　) 25. 나는 사람들에게 즐거움이나 이익을 주지 않아도 크게 개의치 않는다.

26. 나는 남의 어려움을 그리 크게 느끼지 않는 편이다. ··········································(　　)

(　　) 27. 나는 정의를 위해서는 우정을 버릴 수도 있다고 생각한다.

28. 나는 애매한 것 보다 분명한 것을 선호한다. ··············································(　　)

(　　) 29. 나는 결과에 억매이지 않으면서 자유롭게 일하는 형이다.

30. 나는 일할 때면 시간과 자아를 잊곤 한다. ··············································(　　)

(　　) 31. 나는 처음 보는 사람에게는 친절하게 대하지 않는 편이다.

32. 나는 발명가는 정치인보다 사회에 더 많이 봉사한다고 생각한다. ···················(　　)

(　　) 33. 나는 혼자서 나만의 비밀을 즐기는 편이다.

34. 나는 내 어린 시절이 무척 외로운 편이었다고 생각한다. ·····························(　　)

(　　) 35. 나는 적극적으로 내 의견을 주장하는 편이다.

36. 나는 일할 때 가끔 미치지 않았나 하는 생각도 한다. ·································(　　)

(　　) 37. 나는 내가 이루고자 하는 바를 위해서는 어떤 어려움도 참는 사람이다.

38. 나는 나를 다른 사람과 별로 다른 점이 없다고 본다. ·································(　　)

(　　) 39. 나는 자존심이 강한 사람이다.

40. 나는 무척 까다롭고 복잡한 사람이다. ··················································(　　)

(　　) 41. 나는 필요에 따라 가끔 남을 속이기도 한다.

42. 나는 다른 사람들로부터 끈기가 부족한 사람이라는 말을 곧잘 듣는다. ·············(　　)

(　　) 43. 나는 화가 나면 무엇이든 부셔버리고 싶은 충동을 느낀다.

44. 나는 깔끔한 정돈하기 보다는 좀 무질서한 편이다. ···································(　　)

(　　) 45. 나는 모르는 사람과 사귈 때 조금도 두려워하지 않는다.

46. 나는 새로운 환경을 도전의 대상으로 본다. ············································(　　)

(　　) 47. 나는 나의 실수를 솔직히 인정하는 편이다.

48. 나는 완벽주의이기보다는 오히려 적당주의에 속하는 편이다. ·······················(　　)

(　　) 49. 나는 다른 사람들을 미련하고 재미없는 존재라고 생각하는 경향이 있다.

50. 나는 쉽고 빨리 싫증을 내는 편이다. ··················································(　　)

(　　) 51. 나는 좋아하는 일에 미칠 때가 가장 행복하다.

54. 나는 다른 사람들보다 고집이 세다. ··················································(　　)

(　　) 55. 나는 성공했을 때보다 실패했을 때 오히려 마음의 부담을 덜 느낀다.

56. 나는 내 일을 내 힘으로만 하는 사람이다. ············································(　　)

왼쪽 점수 총점 (　　)　　　　　　　　　　　　　　　　　　오른쪽 점수 총점 (　　)

결과
알아보기

1. 왼쪽 문항의 점수와 오른 쪽 문항의 점수 총점을 낸다.
2. 왼쪽 총점은 수직 축 '모험심' 눈금에, 오른쪽 총점은 수평축 '창의성' 눈금 난에 표시한다.
3. 두 표시 점을 수직과 수평으로 연장했을 때 만나는 곳을 점을 찍는다.
4. 그 점에 있는 것이 자신의 적성이라고 본다.
   예를 들면 왼쪽 총점이 153점, 오른쪽 총점이 152점인 경우는, 두 직선이 만나는 곳은 '계획수립가' 난이 된다. 따라서 계획을 세우는 일에 적성이 있으므로 장래 직업을 선택할 때 이를 반영하면 된다.
4. 평소 자기 자신을 관찰했던 것과 비교해서 생각해 본다. 그리고 부모님의 생각도 들어 본다.

## ✖ 찾아보기

| 모험심 ↑ | | 28 | 52 | 77 | 102 | 152 | 177 | 212 | 222 | 252 |
|---|---|---|---|---|---|---|---|---|---|---|
| | 205 | | | | | | | | | 개혁·혁신가 |
| | 193 | | 모험가 | | | 실천·실행가 | | | | |
| | 187 | | | | | | | | | |
| | 181 | | | | | | | | | |
| | 175 | | | 중재자 | | | | | 종합 처리자 | |
| | 162 | | | | | | | | | |
| | 153 | | 단순근로자 | | | 계획 수립가 | | | | 공상가 |
| | 128 | | | | | | | | | |
| 모험심 | | 28 | 52 | 77 | 102 | 152 | 177 | 212 | 222 | 252 |

창의성          → 창의성

자료 : '진로' 임두순, 웅진출판, 1995.


102

▶ 다음은 적성을 7개 분야로 간략하게 알아 볼 수 있는 것이다. 문항은 7개의 영역으로 되어 있는데, 응답은 자신에게 '그렇다면 O표', '그렇지 않다면 X 표'로 응답한다.

▶ 정답이 있는 것이 아니므로 너무 오래 생각하지 말고 바로 바로 응답한다.

## ✖ 문항

### ① 언어와 설득 능력

1. 나는 내 생각을 말이나 글로 잘 표현한다. ································································( )

2. 나는 모르는 사람과 쉽게 말하고 사귄다. ·····························································( )

3. 나는 사람들 앞에서 연설을 잘 한다. ··································································( )

4. 나는 내가 믿는 바를 남이 믿도록 잘 설득한다. ·····················································( )

5. 나는 상대방에게 사물의 장면을 생생하고 정확하게 설명한다. ·······································( )

6. 나는 합의에 도달하는 방법을 알고 또 토론을 통해 의견을 잘 조절한다. ·····························( )

7. 나는 이야기를 통해 친구나 가족들의 언행에 큰 영향을 준다. ·······································( )

### ② 수리와 척도 해독력

1. 나는 숫자뿐인 자료를 계산기 없이도 빠르고 정확하게 처리한다. ····································( )

2. 나는 수학이나 과학처럼 숫자를 다루는 학과는 다른 과에 비해 잘 하는 편이다. ······················( )

3. 나는 문장으로 된 자료보다 숫자로 된 자료를 더 잘 이해한다. ······································( )

4. 나는 복잡한 계산이나 통계를 잘 처리하는 편이다. ··················································( )

5. 나는 업무 내용을 그림, 표, 그래프 등으로 나타내기를 좋아한다. ····································( )

6. 나는 길이, 무게, 부피에 대한 감각이 뛰어나고 예측도 잘한다. ·····································( )

7. 나는 숫자와 관련된 게임을 아주 좋아한다. ·························································( )

### ③ 논리와 추리력

1. 나는 조각 맞추기나 그림 배열하기 등의 퍼즐 게임을 잘한다. ········································( )

2. 나는 사물에 대한 의구심이 생기면 끝까지 캐 봐야 직성이 풀린다. ···································( )

3. 나는 친구와 토론을 할 때 논리적으로 뒤져 본 적이 없다. ···········································( )

4. 나는 어떤 문제나 사건이 발생하면 전후관계를 논리적으로 잘 따져 본다. ····························( )

5. 나는 사람들이 논쟁을 할 때 옳고 그름을 잘 판단한다. ··············································( )

6. 나는 복잡한 것을 단순화하거나 일반화하여 결론을 잘 이끌어 낸다. ··································( )

7. 나는 친구 간에 다툼이 생겼을 때 이를 잘 정리하고 조정한다. ·······································( )

### ④ 기계와 수공능력

1. 나는 기계나 공구를 이용하여 물건을 잘 만든다. ....................................................... (      )
2. 나는 수공 능력이 뛰어나 만들기나 조각을 잘 한다. ................................................. (      )
3. 나는 복잡한 기계나 물건을 잘 다룬다. ...................................................................... (      )
4. 나는 집안의 기계나 기구의 고장을 잘 찾아내서 고치는 편이다. ............................... (      )
5. 나는 나무나 진흙 등을 가지고 새로운 물건을 잘 만든다. .......................................... (      )
6. 나는 정신적인 작업보다 신체적인 작업을 더 잘 한다. ............................................... (      )
7. 나는 실내의 책상에서 하는 일보다 실외에서 육체적인 일을 더 좋아한다. ................. (      )

### ⑤ 과학적 사고와 창의력

1. 나는 미적 가치에 민감하여 예술품 등 창조적인 작업에 능숙한 편이다. ...................... (      )
2. 나는 일상적인 활동이나 일에서 나만의 독특한 것을 추구하는 편이다. ...................... (      )
3. 나는 기계나 물건의 작동 원리를 쉽게 알아낼 수 있다. .............................................. (      )
4. 나는 과학이나 물리 시간에 원리를 알아보는 실험을 좋아한다. ................................. (      )
5. 나는 늘 하던 방식보다 다소 엉뚱하더라도 새 방법을 찾으려 노력하는 편이다. ......... (      )
6. 나는 물건을 사면 분해해서 다시 조립하는 것을 자주 한다. ...................................... (      )
7. 나는 사물이나 사람에 대한 호기심이 많은 편이다. .................................................... (      )

### ⑥ 대인 관계

1. 나는 사회나 윤리과목과 같이 인간관계를 배우는 과목이 재미있고 성적도 좋다. ........ (      )
2. 나는 다른 사람들의 이야기를 잘 들어준다. ................................................................ (      )
3. 나는 다른 사람을 가르치거나 무엇을 설명하는 일을 잘하는 편이다. ......................... (      )
4. 나는 다른 사람들의 차이와 개성을 그대로 존중한다. ............................................... (      )
5. 나는 혼자서 일할 때보다 남과 같이 일할 때 더 잘한다. ............................................ (      )
6. 나는 다른 사람을 잘 믿는다. ..................................................................................... (      )
7. 나는 친구들과 다툰 경험이 거의 없다. ...................................................................... (      )

### ⑦ 형태 지각과 사무 지각

1. 나는 가구나 물건을 옮겨서 보기 좋게 배치하는 것을 잘하는 편이다. ........................ (      )
2. 나는 문자나 기호를 이해하고, 암기하는 것이 어렵지 않다. ...................................... (      )
3. 나는 친구의 의상이나 머리 모양이 바뀐 것을 비교적 빨리 파악하는 편이다. ............ (      )
4. 나는 무게, 부피, 면적, 거리를 계산하거나 비교하는 것을 잘한다. ............................. (      )
5. 나는 사물을 보고 짧은 시간에 그려도 그 특징을 잘 묘사한다. ................................. (      )
6. 나는 간단한 지도나 약도를 보고 길을 찾는데 능숙하다. .......................................... (      )
7. 나는 종이 접기나 로봇 조립 설명서를 이해하는 데 별 어려움을 느끼지 않는다. ........ (      )

| 영역 | ① 언어/설득 | ② 수리/척도해독 | ③ 논리/추리력 | ④ 기계/수공능력 | ⑤ 사고력/창의력 | ⑥ 대인관계 | ⑦ 형태/사무지각 |
|---|---|---|---|---|---|---|---|
| O표한 개 수 | | | | | | | |

1. 영역별로 O한 개수를 기록한다.

2. O표가 것이 가장 많은 것이 자신의 적성 분야라고 보면 된다.

3. 유형 별 특성과 관련 직업을 찾아본다.

4. 검사 결과는 자신을 이해하기 위한 방법 중 하나일 뿐이다. 따라서 이것만으로 진로를 정하는 것은 위험한 일이다.

〈중등학교 여학생용 진로지도 지침〉, 교육부, 2002.

## ✖ 유형별 특성과 관련 직업

| 유형 | 특성 / 관련 직업 |
|---|---|
| ① 언어/설득 능력 | • 정확한 의사소통을 위해 정확한 단어를 선택하고 어휘를 연상하며 문장의 뜻을 이해하고 의사를 발표하는 능력과 다른 사람을 설득하여 자기편으로 만들거나 상품이나 물건을 파는 능력을 말한다.<br>• 언어/설득능력은 사회 과학 분야에서 요구되는 적성으로 사회과학연구가, 평론가, 논설위원, 법조인, 아나운서, 기업가, 정치지도자 등의 직업에 적합하다. |
| ② 수리/척도해독력 | • 정확하고 빠르게 계산하는 능력 및 척도, 그래프, 차트, 계기 등을 신속, 정확하게 읽는 능력을 말한다.<br>• 이 능력은 대부분의 직업에서 필요한 기초적 능력이지만, 사무계통의 직업, 경리, 전산관련 직업, 과학 분야와 공업기술 분야 직업에서 특히 요구되는 적성이다. |
| ③ 논리/추리력 | • 논리적인 사고나 원리 추구를 통해 문제를 해결하는 능력을 말한다.<br>• 이 능력은 인문사회과학과 자연과학분야의 연구가, 엔지니어, 판검사, 논설가, 기자, 경찰직 등에 적합한 적성이다. |
| ④ 과학적 사고/창의력 | • 새롭고 독특한 방식으로 문제를 해결하고 아이디어를 내는 능력을 말한다.<br>• 이 능력은 거의 모든 직업에서 필요로 하는 것이지만, 특히 예술분야, 과학기술분야, 그리고 모든 연구 분야에서 요구되는 적성이다. |
| ⑤ 기계/수공 능력 | • 운동 감각의 정확성과 신속히 반응하는 능력과 함께 각종 기계 기구를 다루는 능력을 말한다.<br>• 이 능력은 전자공, 전기공, 인쇄공, 세공, 기계수리기술자, 조립기술자, 토목기술자 등 직업 분야에서 요구되는 적성이다. |
| ⑥ 대인관계 | • 다른 사람들과 더불어 살아가는 능력을 말한다.<br>• 이 능력은 의료, 교육, 종교, 사회사업, 상담, 보육, 레크리에이션 등 분야에서 요구되는 적성이다. |
| ⑦ 형태/사무 지각 | • 문자나 기호를 정확하고 신속하게 식별하고, 실물이나 도해를 정확하고 빠르게 비교, 변별하는 능력을 말한다.<br>• 이 능력은 정리, 서기 등 사무 분야와 도안, 디자인 등의 응용미술분야, 그리고 기타 기능 분야에서 필요한 적성이다. |

▶ 다음은 적성을 11가지 분야로 알아보는 것이다.

▶ 검사 방법은, ① 아래 문항에 따른 자신의 능력을 상, 중, 하로 나누어 3점, 2점, 1점으로 평점을 한 후, ② 그 평점을 유형별로 합계한다. ③ 그리고 가장 많은 점수가 나온 항목이 자신의 적성 분야라고 보고, ④ '적성과 진로(전공학과)' 표에서 해당 진로를 찾아본다.

▶ 이 검사 결과 또한 절대적인 것이 아니다. 그렇다고 전적으로 무시할 수 있는 것도 아니다. 따라서 여러 가지를 종합하여 진로를 결정하도록 해야 한다.

### ① 어문/인문 분야

| 문항 | 평점 | | |
|---|---|---|---|
| ① 나는 외국어에 대한 소질과 감각을 가지고 있다. | ③ | ② | ① |
| ② 나는 언어 현상을 논리적으로 분석하는 능력을 가지고 있다. | ③ | ② | ① |
| ③ 나는 언어 모형을 응용하여 이해할 수 있는 학습능력을 가지고 있다. | ③ | ② | ① |
| ④ 나는 치밀하고 꼼꼼한 성격으로 사물을 종합/분석하는 능력을 가지고 있다. | ③ | ② | ① |
| ⑤ 나는 평소 언어 현상에 대해 깊은 관심을 가지고 있다. | ③ | ② | ① |
| ⑥ 나는 학문 연구가 내 적성에 맞으며 끈기 또한 갖추고 있다. | ③ | ② | ① |
| ⑦ 나는 문학에 대한 깊은 애정과 함께 언어능력과 국제 감각도 갖추고 있다. | ③ | ② | ① |
| ⑧ 나는 외국의 역사와 문물을 우리 문화와 비교, 연구하는 일을 좋아한다. | ③ | ② | ① |
| ⑨ 나는 외국 어문학과 함께 그 나라의 역사, 철학, 사회과학에도 관심이 많다. | ③ | ② | ① |
| ⑩ 나는 문예 창작 능력을 가지고 있다. | ③ | ② | ① |

### ② 종교 분야

| 문항 | 평점 | | |
|---|---|---|---|
| ① 나는 진리를 삶 속에 구현해 보고자 한다. | ③ | ② | ① |
| ② 나는 신학의 모든 분야를 발전적으로 연구해 보려고 한다. | ③ | ② | ① |
| ③ 나는 종교의 복음 전도나 사회봉사를 좋아한다. | ③ | ② | ① |
| ④ 나는 기도하고 사색하고 명상하는 것을 좋아한다. | ③ | ② | ① |
| ⑤ 나는 불우한 사람을 도와주면 마음이 흡족하다. | ③ | ② | ① |
| ⑥ 나는 기독교의 사상과 윤리에 깊은 관심과 애정을 가지고 있다. | ③ | ② | ① |
| ⑦ 나는 종교의 교리나 이론을 몸소 실천하고 수행하는 것을 좋아한다. | ③ | ② | ① |
| ⑧ 나는 사회의 문제를 불교적으로 규명하고 개선하는데 관심이 많다. | ③ | ② | ① |
| ⑨ 나는 종교 이론을 가지고 사회 문제를 해결하는 것을 좋아한다. | ③ | ② | ① |
| ⑩ 나는 구도자의 입장에서 신과 인간의 관계를 밝혀 볼 생각이다. | ③ | ② | ① |

### ③ 사회/법정 분야

| 문항 | 평점 | | |
|---|---|---|---|
| ① 나는 문과 쪽이지만 이과의 속성도 지니고 있다. | ③ | ② | ① |
| ② 나는 논리적으로 생각하고 합리적으로 결론을 이끌어 내는 능력을 가지고 있다. | ③ | ② | ① |
| ③ 나는 언제나 바르게 판단하고 행동하려고 노력한다. | ③ | ② | ① |
| ④ 나는 내 생각을 말이나 글로 정확하게 표현하는 편이다. | ③ | ② | ① |
| ⑤ 나는 평소 정부의 조직, 역할, 기능 등에 관심이 많다. | ③ | ② | ① |
| ⑥ 나는 새로운 아이디어 창출에 남다른 감각을 가지고 있다. | ③ | ② | ① |
| ⑦ 나는 소비 심리학을 비롯해서 경제학, 사회학에 관심이 많다. | ③ | ② | ① |
| ⑧ 나는 국제 사회의 제반 문제에 대해 흥미와 관심을 가지고 있다. | ③ | ② | ① |
| ⑨ 나는 다양한 문화권의 사람을 잘 사귄다. | ③ | ② | ① |
| ⑩ 나는 외국어와 외국 문물에 깊은 관심을 가지고 있다. | ③ | ② | ① |

### ④ 상업/경영 분야

| 문항 | 평점 | | |
|---|---|---|---|
| ① 나는 사회 문제의 개선이나 시민에 대한 서비스를 좋아한다. | ③ | ② | ① |
| ② 나는 장차 시민을 위한 행정을 펼치고 봉사하는 직업을 갖고 싶다. | ③ | ② | ① |
| ③ 나는 활동적이고 사교적이어서 사람들과 잘 어울린다. | ③ | ② | ① |
| ④ 나는 희생정신이 강하고 서비스 정신도 많다. | ③ | ② | ① |
| ⑤ 나는 장차 세계를 무대 삼아 활동하고 싶다. | ③ | ② | ① |
| ⑥ 나는 새로운 사업을 만들어서 잘 운영해 보고 싶다. | ③ | ② | ① |
| ⑦ 나는 경영학에 관심이 많은 반면, 공학적 학습 마인드도 갖추고 있다. | ③ | ② | ① |
| ⑧ 나는 창의적이고 진취적인 반면, 분석적이고 기계수리 능력도 가지고 있다. | ③ | ② | ① |
| ⑨ 나는 사회 문제를 해결하는 일과 사회봉사에 많은 관심을 가지고 있다. | ③ | ② | ① |
| ⑩ 나는 정치, 경제, 사회, 문화, 종교 등 다양한 분야에 관심을 가지고 있다. | ③ | ② | ① |

### ⑤ 수학/자연과학 분야

| 문항 | 평점 | | |
|---|---|---|---|
| ① 나는 문과보다 이과 쪽 학문에 관심이 많다. | ③ | ② | ① |
| ② 나는 창의력과 함께 열린 학습 마인드를 가지고 있다. | ③ | ② | ① |
| ③ 나는 과학적 사고와 객관적 판단 능력을 가지고 있다. | ③ | ② | ① |
| ④ 나는 친구들보다 추리력과 논리적 사고력이 뛰어난 편이다. | ③ | ② | ① |
| ⑤ 나는 수학을 사랑하고 수학 문제 푸는 것을 좋아한다. | ③ | ② | ① |
| ⑥ 나는 컴퓨터 기기나 시스템을 다루는 일을 아주 좋아한다. | ③ | ② | ① |
| ⑦ 나는 수학, 물리, 지구과학 등에 남다른 흥미를 가지고 있다. | ③ | ② | ① |
| ⑧ 나는 지구환경과 생태계 문제에 관심이 많다. | ③ | ② | ① |
| ⑨ 나는 동물에 대한 애정과 친근감이 많은 편이다. | ③ | ② | ① |
| ⑩ 나는 사물의 구조를 이해하는데 필요한 객관적 추리력과 탐구력을 가지고 있다. | ③ | ② | ① |

## ⑥ 기술/공학 분야

| 문항 | 평점 | | |
|---|---|---|---|
| ① 나는 합리적인 생활공간을 만드는데 많은 관심을 가지고 있다. | ③ | ② | ① |
| ② 나는 다른 과목에 비해 수학과 과학 성적이 좋은 편이다. | ③ | ② | ① |
| ③ 나는 예술적 재능이나 미적 감각이 있는 편이다. | ③ | ② | ① |
| ④ 나는 수학, 물리, 화학 성적이 좋다. | ③ | ② | ① |
| ⑤ 나는 공동 연구에 필요한 협동심을 가지고 있다. | ③ | ② | ① |
| ⑥ 나는 세심한 주의력과 함께 탐구심도 많은 편이다. | ③ | ② | ① |
| ⑦ 나는 기계, 항공기, 선박, 전기, 전자 등에 흥미와 관심이 많다. | ③ | ② | ① |
| ⑧ 나는 새롭고 전문적인 방면에 도전해 보려는 마음이 강하다. | ③ | ② | ① |
| ⑨ 나는 수리력, 분석력, 관찰력이 우수하다. | ③ | ② | ① |
| ⑩ 나는 도시문제나 지역개발 문제에 늘 관심을 가지고 있다. | ③ | ② | ① |

## ⑦ 농/수산 분야

| 문항 | 평점 | | |
|---|---|---|---|
| ① 나는 동/식물의 채집이나 자연 관찰을 좋아한다. | ③ | ② | ① |
| ② 나는 사물을 객관적으로 분석하는 과학적 사고력이 있다. | ③ | ② | ① |
| ③ 나는 장차 농촌과 농민을 위해 일을 하려고 한다. | ③ | ② | ① |
| ④ 나는 다른 과목에 비해 생물, 물리, 화학, 수학 성적이 좋다. | ③ | ② | ① |
| ⑤ 나는 작물 재배에 필요한 끈기와 인내심이 많다. | ③ | ② | ① |
| ⑥ 나는 식물과 자연에 대해 친숙한 정서를 가지고 있다. | ③ | ② | ① |
| ⑦ 나는 자연과 농업에 깊은 호기심과 애정을 가지고 있다. | ③ | ② | ① |
| ⑧ 나는 농산 자원이나 생산품에 대해 늘 관심을 기울이고 있다. | ③ | ② | ① |
| ⑨ 나는 여러 가지 학문에서 필요한 이론만을 뽑아내는 능력이 있다. | ③ | ② | ① |
| ⑩ 나는 이론을 연구하고 적용하는 일을 좋아한다. | ③ | ② | ① |

## ⑧ 가정/아동 분야

| 문항 | 평점 | | |
|---|---|---|---|
| ① 나는 여권 신장과 여성 해방 운동에 많은 관심을 가지고 있다. | ③ | ② | ① |
| ② 나는 가정과 모성에 깊은 애정과 관심을 가지고 있다. | ③ | ② | ① |
| ③ 나는 가정을 합리적으로 운영하고 실용적으로 개선하는 일에 관심이 많다. | ③ | ② | ① |
| ④ 나는 남존여비 사상에 맞설 수 있는 진취적 행동력을 가지고 있다. | ③ | ② | ① |
| ⑤ 나는 가정 관리학을 비롯해 그 인접 학문까지도 좋아한다. | ③ | ② | ① |
| ⑥ 나는 아이들을 좋아할 뿐 아니라 심리적 친근감도 가지고 있다. | ③ | ② | ① |
| ⑦ 나는 아이들을 보육하고 교육하는 일을 유달리 좋아한다. | ③ | ② | ① |
| ⑧ 나는 미래의 주역인 어린이 육성에 대한 사명감을 가지고 있다. | ③ | ② | ① |
| ⑨ 나는 인류에 대한 애정이 남다른 편이다. | ③ | ② | ① |
| ⑩ 나는 어린이 보육에 필요한 인내력과 끈기를 가지고 있다. | ③ | ② | ① |

⑨ 의학/보건 분야

| 문항 | 평점 | | |
|---|---|---|---|
| ① 나는 내가 하는 일에 대한 도덕성과 사명감을 가지고 있다. | ③ | ② | ① |
| ② 나는 남을 섬기고 봉사하는 일을 좋아한다. | ③ | ② | ① |
| ③ 나는 정교하고 섬세한 도구를 잘 다룬다. | ③ | ② | ① |
| ④ 나는 원만한 대인 관계를 유지한다. | ③ | ② | ① |
| ⑤ 나는 긴급 상황에 침착하고 기민하게 대처할 수 있다. | ③ | ② | ① |
| ⑥ 나는 오랜 기간의 공부와 수련을 잘 견디는 성품이다. | ③ | ② | ① |
| ⑦ 나는 친구들에 비해 인류애가 많은 사람이다. | ③ | ② | ① |
| ⑧ 나는 생명의 고귀성과 존엄성을 최고의 가치로 여긴다. | ③ | ② | ① |
| ⑨ 나는 합리적이고 과학적인 사고방식을 가지고 있다. | ③ | ② | ① |
| ⑩ 나는 치밀한 관찰력과 세심한 주의력을 가지고 있다. | ③ | ② | ① |

⑩ 예술/체육 분야

| 문항 | 평점 | | |
|---|---|---|---|
| ① 나는 음악적인 소질과 감각을 가지고 있다. | ③ | ② | ① |
| ② 나는 악기 연주를 아주 좋아한다. | ③ | ② | ① |
| ③ 나는 동서양의 예술 탐구에 관심이 많다. | ③ | ② | ① |
| ④ 나는 인내심과 끈기가 있어 반복적인 레슨을 잘 견딘다. | ③ | ② | ① |
| ⑤ 나는 실용적인 것에 미적인 것을 결합시키는 응용미술에 관심이 많다. | ③ | ② | ① |
| ⑥ 나는 남다른 미적 감각과 창의력을 가지고 있다. | ③ | ② | ① |
| ⑦ 나는 예술성에 기술성을 접목시키는 작업을 하고 싶다. | ③ | ② | ① |
| ⑧ 나는 컴퓨터 조작 능력과 운영 환경에 익숙하다. | ③ | ② | ① |
| ⑨ 나는 예술적인 소양이 풍부하다. | ③ | ② | ① |
| ⑩ 나는 사물을 공간적, 조형적으로 파악하고 표현하는 능력을 지니고 있다. | ③ | ② | ① |

⑪ 교육 분야

| 문항 | 평점 | | |
|---|---|---|---|
| ① 나는 인간은 누구나 존엄하고 숭고한 존재라고 생각한다. | ③ | ② | ① |
| ② 나는 언제나 학생을 사랑하고 교육 현안에 관심이 많다. | ③ | ② | ① |
| ③ 나는 의사를 정확하게 표현하는 능력을 가지고 있다. | ③ | ② | ① |
| ④ 나는 사람을 가르치는 일을 아주 좋아한다. | ③ | ② | ① |
| ⑤ 나는 교직에 필요한 도덕성과 사명감을 모두 갖추고 있다. | ③ | ② | ① |
| ⑥ 나는 학문 연구와 전수에 대한 열정이 있다. | ③ | ② | ① |
| ⑦ 나는 모든 일을 근면 성실하게 수행하는 편이다. | ③ | ② | ① |
| ⑧ 나는 평생에 걸쳐 학습할 자세를 갖추고 있다. | ③ | ② | ① |
| ⑨ 나는 친구들에 비해 학구적인 편이다. | ③ | ② | ① |
| ⑩ 나는 어린이와 어울리는 일을 아주 좋아한다. | ③ | ② | ① |

## ✖ 적성과 진로(학과)

| 적성 분야 | 관련학과 |
|---|---|
| ①<br>어문/인문 | 국어국문학/네덜란드어학/노어노문학/독어독문학/루마니어학/말레이·인도네시아어학/몽골어학/미얀마어학/메트남어학/불어불문학/서어서문학/아랍어학/아프리카어학/언어학/영어영문학/유고어학/이란어학/일어일문학/중앙아시아어학/중어중문학/체코어학/태국어학/터키어학/포르투갈어학/폴란드어학/헝가리어학/고고인류학/독일어학/러시아어학/문예창작학/미국학/미학/민속학/북미학/사학/아랍학/아시아지역학/영미지역학/유럽학/일본학/중국학/프랑스학/한국학/히브리학 분야 등 |
| ②<br>종교/신학 | 기독교교육학/기독교복지학/기독교사회복지학/기독교상담학/기독교아동복지학/기독교아동학/기독교철학/목회실천학/선교학/불교학/불교아동학/선학/원불교학/술결학/국제교화학/대순종학/동양종교학/역경학/종교문화학/성서신학/통일신학/해외선교학 분야 |
| ③<br>사회/법정 | 광고홍보학/국제문화정보학/노년학/문헌정보학/문화재(보존)학/부동산학/북한학/사회복지학/사회사업학/사회학/신문방송학/심리학/아동학/언론(정보)학/지리학/지역(사회)개발학/지적학/청소년학/풍수지리학/경찰행정학/국제법무학/법학/정치외교학/행정학 분야 |
| ④<br>상업/경영 | 경영정보학/경영학/경제학/관광경영학/관광통역학/국제경영학/국제무역학/국제통상학/기업경영학/마케팅학/무역학/보험학/비서학/세무학/의료경영학/중소기업학/지식경영학/창업정보학/호텔(관광)경영학/회계학 분야 |
| ⑤ 수학/<br>자연과학 | 과학/수학/응용통계학/전자계산학/통계학/대기(환경)학/동물자원학/분자생물학/생명과학/생물학/유전공학/응용생명환경(화)학/지구과학/지질학/지구환경학/천문학/항공교통학/화학 분야 |
| ⑥<br>공학/기술 | 건축공학/고분자공학/공업화학/광학공학/금속공학/기계공학/도시공학/멀티미디어공학/메카트로닉스공학/무기재료공학/반도체공학/보석공학/사진정보학/생산가공학/섬유공학/세라믹공학/소프트웨어학/신소재(공)학/원자력공학/재료공학/전기공학/전자공학/전기재료공학/전자통신학/정보시스템(공)학/정보처리(공)학/정보통신공학/제어계측공학/조선공학/지리정보공학/컴퓨터공학/컴퓨터시스템학/토목공학/항공우주공학/항공운항학/화학공학/환경공학 분야 |
| ⑦ 농학/<br>수산/해양 | 농생물학/농학/식량자원학/식물자원학/식품공학/원예학/임산공학/임학/조경학/천연섬유학/축산학/기관공학/냉동공학/수산가공학/수산경영학/양식학/항해시스템공학/해양경찰학/해양생산학.해양학/해양환경공학 분야 |
| ⑧<br>가정/아동 | 가정관리학/가정복지학/보육학/소비자학/식품가공학/식품생명공학/식품영양학/의류학/아동복지학/영양자원학/외식산업학/패션디자인학 분야 |
| ⑨<br>보건/의학 | 의학/치의학/한의학/약학/한약학/수의학/간호학/건강관리학/물리치료(언어치료)학/의료보건행정학/보건학/임상병리학/재활학/직업재활학/환경보건학 분야 |
| ⑩<br>예/체능 | 관현악/교회음악/국악/기악/성악/실용음악/영상음악/음악학/작곡/피아노/한국음악/가구디자인/공업디자인/공예/도예/동양화/만화/멀티미디어디자인/미술평론/미술사/사진/산업디자인/서양화/실내디자인/응용미술/조소/컴퓨터그래픽디자인/회화/연극영화/영상예술/이벤트/경호학/골프학/레저스포츠학/무용학/바둑학/사회체육학/체육학/태권도학 분야 |
| ⑪<br>교육 | 교육학/사범대공학/사범대어문학/사범대예체능/사범대이학/사법대인문사회학/유아교육학/초등교육학/특수교육학 분야 |

어떤 사람이 도시에 으리으리하게 큰 집을 가지고 있었다. 그 집은 어찌나 유명했던지 일년 내내 구경꾼이 끊이지 않을 정도였다. 그런데 어느 날 밤, 그 집에 그만 불이 나고 말았다. 마침 그 집주인은 출타 중이어서 어떤 사람이 그에게 그 소식을 전해 주었다. "지금 당신의 집에 불이 났습니다." 그 말을 듣고 즉시 달려가 현장 본 주인은 너무나 큰 충격을 받아 눈물을 펑펑 쏟았다. 그의 가장 큰 보물이 그의 눈앞에서 불타고 있었기 때문이다. 그 때 그의 막내아들이 달려와 말했다. "아버지, 걱정하지 마십시오, 제가 어제 그 집을 팔았습니다. 어떤 부자가 그 집을 팔라고 하도 졸라대서 그만 팔았습니다. 그리고 그 집에 못지않은 다른 집도 계약했습니다." 순간 눈물이 멎고 웃음이 나왔다. 눈앞에서 집은 불타고 있었지만, 이제 더 이상 그의 집이 아니었기 때문이다. 이어서 막내아들이 말했다. "그런데 아버지, 우리가 그 집을 팔기로는 했지만 거래가 완전히 끝난 것은 아닙니다. 그 부자가 우리에게 돈을 지불하지 않은 상태입니다. 그리고 그 부자가 불을 질렀다는 의혹도 일고 있습니다." 그 말을 듣는 순간, 아버지의 눈에서 눈물이 다시 쏟아지기 시작했다. 그 집은 다시 그의 것이었고, 그래서 그는 커다란 슬픔에 빠졌기 때문이다. 그 때, 집을 산 사람이 마차를 타고 나타나 말했다. "걱정할 필요 없소. 나는 약속을 지키는 사람이오. 내가 그 집을 사기로 했다면 이미 그 집은 산 것이오. 계약금을 걸지는 않았지만 일단 계약을 했으니 그것으로 충분하오. 이제 나의 집이 불타는 것이오." 그러자 갑자기 눈물 대신에 웃음이 나오는 것이었다. 그 집이 이제는 더 이상 자신의 집이 아니었기 때문이다.

## 12

# 가치관에 따른 진로 알아보기

우리는 어떤 일이나 행동을 할 때에는 나름대로의 목적을 가진다. 그리고 그럴만한 가치가 있다고 생각했기 때문에 행동을 한다. 이처럼 '어떤 가치를 목적으로 하는 것'을 가치관이라고 한다. 이것이 직업일 경우는 '직업적 가치관'이 되는 셈이다. 예를 들면 어떤 사람은 돈을 많이 버는 것만이 가치 있는 일이라고 생각하는 사람이 있는가 하면, 또 어떤 사람은 학문적 성취만이 제일이라는 신조로 살아가는 사람도 있다. 이처럼 인간은 각자의 직업적 가치관에 따라 직업의 선택이나 진로 개척 방식이 달라진다.

그런데 이 직업적 가치관이 직업적 흥미와 혼동되는 경우가 더러 있다. 대개의 사람들이 일을 할 때에는 흥미를 느끼는 쪽으로 하는 경향이 많기 때문이다. 그러나 잘 살펴보면 흥미와 가치는 분명히 다름을 알 수 있다. 예를 들어 '이 일은 가치 있는 것이다'라고 생각하면, 비록 흥미가 없고 또 힘들고 위험하더라도 끝까지 해 내려고 하기 때문이다.

독일의 교육학자 스프랑거(Spranger)는 직업적 가치관을 6가지 유형으로 나누기도 했다.

1) 심미형 - 문화 예술을 최고라고 생각하는 형
2) 이론형 - 학문 연구나 진리 탐구를 목표로 삼는 형
3) 경제형 - 돈이나 재화가 인생의 최고 목표라고 생각하는 형
4) 종교형 - 신을 숭배하고 성스러운 구도자적인 삶에 가치를 두는 형
5) 봉사형 - 남을 돌보고 봉사하는데서 삶의 기쁨과 만족을 얻으려는 형
6) 권력형 - 권력과 지위로 남을 지배하는 것을 가치 있는 일이라고 믿고 행동하는 형

한 인간이 자신의 가치관을 행동에 옮기는 과정은 대개, ① 사물의 가치인식 단계, ② 가치 형성 단계, ③ 갈등/명료화 단계, ④ 가치 선택 단계, ⑤ 가치관의 존중과 확신 단계, ⑥ 행동화 단계로 거친다. 이 중에서 가장 힘든 과정이 갈등 단계이다. 예를 들면 이런 경우이다. 1) 가치 있는 일 여러 가지 중에서 하나를 선택해야하는 경우, 2) 자신이 싫어하는 것 중에서 하나를 고르지 않으면 안 되는 경우, 3) 가치 있는 일이긴 하지만 그 속에 장단점이 함께 들어 있는 경우, 4) 자신은 인문·사회과정을 선택하려고 하는데 부모는 자연·이공 과정을 선택하라고 하는 경우 등이다. 따라서 가치 갈등을 슬기롭게 극복하기 위해서는, 자신의 가치관을 바르게 이해하고 건전한 가치관을 정립해 두어야 한다.

▶ 다음은 자신의 가치관 유형과 관련 진로를 알아보는 것이다.

▶ 문항 별 평점은 아래와 같이 한다.

　– 어쩌다 그렇다면  1점　　– 가끔 그렇다면　2점　　– 반반이라면  3점

　– 흔히 그렇다면　4점　　– 언제나 그렇다면  5점

▶ 문항별 평점 합계가 가장 많은 것이 자신의 가치관 유형인 셈이다. 따라서 관련 진로
에서 자신에게 해당되는 것을 찾아보면 된다. 그러나 이 또한 절대적인 것은 아니다.
그러므로 평소 생각해 왔던 자신의 가치관과 잘 비교 검토해 본다.

| 문항 | 평점(5단계 ○표) |
|---|---|
| (1) 나는 역사에 대한 지식을 깊고 넓게 연구하는 것을 좋아한다. | ① ② ③ ④ ⑤ |
| (2) 나는 어느 분야에서든 최고의 지위를 가진 사람이 되고 싶다. | ① ② ③ ④ ⑤ |
| (3) 나는 아름다운 사물에 무한한 매력을 느낀다. | ① ② ③ ④ ⑤ |
| (4) 나는 예술 작품보다 돈이나 크고 화려한 집 같은 것을 더 선호한다. | ① ② ③ ④ ⑤ |
| (5) 나는 일반적으로 동정심이 많은 사람에 속한다. | ① ② ③ ④ ⑤ |
| (6) 나는 인생에는 돈/권력/명예보다 더 중요한 것이 있다고 생각한다. | ① ② ③ ④ ⑤ |
| (7) 나는 항상 새로운 것을 배울 수 있는 기회를 좋아한다. | ① ② ③ ④ ⑤ |
| (8) 나는 내 직장에서 가장 높은 지위에 오르고 싶다. | ① ② ③ ④ ⑤ |
| (9) 나는 집의 내부 장식이나 시설보다 주위 환경을 더 중시한다. | ① ② ③ ④ ⑤ |
| (10) 나는 값비싼 자동차 등 고급스런 생활 용품을 많이 가지려고 한다. | ① ② ③ ④ ⑤ |
| (11) 나는 다른 사람에게 도움이 되는 일을 하고 싶다. | ① ② ③ ④ ⑤ |
| (12) 나는 모든 사람들이 바르게 살도록 하는 일을 하고 싶다. | ① ② ③ ④ ⑤ |
| (13) 나는 책방에 가면 항상 신간 서적을 구입한다. | ① ② ③ ④ ⑤ |
| (14) 나는 내가 속한 집단을 책임지고 있다는 생각을 자주 한다. | ① ② ③ ④ ⑤ |
| (15) 나는 음악, 미술 등 예술적, 문화적 식견 쌓기를 좋아한다. | ① ② ③ ④ ⑤ |
| (16) 나는 성격에 맞는 배우자보다는 돈 많은 배우자를 택하고 싶다. | ① ② ③ ④ ⑤ |
| (17) 나는 아픈 사람을 간호하고 건강을 회복하게 하는 일을 좋아한다. | ① ② ③ ④ ⑤ |
| (18) 나는 죽은 후의 세계나 영혼불멸설 등에 관심이 많다. | ① ② ③ ④ ⑤ |
| (19) 나는 지식을 깊고 넓게 쌓는 것을 좋아한다. | ① ② ③ ④ ⑤ |
| (20) 나는 사람들을 마음껏 부릴 수 있는 권력적인 직업을 선호한다. | ① ② ③ ④ ⑤ |
| (21) 나는 학교에서 음악이나 미술 교육이 더 강화되어야 한다고 생각한다. | ① ② ③ ④ ⑤ |
| (22) 나는 유명회사 제품 등 명품을 아주 좋아한다. | ① ② ③ ④ ⑤ |
| (23) 나는 슬픈 글을 읽거나 비극적인 영화를 보면 눈물을 잘 흘린다. | ① ② ③ ④ ⑤ |

| | | | | | |
|---|---|---|---|---|---|
| (24) 나는 인간에게는 불생불멸하는 혼이 있다고 믿는다. | ① | ② | ③ | ④ | ⑤ |
| (25) 나는 인간의 언행을 이해할 수 있는 책들을 좋아한다. | ① | ② | ③ | ④ | ⑤ |
| (26) 나는 평사원이 아닌 사장이 되려고 한다. | ① | ② | ③ | ④ | ⑤ |
| (27) 나는 집안에 미술 작품을 걸어두고 감상하는 것을 아주 좋아한다. | ① | ② | ③ | ④ | ⑤ |
| (28) 나는 행복은 경제적인 뒷받침이 있을 때에만 가능하다고 믿는다. | ① | ② | ③ | ④ | ⑤ |
| (29) 나는 사람들을 보살피고 돕는 직업을 가지려고 한다. | ① | ② | ③ | ④ | ⑤ |
| (30) 나는 죄를 지으면 반드시 벌을 받아야 한다고 생각하는 사람이다. | ① | ② | ③ | ④ | ⑤ |
| (31) 나는 매일 매일 새로운 것이나 모르는 것을 배우려고 노력한다. | ① | ② | ③ | ④ | ⑤ |
| (32) 나는 모임의 일원이 되기보다는 그 모임의 우두머리가 되고 싶다. | ① | ② | ③ | ④ | ⑤ |
| (33) 나는 이 세상에 예술 작품이 없다면 끔찍할 것이라 생각한다. | ① | ② | ③ | ④ | ⑤ |
| (34) 나는 배우가 되면 우선 부자가 된다는 점이 마음에 든다. | ① | ② | ③ | ④ | ⑤ |
| (35) 나는 앞으로 사람들에게 도움을 줄 수 있는 책을 쓰려고 한다. | ① | ② | ③ | ④ | ⑤ |
| (36) 나는 모든 일을 깊이 있게 생각하기를 좋아한다. | ① | ② | ③ | ④ | ⑤ |
| (37) 나는 우주의 원리나 신의 존재와 같은 것에 관심이 많다. | ① | ② | ③ | ④ | ⑤ |
| (38) 나는 다른 사람에 비해 지도력이 많다고 생각한다. | ① | ② | ③ | ④ | ⑤ |
| (39) 나는 시간을 내서 아름다운 자연 풍경을 보는 것을 좋아한다. | ① | ② | ③ | ④ | ⑤ |
| (40) 나는 즐거운 직장도 좋지만 보수가 많다면 더 좋다고 생각한다. | ① | ② | ③ | ④ | ⑤ |
| (41) 나는 고민을 가지고 있는 친구를 보면 도와주고 싶어진다. | ① | ② | ③ | ④ | ⑤ |
| (42) 나는 명상하고 기도하는 것을 아주 좋아한다. | ① | ② | ③ | ④ | ⑤ |
| (43) 나는 다른 사람으로부터 유식한 사람이라는 말을 듣고 싶다. | ① | ② | ③ | ④ | ⑤ |
| (44) 나는 다른 사람의 지시를 받는 것을 아주 싫어한다. | ① | ② | ③ | ④ | ⑤ |
| (45) 나는 사물의 내면보다 외면이 더 중시하는 편이다. | ① | ② | ③ | ④ | ⑤ |
| (46) 나는 내 미래를 위해 투자할 많은 돈을 갖고 싶다. | ① | ② | ③ | ④ | ⑤ |
| (47) 나는 앞으로 돈을 많이 벌어 가난한 사람을 위해 기부할 생각이다. | ① | ② | ③ | ④ | ⑤ |
| (48) 나는 혼자서 조용히 사색을 하거나 묵상하기를 좋아한다. | ① | ② | ③ | ④ | ⑤ |

## ✖ 집계표

| 이론형 | | 권력형 | | 심미형 | | 경제형 | | 봉사형 | | 종교형 | |
|---|---|---|---|---|---|---|---|---|---|---|---|
| 번호 | 점수 | 번호 | 점수 | 번호 | 점수 | 번호 | 점수 | 번호 | 점수 | 번호 | 점수 |
| 1 | | 2 | | 3 | | 4 | | 5 | | 6 | |
| 7 | | 8 | | 9 | | 10 | | 11 | | 12 | |
| 13 | | 14 | | 15 | | 16 | | 17 | | 18 | |
| 19 | | 20 | | 21 | | 22 | | 23 | | 24 | |
| 25 | | 26 | | 27 | | 28 | | 29 | | 30 | |
| 31 | | 32 | | 33 | | 34 | | 35 | | 36 | |
| 37 | | 38 | | 39 | | 40 | | 41 | | 42 | |
| 43 | | 44 | | 45 | | 46 | | 47 | | 48 | |
| 계 | | 계 | | 계 | | 계 | | 계 | | 계 | |

## ✖ 관련 진로

| 유형 | 특징 | 관련 직업 |
|---|---|---|
| 이론형 | 학문 연구나 진리 탐구를 좋아하는 형 | 교사/평론가/교수/학자/이론가/연구가 |
| 권력형 | 권력, 정치, 지배를 좋아하는 형 | 정치가/군인/고급관료 |
| 심미형 | 음악, 미술 등 예술을 좋아하는 형 | 예술가/작가/디자이너/방송인 |
| 경제형 | 이익 추구를 최고 가치로 여기는 형 | 사업가/경제인/상인 |
| 봉사형 | 남을 사랑하고 봉사하는 형 | 사회사업가/교사/종교인 |
| 종교형 | 종교적 가치나 영혼을 추구하는 형 | 목사/승려/신부/종교인 |

〈진로지도 워크북〉 강재태/배종훈, 2000.

▶ 진로에 대한 가치관은 진로를 결정하는데 아주 중요한 요소 중 하나이다. 따라서 자신의 진로 가치관이 다음 9가지 유형 중 어느 것인지 알아본다.

▶ 알아보는 방법은 ① 아래 문항을 읽고 자신이 좋아하는 정도를 상, 중, 하로 나누어 3점, 2점, 1점으로 평점을 한 후 ② 그 평점을 유형별로 합계한 다음 ③ 가장 많은 점수가 나온 것의 관련 진로를 '유형별 관련 학과와 직업' 표에서 찾아보면 된다.

### ① 학문/탐구형

| 문항 | 평점 | | |
|---|---|---|---|
| ① 나는 학문에 대한 폭넓은 지식과 교양을 쌓는 일을 좋아한다. | ③ | ② | ① |
| ② 나는 지식을 하나씩 쌓아가는 것을 무척 좋아한다. | ③ | ② | ① |
| ③ 나는 인간의 행동을 논리적으로 밝히는 책들을 좋아한다. | ③ | ② | ① |
| ④ 나는 인간의 정신세계에 도움을 줄 수 있는 책을 쓰고 싶다. | ③ | ② | ① |
| ⑤ 나는 사물의 이치를 탐구하고 깊이 있게 생각하는 것을 좋아한다. | ③ | ② | ① |
| ⑥ 나는 다른 사람이 나를 지식인이라고 불러주면 기분이 좋아진다. | ③ | ② | ① |
| ⑦ 나는 내 방에서 혼자 나만의 과제를 가지고 생각하는 시간을 좋아한다. | ③ | ② | ① |
| ⑧ 나는 사물의 이치를 논리적 과학적으로 밝히는 일을 좋아한다. | ③ | ② | ① |
| ⑨ 나는 학문을 연마하고 탐구하는 일이 내 적성에 맞다고 생각한다. | ③ | ② | ① |
| ⑩ 나는 TV나 신문을 볼 때 책을 소개하는 프로나 기사를 주로 본다. | ③ | ② | ① |

### ② 독립/자주형

| 문항 | 평점 | | |
|---|---|---|---|
| ① 나는 혼자 하는 일을 좋아한다. | ③ | ② | ① |
| ② 나는 남의 간섭 없이 직접 하는 일을 좋아한다. | ③ | ② | ① |
| ③ 나는 내 방식대로 농사를 짓거나 장사하는 것을 좋아한다. | ③ | ② | ① |
| ④ 나는 새로운 것을 배울 수 있는 강연회 참석을 좋아한다. | ③ | ② | ① |
| ⑤ 나는 빌 게이츠같이 뛰어난 사업수완과 능력으로 사회에 공헌하기를 원한다. | ③ | ② | ① |
| ⑥ 나는 스스로 판단하고 스스로 행동하기를 좋아한다. | ③ | ② | ① |
| ⑦ 나는 규모가 크든 작든 내 맘대로 할 수 있는 사업을 좋아 한다 | ③ | ② | ① |
| ⑧ 나는 남다른 능력을 길러 응분의 대우를 받는 것을 좋아한다. | ③ | ② | ① |
| ⑨ 나는 번거로움이 없이 혼자서 처리하는 일을 좋아한다. | ③ | ② | ① |
| ⑩ 나는 연구실에서 다른 사람의 간섭을 받지 않고 혼자 일하는 것을 좋아한다. | ③ | ② | ① |

### ③ 진취/발전형

| 문항 | 평점 | | |
|---|---|---|---|
| ① 나는 신간 서적이나 색다른 내용의 책 구입을 좋아한다. | ③ | ② | ① |
| ② 나는 항상 새로운 것을 배우는 일을 좋아한다. | ③ | ② | ① |
| ③ 나는 인류 발전을 위해 끊임없이 개척하고 발전시키는 일을 좋아한다. | ③ | ② | ① |
| ④ 나는 자연의 보존보다 개발에 치중하는 정책을 좋아한다. | ③ | ② | ① |
| ⑤ 나는 변화에 적응하면서 삶을 꾸준히 발전시키는 일을 좋아한다. | ③ | ② | ① |
| ⑥ 나는 항상 새로운 사람이나 사물을 대하는 직업을 좋아한다. | ③ | ② | ① |
| ⑦ 나는 해외 토픽이나 기이한 사건을 접하는 것을 좋아한다. | ③ | ② | ① |
| ⑧ 나는 삶을 끊임없는 개선하고 발전시키는 일을 좋아한다. | ③ | ② | ① |
| ⑨ 나는 발전에 발전을 거듭하는 생활을 좋아한다. | ③ | ② | ① |
| ⑩ 나는 사물의 다양한 변화를 좋아한다. | ③ | ② | ① |

### ④ 사무/안전형

| 문항 | 평점 | | |
|---|---|---|---|
| ① 나는 공무원처럼 안정적인 직업을 좋아한다. | ③ | ② | ① |
| ② 나는 내일을 예측할 수 있고 또 확실한 미래를 좋아한다. | ③ | ② | ① |
| ③ 나는 힘든 직업 보다는 편안한 직업을 좋아한다. | ③ | ② | ① |
| ④ 나는 어렵고 복잡한 일보다 편안한 일을 좋아한다. | ③ | ② | ① |
| ⑤ 나는 직업 선택 요건 중 안정성을 제일 좋아한다. | ③ | ② | ① |
| ⑥ 나는 복잡한 것보다는 단순한 것을, 변화보다는 안정적인 것을 좋아한다. | ③ | ② | ① |
| ⑦ 나는 조용한 분위기에서 차분히 일하는 것을 좋아한다. | ③ | ② | ① |
| ⑧ 나는 규율이 잘 지켜지고 정해진 시간에 출퇴근하는 것을 좋아한다. | ③ | ② | ① |
| ⑨ 나는 과거의 결과인 오늘을 좋아한다. | ③ | ② | ① |
| ⑩ 나는 정년 연령이 높은 직업을 좋아한다. | ③ | ② | ① |

### ⑤ 예술/창조형

| 문항 | 평점 | | |
|---|---|---|---|
| ① 나는 우아하고 아름다운 물건 수집을 좋아한다. | ③ | ② | ① |
| ② 나는 음악이나 미술 등 문화적인 식견 쌓기를 좋아한다. | ③ | ② | ① |
| ③ 나는 학교의 음악과 미술 교육이 활성화되는 것을 좋아한다. | ③ | ② | ① |
| ④ 나는 집안에 예술 작품 걸어두기를 좋아한다. | ③ | ② | ① |
| ⑤ 나는 끔찍한 일 없이 아름다움만 있는 세상을 좋아한다. | ③ | ② | ① |
| ⑥ 나는 붉게 물든 저녁놀이나 장엄함 일출 광경 등을 아주 좋아한다. | ③ | ② | ① |
| ⑦ 나는 집의 내부 시설보다도 주위의 미적 환경이 아름다운 곳을 좋아한다. | ③ | ② | ① |
| ⑧ 나는 연극이나 영화를 자주 보는 편이고 음악회나 전시회도 좋아한다. | ③ | ② | ① |
| ⑨ 나는 도시의 환경 조각이나 쇼윈도의 예술적인 디스플레이를 좋아한다. | ③ | ② | ① |
| ⑩ 나는 신문 기사나 TV 프로 중에서 문화 예술 분야를 가장 좋아한다. | ③ | ② | ① |

### ⑥ 사회/종교형

| 문항 | 평점 | | |
|---|---|---|---|
| ① 나는 동정심이 많은 사람을 좋아한다. | ③ | ② | ① |
| ② 나는 돈이나 권력보다 남을 돕고 봉사하는 것을 좋아한다. | ③ | ② | ① |
| ③ 나는 다른 사람에게 직접적 도움이 되는 일을 좋아한다. | ③ | ② | ① |
| ④ 나는 다른 사람이 바르게 살도록 도와주는 일을 좋아한다. | ③ | ② | ① |
| ⑤ 나는 아픈 사람을 보살피고 간호하는 일을 무척 좋아한다. | ③ | ② | ① |
| ⑥ 나는 내세나 죽음 등에 대해 생각하는 것을 좋아한다. | ③ | ② | ① |
| ⑦ 나는 희극보다는 비극을, 대중소설보다는 문학성 높은 소설을 좋아한다. | ③ | ② | ① |
| ⑧ 나는 영혼 불멸설을 믿는 사람이다. | ③ | ② | ① |
| ⑨ 나는 다른 사람을 돕는 직업을 좋아한다. | ③ | ② | ① |
| ⑩ 나는 삶에서 죄를 지으면 천벌을 받는다는 인과응보 원리를 좋아한다. | ③ | ② | ① |

### ⑦ 상업/경제형

| 문항 | 평점 | | |
|---|---|---|---|
| ① 나는 예술 작품보다 크고 화려한 집을 좋아 한다 | ③ | ② | ① |
| ② 나는 값비싼 자동차나 가구를 좋아한다. | ③ | ② | ① |
| ③ 나는 성격에 맞는 배우자보다는 돈 많은 배우자를 좋아한다. | ③ | ② | ① |
| ④ 나는 유명 회사의 제품 사는 것을 아주 좋아한다. | ③ | ② | ① |
| ⑤ 나는 부유하고 넉넉한 경제적 뒷받침이 있는 삶을 좋아한다. | ③ | ② | ① |
| ⑥ 나는 돈을 많이 버는 연예인을 좋아한다. | ③ | ② | ① |
| ⑦ 나는 즐거운 직장도 좋지만 보수가 많은 직장은 더 좋아한다. | ③ | ② | ① |
| ⑧ 나는 장래를 위해 투자할 돈이 많은 것을 좋아한다. | ③ | ② | ① |
| ⑨ 나는 부유한 사람들에 대한 기사 읽기를 무척 좋아한다. | ③ | ② | ① |
| ⑩ 나는 돈과 물건을 아끼고 저축하는 일을 아주 좋아한다. | ③ | ② | ① |

### ⑧ 권력/지배형

| 문항 | 평점 | | |
|---|---|---|---|
| ① 나는 생각을 정확하고 조리 있게 남에게 전달하는 것을 좋아한다. | ③ | ② | ① |
| ② 나는 모임에서 대화의 주도권을 잡는 것을 좋아한다. | ③ | ② | ① |
| ③ 나는 집단을 이끌어 가고 책임지는 일을 아주 좋아한다. | ③ | ② | ① |
| ④ 나는 변호사보다는 검사나 판사를 좋아한다. | ③ | ② | ① |
| ⑤ 나는 평사원보다는 CEO가 되는 것을 좋아한다. | ③ | ② | ① |
| ⑥ 나는 모임의 일원이 되기보다는 책임자가 되는 것을 좋아한다. | ③ | ② | ① |
| ⑦ 나는 강력한 지도력을 가진 사람을 좋아한다. | ③ | ② | ① |
| ⑧ 나는 다른 사람에게 명령하고 지배하는 일을 좋아한다. | ③ | ② | ① |
| ⑨ 나는 정치/경제/사회/문화 어느 분야든 그 분야의 최고 지도자를 좋아한다. | ③ | ② | ① |
| ⑩ 나는 모임에서 화제의 주인공이 되는 사람을 좋아한다. | ③ | ② | ① |

## ⑨ 신체/운동형

| 문항 | 평점 |
|---|---|
| ① 나는 스포츠 중계라면 어느 것이나 좋아한다. | ③ ② ① |
| ② 나는 운동선수의 아름다움 몸매나 포즈를 무척 좋아한다. | ③ ② ① |
| ③ 나는 건강하고 힘 있고 아름다운 몸 가꾸기를 좋아한다. | ③ ② ① |
| ④ 나는 신바람 나게 운동하는 것을 무척 좋아한다. | ③ ② ① |
| ⑤ 나는 돈을 많이 버는 프로 선수를 아주 좋아한다. | ③ ② ① |
| ⑥ 나는 운동 신경이나 능력을 신장시키는 것을 무척 좋아한다. | ③ ② ① |
| ⑦ 나는 세계적인 운동선수라면 모두 좋아한다. | ③ ② ① |
| ⑧ 나는 친구와 만나면 주로 운동으로 시간 보내기를 좋아한다. | ③ ② ① |
| ⑨ 나는 스포츠 프로나 신문 기사를 아주 좋아한다. | ③ ② ① |
| ⑩ 나는 친구도 운동을 잘하는 친구를 더 좋아한다. | ③ ② ① |

1. 문항 별 점수 합계를 아래에 적는다.

| 문항번호 | ① | ② | ③ | ④ | ⑤ | ⑥ | ⑦ | ⑧ | ⑨ |
|---|---|---|---|---|---|---|---|---|---|
| 점수합계 | | | | | | | | | |

2. 가장 많은 점수가 나온 것이 자신의 가치관 유형이라고 보면 된다.

3. 따라서 다음 쪽 유형별 관련 학과와 직업 표에서 자신의 진로를 알아본다.

4. 유형별 관련 진로에 나온 것 외에도 많은 진로가 있을 수 있다. 따라서 평소 생각해 왔던 자신의 가치관과 진로와도 비교 검토해 본다.

## ✖ 유형별 관련 진로

| 하부 요인 | 관련 진로 | 관련 직업 |
|---|---|---|
| ①<br>학문/탐구형 | 자연과학계열/의학약학계열/의료보건계열/사회계열/법정계열/어문계열/인문계열 등 | 교수/의학자/과학자/우주공학자/철학자/어문학자/사회학자/심리학자/약사/화학자/지압사/수의사/호흡치료사/과학교사/의료공학자 등 |
| ②<br>독립/자주형 | 상업경영계열/법정계열/공과계열/농·수·축산계열/체육계열 등 | 농장경영/자영업/자동차정비사/정원사/용지관리인/배관공/경찰/목축업자/전기기술자/공학자/프로운동선수/언론인 등 |
| ③<br>진취/발전형 | 상업경영계열/법정계열/경찰학계열/체육계열 등 | 생활설계사/마케팅간부/여행사직원/부동산중개사/판매책임자/항공기승무원/구매인/농업관리인/치위생사/상점지배인/경매업자/식당지배인/원예업자/경찰 등 |
| ④<br>사무/안정형 | 상업경영계열/법정계열/공학계열/수산해양계열 등 | 부기사/은행원/의료기록인/공인회계사/상업교사/사무직원/신용관리사/식품서비스경영인/판매업자/가정관리사/행정비서/보험계리사/법정서기 등 |
| ⑤<br>예술/창조형 | 음악계열/미술계열/예체능계열/건축계열/외문학계열 등 | 건축가/상업디자이너/공업디자이너/탤런트/작가/작곡가/성악가/연주가/화가/무용가/전문저술가/영화감독/성우/에니메이터/사진작가/만화가/ 등 |
| ⑥<br>사회/종교형 | 사범계열/사회복지계열/심리학계열/종교학계열/특수교육학계열/간호학계열/아동가족학계열 등 | 어린이보육자/초중등학교교사/상담가/가정경제교사/공원책임자/체육교사/인사담당자/간호사/농산물중개인/물리치료사/종교인 등 |
| ⑦<br>상업/경제형 | 법정계열/상업경영계열/공학계열/의학계열/체육계열/세무계열 등 | 사업가/전문직/인테리어디자이너/항공기조종사/컴퓨터기기기술자/기계공학자/건축설계사/조경기술자/판매관리자/공인회계사/웹마스터/변리사/의사/항해사/관세사/운동선수 등 |
| ⑧<br>권력/지배형 | 인문계열/상경계열/법정계열/행정대학/체육계열 등 | 정치인/변호사/사업가/고위임직원/운동감독코치/군인/사회자/회사경영자/고급관리/법인관리인/종합관리자 등 |
| ⑨<br>신체/운동형 | 체육계열/무용계열/사회체육계열/레포츠계열 등 | 운동선수·감독/운동처방사/치어리더/사회체육지도자/스포츠지도자/에어로빅강사/스포츠센터경영인/댄스교사/레크리에이션지도자 등 |

▶ 가치관이란 사람들로 하여금 어떤 방식으로 행동하게 하는 원리, 믿음, 신념이라고 할수 있다. 따라서 가치관은 일단 형성되면 잘 변하지 않으며 비교적 오랫동안 지속된다. 또 이 가치관은 사람마다 다르기 때문에 그 사람을 이해하는 좋은 자료가 되기도한다.

▶ 따라서 자신이 어떤 직업적 가치관을 가지고 있는지 알아보는 것은 대단히 중요하다.

▶ 아래 생각해 볼 항목에 따라 평소 자신이 생각했던 바를 적어서, 자신의 가치관이 어떤 것인지 살펴본다.

| 생각해 볼 항목 | 생각한 것(추구하는 가치) |
|---|---|
| 지난 한 달 동안 내렸던 중요한 결정사항은 무엇이었나? | |
| 지금까지 살아오는 동안 가장 보람 있었던 일은 어떤 일이었는가? | |
| 최근 내가 이룬 것 중 가장 만족 할만 했던 것은? | |
| 지금 내 생활에서 변함없이 꾸준히 지키고 있는 것은? | |
| 나를 항상 화나게 하는 것은 어떤 일인가? | |
| 나는 행복을 어떤 것이라고 생각하면서 살아왔는가? | |
| 앞으로 꼭 성취하고야 말겠다는 각오로하는 임하는 일은 무엇인가? | |
| 만일 1주일 후 내가 죽는다고 한다면, 그 동안 무엇을 할 것인가? | |
| 만일 한 달 동안 내 마음대로 할 수 있다면무엇을 할 것인가? | |
| 10년 후 죽는다고 한다면, 과연 무엇을 남기고 갈 것인가 세 가지만 적어본다. | |

내 자신 알아 보기

▶ 아래 18가지 가치 항목에 대해 자신은 어떻게 생각하는지 적어 본다.

▶ 판단 정도는, 높은 가치라고 생각할 경우 '높다'에, 보통인 경우는 '중간'에, 가치가 없다고 생각하는 경우는 '낮다'에 ○표 한다. 그리고 그 이유까지 적어서 자신이 가치 있게 여기는 것이 무엇인지 알아본다.

| 가치 항목 | 가치 수준 | | | '높다/낮다'에 응답한 이유 기록 |
|---|---|---|---|---|
| | 높다 | 중간 | 낮다 | |
| ① 국가에 공헌 | | | | |
| ② 높은 학벌 취득 | | | | |
| ③ 잠재 능력의 개발 | | | | |
| ④ 학문적 성취 | | | | |
| ⑤ 부모 기대에 부응 | | | | |
| ⑥ 성취 욕구 충족 | | | | |
| ⑦ 자아실현과 보람 | | | | |
| ⑧ 사회에 공헌 | | | | |
| ⑨ 타인에 대한 사랑 | | | | |
| ⑩ 승진 욕구 충족 | | | | |
| ⑪ 자유에 대한 열정 | | | | |
| ⑫ 권력과 지위 획득 | | | | |
| ⑬ 여가 생활 즐기기 | | | | |
| ⑭ 경제적 보상 추구 | | | | |
| ⑮ 직업 안정성 추구 | | | | |
| ⑯ 타인에 대한 봉사 | | | | |
| ⑰ 사회적 안정 추구 | | | | |
| ⑱ 창의력 발휘 기회 | | | | |

www.desri.or.kr/jinro/plan/pba03.htm

▶ 직업적 가치의 종류에는 ① 돈/사회적 명예/권력/지위와 같이 밖으로 드러난 '외재적 가치'와, ② 일을 하면서 얻게 되는 정신적인 즐거움/보람/만족 등을 의미하는 '내재적 가치'가 있다. 따라서 어느 쪽에 목표를 두고 진로를 개발해 가는 것이 바람직한지 생각해 봐야 한다.

▶ 활동 자료-Ⅱ?Ⅲ의 내용을 바탕으로, 아래 문항을 읽고 자신의 가치관과 일치하는 것에 ○표해 본다.

▶ ○표한 것의 개수가 10개 이상이면, '내재적 가치'를 추구한다고 볼 수 있다. 따라서 모든 문항에 ○표가 나올 수 있도록 노력할 필요가 있다.

| 문항 | 응답<br>○ X |
|---|---|
| 1. 나는 내가 가진 능력과 정성을 다해 목표를 이루는 것을 좋아한다. | |
| 2. 나는 아무리 위험스러운 일이라도 열정적으로 도전해 보는 것을 좋아한다. | |
| 3. 나는 어느 집단이나 어떤 모임에서도 사람과 어울리는 것을 좋아한다. | |
| 4. 나는 항상 반짝이는 아이디어와 새로운 생각을 내놓는 것을 좋아한다. | |
| 5. 나는 사회적 명성과 사람들로부터의 칭찬을 아주 좋아한다. | |
| 6. 나는 내 인생의 동반자인 배우자는 훌륭한 사람이어야 한다고 생각한다. | |
| 7. 나는 어려운 때 대화하고 의지할 친구가 있어야 한다고 생각한다. | |
| 8. 나는 새로운 것을 배우고 정보를 수집하며 또 그것을 기록하는 것을 좋아한다. | |
| 9. 나는 내게 주어진 과제를 성공적으로 수행해야 한다고 늘 생각한다. | |
| 10. 나는 사물에 대한 태도를 분명히 하기 위한 종교적 신념이 있어야 한다고 생각한다. | |
| 11. 나는 사회에 어떤 어려움이 있어도 흔들림 없이 내 일에 몰두해야 한다고 생각한다. | |
| 12. 나는 목표 달성에 따른 경제적 보상이나 인정을 원한다. | |
| 13. 나는 노동의 대가로 경제적 보상을 충분히 받아야 한다고 생각한다. | |
| 14. 나는 내가 일한 만큼의 대가로 이루어진 부유한 생활을 원한다. | |
| 15. 나는 언제나 이웃과 함께 활동하는 것을 즐긴다. | |
| 16. 나는 예술 활동이나 감상을 통한 정신적인 풍요를 좋아한다. | |
| 17. 나는 열심히 일하고 나서 충분한 여가 시간을 가져야 한다고 생각한다. | |
| 18. 나는 땀 흘려 이룬 실적으로 다른 사람의 이목을 끄는 것을 좋아한다. | |
| 19. 나는 종종 혼자서 조용히 사색하고 명상하는 것도 하는 편이다. | |
| 20. 나는 사전에 잘 계획된 것에 따라 능률적으로 일하는 것을 좋아한다. | |

www.desri.or.kr/jinro/plan/pba03.htm

▶ 다음은 직업적 가치관 유형을 적은 것이다. 순위 난에 자신이 중요하게 여기는 가치관의 순서대로 순위를 적어본다.

▶ 1, 2, 3위에 해당 되는 직업이 무엇인지 찾아본다. 그리고 자신에게 적합한 직업이 어떤 것들인지 깊이 있게 생각해 본다.

| 가치관 유형 | 순위 |
|---|---|
| ① 능 력 형 - 자신의 능력을 발휘해서 일하고 성취하는 것에 가치를 둠 | |
| ② 변 화 형 - 단조롭지 않고 반복되지도 않으며 변화 있게 일하는 것에 가치를 둠 | |
| ③ 재 화 형 - 많은 돈과 재물을 버는 것에 가치를 둠 | |
| ④ 안 정 형 - 쉽게 해직되지 않고 오래 일할 수 있는 것에 가치를 둠 | |
| ⑤ 사 회 형 - 다른 사람이나 사회로부터 인정을 받는 것에 가치를 둠 | |
| ⑥ 지 도 형 - 선두에 서서 다른 사람을 이끌고 지도하면서 일 하는 것에 가치를 둠 | |
| ⑦ 협 동 형 - 사람들과 즐겁게 어울리고 협조하면서 일하는 것에 가치를 둠 | |
| ⑧ 봉 사 형 - 다른 사람을 돕거나 도움이 되게 일 하는 것에 가치를 둠 | |
| ⑨ 발 전 형 - 발전을 위해 끊임없이 공부하고 노력하는 것에 가치를 둠 | |
| ⑩ 창 의 형 - 모험을 좋아하고 아이디어를 많이 내서 일하는 것에 가치를 둠 | |
| ⑪ 자 율 형 - 상사의 명령이나 통제 없이 스스로 일하고 책임지는 것에 가치를 둠 | |

## ✖ 가치관별 해당 직업

① 능력형 - 변호사, 성악가(가수), 기악연주가, 일러스트레이터, 조각가, 만화가, 인테리어디자이너, 컴퓨터그래픽디자이너, 컴퓨터프로그래머, 항공우주공학자, 농공학자, 항공기조종사, 화학관련전문가, 컴퓨터기기기술자, 전기공학기술자, 전자/통신공학기술자, 산업공학자, 선박기관사, 재료공학자, 광산지질조사원, 원자구조연구원, 석유정제공학자, 건축설계기술자, 건축기술자, 조경기술자, 무용가, 운동감독 및 코치, 작가, 사진사, 애니메이터, 기자, 치과의사, 약사, 물리치료사, 수의사, 영양사, 경찰관, 판매관리자, 소방관, 웹마스터, 컴퓨터시스템분석가, 특수학교 교사, 시장조사분석가, 사회과학전문가, 외과의사, 내과/산부인과의사, 임상병리사, 중등학교교사, 투자분석가, 공인노무사, 운동선수 등

② 변화형 - 농업인, 초등학교교사, 유치원교사, 일러스트레이터, 만화가, 인테리어 디자이너, 컴퓨터그래픽디자이너, 항공우주공학자, 농공학자, 화학관련전문가, 전기공학기술자, 산업공학자, 선박기관사, 재료공학자, 재료공학기술자, 기계공학자, 광산지질조사원, 원자구조연구원, 석유정제공학자, 건축기술자, 운동감독/코치, 카피라이터, 사진사, 애니메이터, 기자, 여행안내원, 관광여행기획자, 생활설계사, 학예사, 판매관리자, 외과/내과/산부인과/임상병리사, 투자분석가, 공인노무사 등

③ 재화형 - 변호사, 인테리어디자이너, 항공우주공학기술자, 항공우주공학자, 항공기 조종사, 화학관련전문가, 컴퓨터기기기술자, 철도차량정비원, 재료공학자, 기계공학자, 광산지질조사원, 원자구조연구원, 석유정제공학자, 건축설계기술자, 건축기술자, 조경기술자, 치과의사, 약사, 물리치료사, 수의사, 항공교통관제사, 판매관리자, 감정평가사, 공인회계사, 웹마스터, 컴퓨터시스템분석가, 변리사, 법무사, 세무사, 외과/ 내과/산부인과/임상병리사, 항해사, 관세사, 투자분석가, 공인노무사, 항공기정비원, 운동선수 등

④ 안정형 - 초등학교교사, 유치원교사, 변호사, 컴퓨터프로그래머, 항공우주공학자, 화학관련전문가, 컴퓨터기기기술자, 전기공학기술자, 철도차량정비원, 기계공학자, 원자구조연구원, 건축기술자, 치과의사, 임상병리사, 약사, 수의사, 영양사, 항공교통관제사, 경찰관, 아동사회복지사, 의료사회사업가, 보험산정인, 손해사정인, 금형제조원(금속 /플라스틱), 금형제조원(목재), 인쇄/출판작업원, 사서, 소방관, 감정평가사, 상담가, 웹마스터, 컴퓨터시스템분석가, 특수학교교사, 시장조사분석가, 변리사, 법무사, 세무사, 외과/내과/산부인과/임상병리사, 중등학교교사, 관세사, 보육교사, 투자분석가, 공인노무사, 환경공학기술자 등

⑤ 사회형 - 변호사, 일러스트레이터, 항공우주공학자, 항공기조종사, 화학관련 전문 , 컴퓨터기기기술자, 전기공학기술자, 전자/통신공학기술자, 선박기관사, 재료공학자, 기계공학자, 원자구조연구원, 석유정제공학자, 건축기술자, 작가, 카피라이터, 기자, 약사, 수의사, 항공교통관제사, 손해사정인, 판매관리자, 공인회계사, 컴퓨터시스템분석가, 시장조사분석가, 변리사, 법무사, 외과/내과/산부인과/임상병리사, 항해사, 관세사, 투자분석가, 공인노무사, 운동선수 등

⑥ 지도형 - 농업인, 초등학교/유치원교사, 변호사, 항공우주공학자, 항공기조종사, 화학관련전문가, 컴퓨터기기기술자, 산업공학자, 선박기관사, 기계공학자, 광산지질조사원, 원자구조연구원, 석유정제공학자, 운동감독/코치, 조리사, 영양사, 항공교통관제사, 판매관리자, 부동산중개업자, 소방관, 공인회계사, 안경사, 외과/내과/산부인과/임상병리사, 중등학교 교사/보육 교사, 공인노무사, 영업사원 등

⑦ 협동형 - 항공우주공학자, 항공기조종사, 산업공학자, 원자구조연구원, 석유정제공학자, 운동감독/코치, 간호사, 방사선사, 임상병리사, 약사, 물리치료사, 조리사, 항공교통관제사, 생활설계사, 학예사, 판매관리자, 소방관, 공인회계사, 특수학교교사, 상품판매원, 안경사, 세무사, 외과/내과/산부인과/임상병리사, 항해사, 보육교사, 증권중개인, 운동선수 등

⑧ 봉사형 - 초등학교/유치원교사, 변호사, 메이크업아티스트, 치과의사, 간호사, 방사선사, 약사, 수의사, 이/미용사, 여행안내원, 영양사, 버스운전기사, 택시운전기사, 경찰관, 아동사회복지사, 의료사회사업가, 직업상담원/취업알선원, 사서, 장례지도사, 소방관, 상담가, 특수학교교사, 호텔종사원, 외과/내과/산부인과/임상병리사, 중등학교교사, 공인노무사 등

⑨ 발전형 - 대학교수/학자, 초/중등학교 교사, 특수학교 교사, 농업인, 성악가/가수, 기악연주가, 작곡가, 지휘자, 화가, 조각가, 무용가, 만화가, 작가, 사진작가, 기자, 의사, 약사, 수의사, 디자이너, 운동선수/감독/코치, 항공우주공학자, 화학관련전문가, 컴퓨터 관련 기술자, 전기전/자공학기술자, 산업공학자, 재료공학자, 원자구조연구원, 석유정제공학자, 건축설계기술자, 건축기술자, 조경기술자, 애니메이터, 웹마스터, 컴퓨터시스템분석가, 시장조사분석가, 사회과학전문가, 투자분석가, 공인노무사, 상담전문가 등

⑩ 창의형 - 농업인, 초등학교/유치원교사, 변호사, 성악가(가수), 기악연주가, 일러스트레이터, 조각가, 만화가, 메이크업아티스트, 인테리어디자이너, 컴퓨터그래픽디자이너, 컴퓨터프로그래머, 항공우주공학자, 농공학자, 화학관련전문가, 컴퓨터기기기술자, 전기공학기술자, 전자/통신공학기술자, 산업공학자, 선박기관사, 재료공학자, 기계공학자, 광산지질조사원, 원자구조연구원. 석유정제공학자, 건축기술자, 조경기술자, 무용가, 작가, 카피라이터, 사진사, 애니메이터, 기자, 물리치료사, 수의사, 학예사, 판매관리자, 상담가, 웹마스터, 컴퓨터시스템분석가, 사회과학전문가, 임상병리사, 중등학교 교사, 보육교사, 투자분석가 등

⑪ 자율형 - 농업인, 초등학교/유치원교사, 변호사, 일러스트레이터, 조각가, 만화가, 인테리어디자이너, 컴퓨터프로그래머, 항공우주공학자, 농공학자, 화학관련전문가, 컴퓨터기기기술자, 전기공학기술자, 전자/통신공학기술자, 산업공학자, 선박기관사, 재료공학자, 기계공학자, 광산지질조사원, 원자구조연구원, 석유정제공학자, 건축기술자, 조경기술자, 운동감독/코치, 작가, 사진사, 애니메이터, 치과의사, 물리치료사, 수의사, 이미용사, 바텐더, 영양사, 아동사회복지사, 의료사회사업가, 직업상담원 /취업알선원, 인쇄/출판작업원, 사서, 전기/전자제품수리원, 판매관리, 부동산중개업자, 상담가, 웹마스터, 컴퓨터시스템분석가, 특수학교교사, 시장조사분석가, 안경사, 외과/내과/산부인과/임상병리사, 항해사, 중등학교교사, 보육교사, 투자분석가, 공인노무사 등

http://keric.or.kr 〈강원도교육과학연구원〉 2002.

**쉬어가기**

취업 대란으로 대졸 출신자들의 상당수가 일자리를 찾지 못하고 있는 요즈음, 김광철이라는 젊은이의 진로 선택은 우리들에게 신선한 충격을 안겨준다. 그는 고등학교 3학년 때, '자신의 적성과 흥미만 확실히 알면 하루라도 빨리 그 길로 나가는 것이 상책'이라는 생각을 가졌다. 이미 그는 중학교 때부터 기계조립에 대단한 흥미를 가지고 있었다. 그래서 과감히 대학진학을 포기하고, 국비로 교육을 받을 수 있는 자동차 정비학원에 위탁 교육생으로 입소하였다. 첫 출근부에 도장을 찍는 순간부터 그는 피나는 노력으로 하루 8시간 실습으로 이어지는 어려운 10개월 과정을 수료하였다. 많은 사람들이 어렵고, 더럽고, 위험한 이른바 3D업종을 기피하는 오늘의 현실에서, 낮에는 기름 묻은 작업복으로 기술을 익히고 밤에는 이론 공부를 하여, 김광철 군은 마침내 '자동차 정비기능사 2급'과 '자동차 손해사정인 자격증'을 취득했다. 그는 자동차 정비학원을 졸업하자마자 자동차 사업소에 입사하여 6개월간의 수습과정을 마치고 정식 기능인으로서의 근무를 시작했다. 마음속에는 마흔 살까지 기필코 정비공장 경영자가 되겠다는 소망도 가지고 말이다. 중·고등학교 시절에 대학을 가야만 자신의 적성과 소질을 살릴 수 있다는 확신이 선다면 어떤 어려움이 있더라도 진학을 해야 할 것이다. 그러나 그렇지 않을 때는 과감히 진학을 포기하고 자신의 적성과 소질을 찾아야 할 것이다. 자기의 소질과 적성에 따라 하고 싶은 일을 열심히 하며 사는 것이 진정한 진로개발이 아닐는지?

오늘날 대부분의 학자들은 지능검사의 결과를 크게 신뢰하지 않는다. 왜냐하면 인간의 지능은 지필검사만으로 측정할 수 있을 만큼 단순하지 않기 때문이다. 오히려 피그말리온(Pygmalion) 효과(상아로 만든 여인 조각상을 사랑하는 피그말리온 왕의 정성에 감동하여, 아프로디테가 그 조각상에 생명을 불어넣어 주었다는 신화에서 비롯됨)에 더 많은 기대를 거는 편이다. 즉 어떤 과업의 성취도는 지능의 높고 낮음보다는, 그것에 기울이는 노력과 정성의 정도에 더 큰 영향을 받기 때문이다. 그렇다고 지능을 전적으로 무시할 수 있는 것도 아니지만……

따라서 다음과 같은 점을 알아 둘 필요가 있다. 지능검사란 훈련이나 학습의 영향을 받지 않고 성숙에 따라 일반적 경험의 소산으로 형성된 소질적 지적능력을 측정하는 검사로, 1) 어휘 적용/단어의 뜻과 그 용도를 적절히 가려내는 능력, 2) 언어 추리/언어로 표현되는 개념간의 관계를 분석/종합하여 표출하는 능력, 3)산수 추리/수량을 포함하는 문제 사태에서 수리적 관계를 분석/종합하는 능력, 4) 수열 추리/수의 나열에서 일정한 관계를 분석/종합하여 추출하는 능력, 5) 도형 추리/도형의 나열에서 일정한 관계를 분석/종합하여 추출하는 능력이다.

그래서 검사 결과를 활용할 때에는 이런 점에 유의해야 한다. 1) 지능 지수는 선천적/유전적 능력의 표시가 아니라 후천적으로 종합된 현재의 정신 능력을 표시한다. 2) 지능 검사에 사용되는 방법과 도구는 언어적 능력을 필요로 하는 부분이 많으므로, 언어적인 능력에 따라 달라질 수 있고, 문화가 다른 경우에는 신뢰성에 문제가 생긴다는 점에 유의해야 한다. 3) 지능 수준의 파악이나 성취도 파악 시 참고 자료로, 우수아?정박아의 판별 시 참고 자료로, 진학과 전공 학과 선택이나, 진로/직업의 선택 시 참고 자료 정도로 이용하는 것이 좋다.

▶ 아래 표에 자신의 지능과 성적을 기입한다.

▶ 그 결과를 가지고 지능과 직업, 다 지능 이론과 직업 표에서 해당 부분을 살펴본다.

▶ 검사 결과 나온 수치나 관련 직업은 절대적인 것이 아니다. 따라서 평소 자신이 생각해 왔던 것과 비교 검토해 보는 것이 중요하다. 그리고 아래 다 지능 이론과도 비교 검토해 보는 것이 좋다.

| 지능( IQ / ±10 ) | | | | 학업 성취도 | | |
|---|---|---|---|---|---|---|
| 지능 | 최저 지능 | 최고 지능 | 우수 영역 | 반 석차 | 학년석차 | 우수교과 |
| | | | 언어영역 : 어휘/문장이해/기억/언어추리<br>수리영역 : 수열/수식/계산<br>공간지각영역 : 도형분류/도형유추/도형종합 | | | |

## ✖ 관련 직업

| 단계 | 지능 | % | 일반적 특징 | 교육정도 | 관련 직업 |
|---|---|---|---|---|---|
| 최상 지능 | 131 이상 | 3 | 창조적/ 통솔적/ 전문적 직업 수준 | 대학에서 우수한 성적을 올릴 수 있는 능력 | 고급공무원(행정/사법/외교), 대학교수, 학자 |
| 상위 지능 | 130-118 | 10 | 행정/ 사업/ 지도 등에 적합한 지능 | 대학에서 평균 성적을 올릴 수 있는 능력 | 의사, 변호사, 저술가 외 - 고급 공무원, 공증인, 선장, 기관장, 공예기술자, 문예가, 공인회계사, 학교교원, 변리사, 간호사, 조산원 |
| 보통 지능 상위 | 117-108 | 18 | -소규모행정/지도적 직업에 적합한 지능<br>-추상능력을 요하는 직업<br>-고급/숙련기술 직업 | 고등학교/초급 대학을 마칠 수 있는 능력 | 고급경영자/고급기술자 - 도매업자, 기자, 속기사, 선박운전사, 기관사, 역장/역조역, 3급공무원, 집달리, 무선전신통신원, 사무원, 화가, 조각가, 음악가, 측량사, 신부, 승려, 목사, 농업지도자, 경찰관, 어업지도자, 공업지도자 |

| 보통<br>지능 | 107-93 | 38 | -숙련 기계 작업에 적합한 지능<br>-복잡한 추상적 능력을 요하는 작업에 부적합 | 중학교를 평균성적으로 졸업 할 수 있는 능력 | 각종 기능직(상급) - 조선공, 검사공, 시험공, 중개인, 주선인, 전기통신사, 회계사, 조경사, 기계공, 다듬질공, 조립공, 사진공, 피아노조율사, 제관인쇄공, 소매업자, 전화교환원, 부기사원, 타자수, 무용가, 화가, 목형공, 소방관, 사법서사, 고용원, 기관사, 전차운전사, 자동차운전사, 자수공, 차장, 양복재단공, 조련교사, 목공, 건공, 인판사, 기계(수선)공, 용접공, 프레스공, 역원, 양철공, 초자가공공, 연관공, 점원, 판매계, 장의사, 접골사, 배우, 사진기사, 사환, 정정공, 칠공, 잠수부, 이용사, 미용사, 간호사, 표구사, 안마사, 농부, 채탄공, 주물공, 제화공, 양재공, 제재공, 제련공, 보선공, 노점상인, 요리사, 제관공, 배달부, 집배원, 우송원, 행상인 |
| --- | --- | --- | --- | --- | --- |
| 보통<br>이하 | 83-92 | 18 | 행동적 작업 능력 | | 각종 기능직(중 · 하급) |
| | 71-82 | 10 | 행동적 작업 능력 | | 비교적 단순 기능직 |
| | 70 이하 | 3 | 단순 작업 능력 | | 단순 노무직 |

〈진로〉, 임두순, 1995.

### ✖ 다 지능 이론과 진로

우리는 똑똑하다고 하면 대부분은 어려운 수 계산이나 말을 조리 있게 하는 것을 생각한다. 그러나 미국 하버드대학교 가드너(Howard Gardner) 교수는 음악이나 운동에 재능이 있는 사람, 혹은 친구들 사이에 인기가 있는 사람들도 모두 지능이 뛰어나고 똑똑한 사람이라고 주장한다. 그는 이러한 다중지능이론(Multiple Intelligence)에서 8가지 지능을 이렇게 설명하고 있다.

① 언어적 지능이 뛰어난 아이들은 글 읽기/쓰기/이야기하기를 좋아한다.
② 수리/논리적 지능이 뛰어난 아이들은 수 놀이나 논리적인 패턴 파악하기, 분류하기 등을 좋아하고, 진략직인 게임과 실험을 즐긴다.
③ 시각 · 공간지능이 뛰어난 아이들은 그림이나 이미지로 생각하기를 좋아하고 그림 그

리기, 블록/퍼즐 놀이를 즐긴다.

④ 운동 지능이 뛰어난 아이들은 몸을 움직이기 좋아하여 운동이나 춤, 또는 공작에 흥미를 느낀다.

⑤ 음악 지능이 뛰어난 아이들은 음악의 리듬이나 높낮이, 멜로디에 민감하고 음악을 즐긴다.

⑥ 대인 지능이 뛰어난 아이들은 또래 친구들 사이에서 잘 어울리고 지도자 구실을 한다. 이들은 다른 사람의 기분이나 감정을 잘 이해하며 의사소통을 잘 한다.

⑦ 자기 이해적 지능이 뛰어난 아이들은 자신의 강점과 약점을 잘 알고, 기분이나 감정의 변화에 민감하며 자신을 잘 통제한다.

⑧ 자연 지능이 뛰어난 아이들은 자연/식물/동물을 관찰하고 비교/수집을 좋아한다.

• 지능 별 관련 요소/특기/교과

| 지능 | 관련 요소 | 관련 특기 | 관련 교과 |
|---|---|---|---|
| 언어적 지능 | 언어적 감수성/읽기/쓰기/말하기 | 문학/논술/어학 분야 | 국어/영어/제2외국어 |
| 논리/수학적 지능 | 문제해결력/계산 | 수학/과학/정보 | 수학/과학 |
| 공간적 지능 | 창작/예술적 디자인/구성 | 미술/건축 | 미술/기술 · 가정 |
| 음악적 지능 | 음악적능력/기악/성악/감상 | 음악분야 | 음악 |
| 운동적 지능 | 운동기술/무용/수공기능 | 체육분야/정보(컴퓨터) | 체육/기술 · 가정 |
| 인간관계적 지능 | 타인에 대한 이해/인간 관계(사회성)/지도성 | 특활/봉사활동 | 도덕/사회/국사 |
| 자기이해적 지능 | 자신에 대한 이해/목적의식/감정통제/행동통제 | 상담자격증 소지자/출결상황 우수자 | 도덕/교육학/심리학 |
| 자연주의적 지능 | 동물보호/식물보호/자연과학 | 동 · 식물애호가/동물사육사/자연보호 우수자 | 과학/환경 |

## 14

신장과 체중, 시력과 청력, 운동 신경과 근력, 폐활량과 지구력 등이 고루 발달된 사람은 어떤 일이든지 성공적으로 수행할 수 있다. 그러나 이 중 어느 하나라도 결함이 있으면 그와 관련된 일을 할 수 없다. 이처럼 신체 조건은 직업과 직접적인 관련이 있기 때문에 진로를 설계하기 전에 자신의 신체조건을 정확하게 알아야 한다. 예를 들어 색맹인 사람은 신호등의 색을 구분하지 못하기 때문에 운전하는 일에 부적합하다든지, 귀가 어두운 사람은 잘 듣지 못하므로 전화교환 업무를 원활히 수행할 수 없다든지, 키 작은 사람은 농구선수로서 부적합하다든지, 몸에서 냄새가 나는 사람은 남에게 혐오감을 주므로 서비스업에 부적합하다든지 시력이 약한 사람은 정밀 공업에 부적합하다든지 하는 것이다.

직업세계가 다양화, 평등화되어 가면서 이러한 신체적인 제약이 점차 완화되어 가는 추세이긴 하지만, 실제 취업 현장에서는 여전히 기피 대상이 되고 있다. 1988년 '남녀고용평등법'에 의해 채용, 보수, 승진, 해고, 퇴직 등 제도적 차별이 없어졌지만, 남녀의 신체 조건에 따른 차별은 여전히 존재하고 있다. 스튜어디스를 채용할 때 외적 용모를 중시한다든지, 근력을 요하는 직종에서 여성 근로자를 기피하는 것이 그 좋은 예이다. 물론 여성이 남성에 비해 근력이 약하긴 하지만 정보화의 진전에 따라 여성의 섬세한 주의력은 남성보다 유리할 때도 많다. 따라서 앞으로는 신체적 조건보다는 우수 인력의 확보와 기업의 경쟁력 제고라는 차원에서 이런 면이 개선되어야 할 것이다.

신체조건이란, 키, 팔다리 길이와 같은 체격 조건, 건강과 육체의 힘인 체력, 색맹이나 척추측만과 같은 신체적 장애 등을 말한다. 이런 신체조건은 노력이나 훈련에 의해 나아지고 고쳐지는 부분이 있는가 하면, 그렇지 않은 것도 있다. 물론 안경의 발달로 시력 때문에 제한을 받는 직업 영역이 줄어들고, 컴퓨터의 발달로 신체적 장애도 많이 해소되고는 있다. 그러나 신체조건은 직업과 밀접한 관계를 가지고 있기 때문에 자신에 대한 정확한 파악이 필요하다. 또한 신체조건에 따라 부적합한 직업도 미리 알아두어야 한다.

체력은 달리기/높이뛰기/멀리뛰기/오래달리기/윗몸 일으키기 등 체력이 우수할수록 직업적 성공 가능성이 높다. 또 민첩성도 좋지만 지구력은 직업에서 큰 장점이 되지만, 허약하거나 약한 체력은 취업 전에 반드시 보강해야 한다. 시력은 교정시력 1.0 이상이어야만 정상적인 직무 수행이 가능하며, 정신질환인 경우는 취업 전 완치해야 한다. 또 모든 질병은 의사와 상담 후 직업에 임해야 한다.

 ▶ 자신의 신체검사 결과를 기록하고 건강 상태를 점검 해 본 다음, 다음 쪽에서 자신에게 부적합한 직업이 무엇인지 알아본다.

▶ 또 자신의 시력과 직업의 관계도 살펴본다.

| 구분 | 체격 | | | 체질/체능 | | | 신체장애<br>(색맹/색약/빈혈/난청<br>/후각 장애/폐질환 등) | 건강상태<br>종합의견 |
|---|---|---|---|---|---|---|---|---|
| | 키 | 몸무게 | 가슴<br>둘레 | 시력 | | 기타부위<br>건강상태 | | |
| | | | | 좌 | 우 | | | |
| 상태 | | | | | | | | |

▶ 질병과 건강 점검 해 보기

① 빈혈로 고생한 적은 없는가?

② 자신이 건강하다고 생각하는가?

③ 관절이나 다른 신경 계통의 질환은 없는가?

④ 건강에 대한 자신의 평가와 다른 사람의 평가는 일치하는가?

⑤ 감기를 자주 걸리는 편인가? 걸렸다면 일 년에 몇 번 정도인가?

⑥ 밤을 새워 보았는가? 밤을 새웠다면 그 다음 날의 상태는 어떠했는가?

⑦ 직업 생활에 지장이 될 신체적 장애가 있는가? 있다면 어떤 것인가?

⑧ 질병을 앓아 본 적이 있는가? 있다면 어떤 질병으로 얼마 동안 앓았는가?

⑨ 폐활량은 어느 정도인가? 또 등산, 수영을 할 때 친구들과 비교해서는 어느 정도인가?


## ✖ 신체조건과 직업

| 신체조건 | 부적합한 일 | 부적합한 직업 |
|---|---|---|
| 신체 허약 | 강인한 체력을 필요로 하는 일 | 선박갑판원/철물압연공/주조공/단야공/광부/토공/<br>농업종사자/운반인부 |
| 근시 | 충분한 시력을 필요로 하는 일 | 정밀기계공/교통종사원/활판문선/식자공/인쇄공/인<br>쇄조각공/금은세공사/사진기술자 |
| 색맹 | 색을 명확히 구별해야 하는 일 | 화가/장식도안가/의사/교통종사원/염색공/색판제작<br>인쇄공/자수공/미술서예가/의사 |
| 난청 | 재해 위험이 있는 일이나 귀를 많이<br>쓰는 일 | 음악가/조율사/시계수리공/통신사/안내계/전화교환<br>수/판매원/교사/간호사/의사 |
| 발음 장애 | 말을 유창하게 해야 하는 일 | 교사/아나운서/정치가/세일즈맨/외교관/목사/카운<br>슬러/성악가 |

| 후각 장애 | 약품, 화장품, 요리와 관계된 일 | 약제사/요리사/화장품공/식료 · 향료취급상 |
|---|---|---|
| 폐질환 | 먼지/산/수증기/기호식품과 관계된 일 | 연마공/도금공/부식판공/식품상/향료취급상 |
| 심장병 | 재해/무거운 것 들기/서서하는 일 | 단조공/목수/주물공/피혁공/운반부/석공/미장공/배달부 |
| 피부병 | 산/부식품/기호품을 취급하는 일 | 화학공/염색공/피혁공 |
| 악취 | 손님접대 등 남에게 봉사하는 일 | 판매원/의사/이용사/간호사/교사/사환/외교원/수금원/요리사 |
| 손가락 장애 | 가구/음식물/기계 등을 취급하는 일 | 자수공/재봉공/직물공/제본공/도안가 |
| 각질/편편족/경련 | 서서하는 일이나 먼 길을 걸어야 하는 일 | 수금원/사환/매점원/배달부/이용사/기관사/식자공/주조공 |
| 신체 동작의 느림 | 위험/장애가 많은 일 (연습으로 동작이 빨라지면 제외) | 목수/미장공/옥외직/소방수/자동차운전기사/경마기수 |
| 간질 | 계단/중량/기계 등을 취급하는 일 | 기계운전/연통소제부 |
| 류마티스성 체질 | 옥상/수상/온도 변화가 많은 곳의 일 | 피혁공/어부/포목원/선원/세탁부/염색공/전차운전기사/도금세공/잠수부 |
| 탈 장 | 무거운 것을 드는 일 | 운반공/석공/미장공/단조공/목수 |

〈진로탐색 지도자료〉, 서울시교육연구원, 1991.

## ✄ 시력과 직업(대한안과학회 제공)

| 구분 | 적합한 직업 영역 | 적합한 직업 |
|---|---|---|
| 정상 색각 | 신호등 오인으로 다수인의 생명에 위해를 주는 업종 | -열차기관사/선장/항해사/철도노선(건널목 등)종사자/항공사(기장) 등 |
| 완전 색각 | 색깔 구분이 업무 추진에 중요하지만 다수인의 생명에 위해를 주지 않는 업종 | -화가/인쇄업/염색업 등 |
| 약도 색각 이상 | 엄밀한 색깔 구분 능력이 없어도 무리가 되지 않는 업종 | -자연계학자/병리검사기사/공예/유아원보모/초등학교교사/장교/경찰관/도장업/대형영업용·자동차운전기사 등 |
| 중등도 색각 이상 | 색깔 구분 능력이 어느 정도 관련이 있으나 업무추진에 지장이 없는 경우 | -의사/치과의사/수의사/약제사/간호사/제조/물리/조립공원/전기기사/사진사/조리사/중등학교교사/소형영업용·자동차운전기사 등 |
| 고도 색각 이상 | 색깔구분 능력이 업무 추진과 거의 상관이 없는 일 | -상업/농업/광업/건축업/토목업/공무원/사무직/운송선수/송교가/문필가/연예인/기자/무용가/음악가/기타 색채를 취급하지 않는 것 등 |

한 청년이 어느 날 밤, 천국에 간 꿈을 꾸었다.

고요한 골짜기, 떠오르는 황금빛 태양, 새들이 즐겁게 노래하는 가운데 그는 나무 그늘에 혼자 앉아 있었다. 주변의 모든 것은 너무나 아름다웠다. 하지만 잠시 후, 그는 배고픔을 느꼈다. 그래서 그는 소리쳤다.

"여보시오. 거기 누구 없소?"

그랬더니 아주 잘 생긴 남자 하나가 나타나서 말했다.

"제가 시중을 들어 드리겠습니다. 무엇이든 분부만 내려 주십시오. 그대로 해 드리겠습니다."

그래서 청년은 우선 먹을 것을 달라고 했다. 그러자 단 한 순간도 지체함이 없이 최고의 음식이 나왔다. 배불리 음식을 먹은 청년은 이내 잠이 들었다. 이후 모든 일들이 이런 식으로 계속되었다. 이렇게 무료한 날이 계속되자 청년은 무엇인가 일이 없을까 하고 시종을 불러 말했다.

"나는 일을 하고 싶소. 허구한 날 이렇게 할 일도 없이 지내다니 이거 어디 산다고 할 수 있는가?"

그러자 시종이 말했다.

"저는 무슨 일이든 다 해 드릴 수 있습니다. 그러나 그것만은 해 드릴 수가 없습니다, 저는 당신에게 일만은 시킬 수가 없단 말입니다. 여기서 그것은 불가능합니다. 그런데 이상하군요? 모든 것이 당장에 마련되는 마당에 무엇이 부족해 힘들게 일감을 찾으십니까?"

"나는 이제 신물이 난단 말이오. 무슨 일이든 하고 싶단 말이오. 아무 일도 없이 이렇게 빈둥거리며 지내게 하느니 차라리 날 지옥으로 보내주시오."

청년의 말이 떨어지자 시중은 하늘이 갈라지는 듯 큰 소리로 말했다.

"그럼 여기가 어딘 줄 아셨습니까?"그 소리에 청년은 잠에서 깨어났다. 그런데 그는 단순히 잠에서만 깨어난 것이 아니라, 삶이라는 또 하나의 꿈에서도 깨어났던 것이다.

## 15

종합 검사를 통해 진로 알아보기

사람은 자신이 정말로 좋아하는 일을 하게 되면, 그 일에 완전히 빠져 시간과 자아를 의식하지 못하는 상태에 놓인다. 즉 자신의 적성, 소질, 능력, 흥미에 딱 맞는 일에 하면 그것에 완전히 몰입하여 시간의 흐름이나 자아를 잊게 된다. 예를 들어 기막히게 재미있는 영화를 볼 때는, 우리는 그것에 완전히 빠져 시간의 흐름도 못 느끼고 재미있다는 의식도 없는 상태가 된다. 이처럼 사람은 자신이 진정으로 좋아하는 일을 하게 되면 모든 것을 잊고 '일이 사람이 하나(人事不二)' 상태에 놓인다. 이 때 일의 능률이 극대화되고 창의성이 꽃핀다. 왜냐하면 일체의 잡념이 없기 때문에 일에 전념하게 되고, 또 일체의 기존 관념이 없는 무아지경에서 전혀 새로운 생각이 생겨나기 때문이다. 그래서 사람들은 이런 체험을 하고 나서 가슴 뿌듯한 보람과 함께 행복감을 맛보게 된다. 따라서 진로를 선택할 때는 자신의 성격/흥미/능력에 맞는 것을 선택하는 것이 무엇보다 중요하다.

이 검사는 5가지 검사(성격유형/직업흥미(1 · 2)/능력/학습흥미)를 통해 자신에게 적합한 전공학과와 직업을 알아보는 것이다. 따라서 1) 차례로 응답을 한 후, 2) 결과를 집계하고 환산 등급을 낸 다음, 3) 조견표에서 자신의 전공학과와 직업을 찾아보면 된다.

그러나 검사 결과를 이용할 때에는 다음과 같은 점에 유의할 필요도 있다.

1) 모든 검사가 절대적인 것이 아니라는 점이다. 특히 지필 검사는 복잡한 인간의 내면을 간접적으로 검사하는 것이기 때문에 많은 한계점이 있기 때문이다.

2) 지필(紙筆) 검사의 한계를 인정해야 한다. 현재 나와 있는 모든 검사 도구는 인쇄물로 되어 있기 때문에, 정해진 시간 내에 문항을 읽고 이해한 다음 응답을 해야 한다. 예를 들어 적성검사인 경우 독해 능력이 낮은 학생은 높은 학생에 비해 점수가 낮게 나온다. 즉 적성도 낮게 나온다. 이는 실제 적성이 낮은 것이라기보다는 문항 이해력이 낮은 결과인 것이다.

3) 검사가 간접 측정 방법이긴 하지만 비교적 신뢰성이 높은 방법이라는 점 또한 인정해야 한다. 따라서 결과는 너무 믿어서도 안 되겠지만 너무 가볍게 보아서도 안 된다.

4) 결과는 실생활에 나타난 면과 연계하여 평가를 할 때 신뢰성이 높아진다. 따라서 피검자와 가까운 사람(친구/부모/담임교사 등)의 의견을 들어보는 것이 좋다.

5) 검사 결과는 자신을 이해하기 위한 아주 수단일 뿐이다. 따라서 지능지수가 150이니까 당연히 성적도 높을 것이라는 식의 판단은 옳지 않다.

▶ 이 검사는 성격 유형을 아래 7가지로 알아보는 것이다.
  – 유형 : ㉮ 정서안정성　　㉯ 사교성　　㉰ 적극적/활동성　　㉱ 면밀성
　　　　　 ㉲ 내구성　　㉳ 협조성　　㉴ 지도성

▶ 응답은 '자신의 성격이나 마음가짐에 맞거나 가까우면 ○ 난에', '전혀 맞지 않거나 멀면 × 난에', '어느 쪽도 아니면 △ 난에' ∨표 한다.

| 문항 | 응답 | | |
|---|---|---|---|
| | ○ | × | △ |
| 1. 나는 사람들로부터 불쾌한 일을 당해도 그것을 겉으로 나타내지 않는다. | | | |
| 2. 나는 여러 사람이 모인 곳에서도 당당하게 의사를 표현하는 편이다. | | | |
| 3. 나는 열정적이고 활동적이며 적극적인 것을 좋아한다. | | | |
| 4. 나는 일을 할 때 사전에 계획을 철저히 세우고 실행 전에 다시 검토한다. | | | |
| 5. 나는 일단 결정한 일은 어떤 어려움이 있어도 끝까지 해 나가는 편이다. | | | |
| 6. 나는 일단 결정된 사항은 내 생각과 다르더라도 순순히 따른다. | | | |
| 7. 나는 회의 할 때면 내 의견을 거침없이 발표하고 주장도 강하게 편다. | | | |
| 8. 나는 속상한 일이 있으면 말을 제대로 못할 뿐 아니라 우울해 지기도 한다. | | | |
| 9. 나는 말주변도 좋고 화제도 풍부해서 좌중의 분위기를 이끌어 간다. | | | |
| 10. 나는 막연하게 일을 구상하기에 앞서 먼저 실천에 옮기고 본다. | | | |
| 11. 나는 여행 출발 전에 계획을 세우고 준비물을 챙긴 다음 떠난다. | | | |
| 12. 나는 어려운 일에 직면하면 단념하기보다는 오히려 의욕이 솟는다. | | | |
| 13. 나는 사람들과 의견 충돌이 있어도 대립하거나 싸우지 않는다. | | | |
| 14. 나는 상대방의 입장에서 이해하고 양보한다. | | | |
| 15. 나는 첫 대면 자리에서도 스스럼없이 이야기하고 금방 친해진다. | | | |
| 16. 나는 상대가 싫은 사람이라도 폐를 끼치는 일을 하지 않는다. | | | |
| 17. 나는 스포츠를 관전하는 것보다 직접 뛰는 것을 좋아한다. | | | |
| 18. 나는 필요한 물품은 사전에 정보를 얻은 다음 구입한다. | | | |
| 19. 나는 내 뜻을 관철하기 위해 끝까지 설득한다. | | | |
| 20. 나는 철학적인 것이나 문학적인 것에 너무 빠져들지 않는다. | | | |
| 21. 나는 필요하다면 내 생각과 달라도 내 편으로 끌어들인다. | | | |
| 22. 나는 친구가 어려움을 당하면 마치 내일처럼 돕는다. | | | |
| 23. 나는 한 두 사람과 깊이 사귀는 것 보다 여러 사람과 폭넓게 사귀는 것을 좋아한다. | | | |
| 24. 나는 누가 시켜서 하기 보다는 솔선수범해서 일하는 편이다. | | | |
| 25. 나는 주변 사람의 주소, 전화번호는 메모해서 정리하는 습관을 갖고 있다. | | | |

| | | | |
|---|---|---|---|
| 26. 나는 모든 문제를 반드시 해결하고 넘어가는 편이다. | | | |
| 27. 나는 변화된 환경에 빨리 적응할 뿐만 아니라 남의 인정도 받는다. | | | |
| 28. 나는 알아서 처리하려던 일도 남의 지도나 도움을 받으면 싫어진다. | | | |
| 29. 나는 사소한 일에 쉽게 동요하지 않고 무시해 버린다. | | | |
| 30. 나는 대인 관계에 신경을 쓰고 화목을 위해 노력한다. | | | |
| 31. 나는 뜻하지 않은 시간과 장소에서 순간적인 아이디어가 종종 떠오른다. | | | |
| 32. 나는 일을 시작하기 전에 빈틈없이 계획을 세운다. | | | |
| 33. 나는 일단 마음먹으면 굽히는 일이 없어 고집이 세다는 평을 듣는다. | | | |
| 34. 나는 원만한 관계를 위해서라면 다소 희생할 수도 있다. | | | |
| 35. 나는 주위 사람들이 고민을 털어 놓고 의논하는 일이 종종 있다. | | | |
| 36. 나는 마음에 걸리는 일이 있으면 아무 일도 할 수 없다. | | | |
| 37. 나는 독단적으로 일을 처리하기보다 의논하고 절충하여 처리한다. | | | |
| 38. 나는 단체에 일이 생기면 스스로 나서서 떠맡는다. | | | |
| 39. 나는 세세한 것에도 지나치게 신경을 쓰는 편이다. | | | |
| 40. 나는 경험이 없는 일을 하더라도 당황하지 않고 능숙하게 처리한다. | | | |
| 41. 나는 일시적인 감정에 따라 행동이 바뀌는 일이 없다. | | | |
| 42. 나는 집단의 장이나 임원으로 추천 받으면 거절하지 않고 기꺼이 응한다. | | | |
| 43. 나는 싫어하는 일이라도 불평 없이 참고 해낸다. | | | |
| 44. 나는 잘못하는 사람을 보면 주의를 주는 편이다. | | | |
| 45. 나는 일단 결심하면 주저하지 않고 바로 실행에 옮긴다. | | | |
| 46. 나는 논리적으로 철저하게 따지고 생각하는 편이다. | | | |
| 47. 나는 목적을 위해서는 어떤 난관도 극복할 자신이 있다. | | | |
| 48. 나는 혼자서 하는 일보다 협동해서 하는 일을 좋아한다. | | | |
| 49. 나는 의리나 인정에 사로잡히지 않고 판단하는 편이다. | | | |
| 50. 나는 예민해진 신경 때문에 쉽게 잠들지 못해 고생한 적이 많다. | | | |
| 51. 나는 시간을 유용하게 쓰고 남은 시간은 폭넓은 대인관계에 쓴다. | | | |
| 52. 나는 언제나 장래에 하고 싶은 일이 생각난다. | | | |
| 53. 나는 이상보다는 현실적 여건을 고려하여 일을 처리한다. | | | |
| 54. 나는 사람들로부터 지나치리만큼 참을성 있고 끈기 있다는 평을 듣는다. | | | |
| 55. 나는 내 쪽에서 약속을 바꾸거나 어긴 적이 없다. | | | |
| 56. 나는 남과 이야기할 때 두뇌 회전이 빠른 편이다. | | | |
| 57. 나는 슬럼프에 빠졌을 때도 별 어려움 없이 극복하고 빨리 빠져 나온다. | | | |
| 58. 나는 여러 사람이 모인 자리에서는 분위기 조성에 힘쓴다. | | | |
| 59. 나는 새로운 분야에 호기심을 가지고 적극적으로 도전하기를 좋아한다. | | | |

60. 나는 충동구매는 낭비이기 때문에 싫어한다.

61. 나는 일이든 친구든 변화 없이 유지해 가는 편이다.

62. 나는 도움을 받으면 반드시 갚아야 직성이 풀린다.

63. 나는 무슨 일이든지 앞장서서 처리해야 직성이 풀린다.

64. 나는 즉흥적인 기분으로 즉시 결단을 내리는 경우가 있다.

65. 나는 남으로부터 결점을 지적당해도 아무렇지도 않게 여긴다.

66. 나는 새로운 방식은 즉시 받아들이는 진보적 타입이다.

67. 나는 다소 복잡하고 면밀함이 요구되는 일이라도 꼼꼼하게 처리한다.

68. 나는 한 가지 일에 빠지면 그것에 정신없이 몰두한다.

69. 나는 매사에 신중하여 다른 사람의 물건까지 챙겨준다.

70. 나는 남보다 한 발 앞서 가려는 마음이 강하다.

## ✖ 검사 Ⅰ의 결과처리

▶ ○은 2점, △은 1점으로 한다.

▶ 단 8, 22, 36, 41, 64번의 ✕는 2점, △는 1점으로 한다.

▶ 항목별로 점수를 합하여 득점합계 난에 기록한다.

▶ 득점합계를 가지고 아래 환산표에서 환산등급을 찾아 기록한다.

| 요인 | | 해당 문항 | | | | | | | | | | 득점합계 | 환산등급 |
|---|---|---|---|---|---|---|---|---|---|---|---|---|---|
| ㉮ | 문항 | 1 | 8 | 15 | 22 | 29 | 36 | 43 | 50 | 57 | 64 | | |
| | 득점 | | | | | | | | | | | | |
| ㉯ | 문항 | 2 | 9 | 16 | 23 | 30 | 37 | 44 | 51 | 58 | 65 | | |
| | 득점 | | | | | | | | | | | | |
| ㉰ | 문항 | 3 | 10 | 17 | 24 | 31 | 38 | 45 | 52 | 59 | 66 | | |
| | 득점 | | | | | | | | | | | | |
| ㉱ | 문항 | 4 | 11 | 18 | 25 | 32 | 39 | 46 | 53 | 60 | 67 | | |
| | 득점 | | | | | | | | | | | | |
| ㉲ | 문항 | 5 | 12 | 19 | 26 | 33 | 40 | 47 | 54 | 61 | 68 | | |
| | 득점 | | | | | | | | | | | | |
| ㉳ | 문항 | 6 | 13 | 20 | 27 | 34 | 41 | 48 | 55 | 62 | 69 | | |
| | 득점 | | | | | | | | | | | | |
| ㉴ | 문항 | 7 | 14 | 21 | 28 | 35 | 42 | 49 | 56 | 63 | 70 | | |
| | 득점 | | | | | | | | | | | | |

## ✖ 검사 I의 득점 환산표

| 요인 | | 환산등급 A | B | C | D | E |
|---|---|---|---|---|---|---|
| ㉮ | 정서/안정성 | 20~17 | 16~14 | 13~8 | 7~4 | 3~0 |
| ㉯ | 사교형 | 20~16 | 15~13 | 12~4 | 8~6 | 5~0 |
| ㉰ | 적극/활동성 | 20~17 | 16~14 | 13~8 | 8~5 | 4~0 |
| ㉱ | 면밀성 | 20~15 | 14~12 | 11~7 | 6~4 | 3~0 |
| ㉲ | 내구성 | 20~15 | 14~12 | 11~7 | 6~4 | 3~0 |
| ㉳ | 협조성 | 20~17 | 16~13 | 12~9 | 8~6 | 5~0 |
| ㉴ | 지도성 | 20~17 | 16~14 | 13~8 | 7~4 | 5~0 |

## ✖ 검사 I / 성격 유형별 특성

| 유형 | 특성 |
|---|---|
| ㉮ 정서 안정형 | • 이 유형은 자극에 동요됨이 없이 항상 기분이 안정되고 표정에도 큰 변화가 없다.<br>• 득점이 높은 사람은, 정서가 안정되고 감정 기복이 적고 결단력 있게 밀고 나간다. 그러나 변화에 둔감하고 무사태평이어서 반성하는 마음이 부족하기도 하다.<br>• 득점이 낮은 사람은, 섬세하고 기민하며, 주의 깊게 생각하고 치밀하게 행동하며 책임감도 강하다. 그러나 불안정하여 슬럼프에 잘 빠지고 자신감 결여로 결단력이 부족하며, 스트레스에도 약해 각별한 주의가 요구된다.<br>• 이 유형은 사람을 상대하는 일이나 의료 분야에 적합하다. |
| ㉯ 사교성 | • 이 유형은 사람과 교제를 통해 자신의 세계를 펼쳐 가는 유형으로, 고독을 참지 못하고 무의식적으로 사람의 인정을 받으려고 한다.<br>• 득점이 높은 사람은, 누구와도 친하고 명랑하며 비교적 솔직한 성격의 소유자다. 화제도 풍부해 첫 대면에서도 잘 사귀지만 표피적인 면이 있어 오래 지속되지 않기도 한다. 또 허물없는 태도로 대하다 보니 절도가 없어 말실수를 범하기도 한다.<br>• 득점이 낮은 사람은, 온순하고 예의바르며 침착하다. 적극성은 없지만 고독을 이기고 한 가지 전문적인 일에 몰두한다. 신경질적이고 사람을 지나치게 가려 사귀는 성향이 강해 절제가 요구된다.<br>• 이 유형은 문과에 적합한 성격이며 사교적인 직무에 적합하다. |
| ㉰ 적극적 활동형 | • 이 유형은 한 가지에 안주하지 않고 자유롭게 활동하며 변화를 추구하는 형이다.<br>• 득점이 높을수록 활발하고 즉흥적이며 도전 정신이 강하다. 일의 속도가 빨라 다소 경솔하고 정확성이 부족하지만 추진력은 뛰어나고, 기선을 잡는 행동도 곧잘 한다.<br>• 반대의 사람은 침착하고 신중하며 일 처리에 실수가 적으나 실패를 두려워하여 아주 소극적이다. 일의 숙달도 늦고 다소 게으른 인상도 풍길 수 있다. |

| | |
|---|---|
| ㉝<br>면밀형 | • 이 유형은 이론적이고 체계적인 사고를 하며 계획적인 생활습관 형이다.<br>• 이런 경향이 강한 사람은 너무 치밀하게 따지고 실천하기 때문에 융통성이 부족하고 추진력이 떨어지나 허점은 좀처럼 보이지 않는다.<br>• 반드시 말에는 행동이 수반되며 세밀하고 꼼꼼하다.<br>• 지나치게 자의식이 강하고 소극적이며 완고해서 이상에 빠지기도 한다.<br>• 득점이 높은 사람은, 이론적인 학문인 의학, 공학, 법학 등을 선택하면 좋다. |
| ㉞<br>내구형 | • 이 유형은 단조로운 일이라도 귀찮아하지 않고 오랜 시간 끝까지 해내는 지구력을 지니고 있다.<br>• 느긋한 성격으로 끈기 있게 일하므로 고독과 스트레스를 많이 받는다. 그러나 융통성이 없어, 중도에 일을 바꾸면 저항감을 느끼고 종전 방식을 고집하려 한다.<br>• 이 유형은 학업이나 사회생활에 적합하고, 특히 꼼꼼함을 요구하는 일에 적합하다. |
| ㉟<br>협조형 | • 이 유형은 집단서 능숙하게 적응하며 능력을 발휘한다. 따라서 다소 희생이 따르더라도 집단에 잘 융화/적응/협조한다. 그러나 주체성이 없을 때에는 종속적이기 쉽고, 타협에 의해 집단의 역할을 맡으려고 한다.<br>• 평등지향성이 강해 남과 대등하지 않으면 피해의식을 갖거나, 의존적이 되어 타인이 함께 행동할 것을 요구하기도 한다.<br>• 협조성이 강할 땐 책임지고 행동하나, 약하면 반항적이고 고립되기 쉽다. |
| ㊱<br>지도형 | • 이 유형은 모든 일에 솔선수범하며 사람들을 설득하고 이끌어 간다. 또 남 도와주기 좋아하고 상담도 잘 하며 사람의 마음을 읽는 능력이 우수하다. 그러나 남에 대한 간섭이 많고 소수 의견을 무시하며 강요도 잘 하며 자기중심적이기도 하다.<br>• 득점이 높은 사람은, 리더십이 강하고 사람을 차별하지 않으며 오래 사귀는 편이다. 따라서 이 유형은 관광안내원/정치가/교사/경영자에 적합하다. |

▶ 이 검사는 직업에 대한 흥미를 7가지로 알아보는 것이다.
　 – H대인적　　　 – T기계·기술적　　　 – B사무적　　　　　　 – C예술·창조적
　 – L언어적　　　　 – S사회·봉사적　　　 – R이론·연구적 흥미

▶ 응답은 흥미를 느끼고 해 보고 싶으면 ○ 난에, 흥미를 느끼지 않고  해 보고 싶지도
　 않으면  × 난에 ∨표 한다.

| 문항 | 응답 | |
|---|---|---|
| | ○ | × |
| 1. 사람들이 상품을 사도록 홍보하고 설득한다. | | |
| 2. 설계사가 되어 건물을 설계하거나 도시계획을 한다. | | |
| 3. 회사의 살림을 맡는 경리책임자가 된다. | | |
| 4. 기발한 착상으로 작곡이나 작사를 한다. | | |
| 5. 독서를 많이 하여 정보를 수집한다. | | |
| 6. 병실에서 환자를 돌보고 치료를 돕는다. | | |
| 7. 난치병을 치료하는 신약을 개발한다. | | |
| 8. 다양한 분야의 사람들과 접촉하여 안목을 넓힌다. | | |
| 9. 공작기계를 사용하여 정밀한 제품을 선보인다. | | |
| 10. 기업의 세무 회계를 맡아 처리한다. | | |
| 11. 자신의 미술 작품을 전람회에 출품한다. | | |
| 12. 대중 매체의 아나운서나 진행자가 되어 프로그램을 이끌어 본다. | | |
| 13. 문제 청소년의 선도에 주력한다. | | |
| 14. 과학적인 지식을 토대로 다가올 변화를 예측해 본다. | | |
| 15. 자유롭고 적극적인 방문 판매로 능력을 시험해 본다. | | |
| 16. 비행기 조종사가 되어 곡예비행을 펼쳐 보이고 싶다. | | |
| 17. 책의 목록을 정하고 도서 카드를 작성한다. | | |
| 18. 예술에 관한 정보를 얻기 위해 그 방면의 독서에 힘쓴다. | | |
| 19. 상품에 대한 사진 설명을 곁들인 카탈로그를 제작하고 홍보한다. | | |
| 20. 부모처럼 고아를 사랑으로 대해 준다. | | |
| 21. 사건의 진상이나 원인에 대해 철저히 규명한다. | | |
| 22. 사람들을 집으로 초대하여 대화하기를 즐긴다. | | |
| 23. 평소 자동차 정비에 신경을 써 사고나 고장에 대비한다. | | |
| 24. 업계 동향을 파악하고 정보를 수집한 후 투자한다. | | |
| 25. 작품을 극화하여 연극이나 영화를 총지휘하는 연출을 하고 싶다. | | |

| | | |
|---|---|---|
| 26. 습작 과정을 거쳐 자신이 쓴 시나 소설을 발표한다. | | |
| 27. 사회를 위하여 기꺼이 헌신한다. | | |
| 28. 인내심을 가지고 발명이나 연구에 몰두한다. | | |
| 29. 사교적인 모임에 참석하여 여러 분야의 사람을 두루 사귄다. | | |
| 30. 제품에 새로운 기능을 덧붙여 성능 향상에 힘쓴다. | | |
| 31. 평소 신문이나 잡지에서 필요한 기사를 스크랩 해 둔다. | | |
| 32. 기획이나 구상을 하여 창조적인 일을 한다. | | |
| 33. 문학인을 위한 동인지를 만들고 자신의 작품도 종종 싣는다. | | |
| 34. 사물의 이치를 규명하는 실제적이고 구체적인 일에 매달린다. | | |
| 35. 시간 나는 대로 보육원이나 고아원을 방문하여 친구처럼 놀아 준다. | | |
| 36. 사람을 상대로 일하거나 상담하는 일을 한다. | | |
| 37. 고장 난 기계를 수리하거나 전문적으로 부속을 분해하고 조립한다. | | |
| 38. 판매량을 조사하고 전표를 모아 수입액을 장부에 정리한다. | | |
| 39. 기능적이고 아름다운 가구나 인테리어 용품을 디자인한다. | | |
| 40. 기발한 광고 카피를 구상하여 신제품을 홍보한다. | | |
| 41. 사람들 고민을 듣고 적극적으로 상담에 임한다. | | |
| 42. 항상 새로운 정보에 관심을 가지며 전문잡지나 책도 많이 읽는다. | | |
| 43. 새로운 계약을 하거나 거래를 계속 유지하는 영업 사원으로 활약한다. | | |
| 44. 자사에 이익이 된다면 타사에서 신제품 설계도를 구해온다. | | |
| 45. 생산과 매출의 통계 자료를 작성하고 합리적인 생산 계획을 세운다. | | |
| 46. 글의 분위기에 적절한 여러 삽화를 그려본다. | | |
| 47. 히트할 수 있는 방송 극본을 직접 쓴다. | | |
| 48. 양로원을 방문하여 음식도 대접하고 즐겁게 놀아 준다. | | |
| 49. 인간의 심리와 행동 메커니즘에 관하여 연구하고 분석한다. | | |
| 50. 서비스 정신을 가진 점원이 되어 백화점이나 대형 슈퍼마켓에서 근무한다. | | |
| 51. 컴퓨터를 자유롭게 조작하고 새로운 기능을 터득한다. | | |
| 52. 시장조사의 결과를 보기 쉽게 도표화하고 정리하여 보고서를 작성한다. | | |
| 53. 전문적인 디자인 학원에서 이론과 실습을 기초부터 공부한다. | | |
| 54. 잡지나 단행본을 출판하기 위한 기획안을 짜고 편집한다. | | |
| 55. 재활용할 수 있는 물건을 팔아서 이익금을 복지재단에 기부한다. | | |
| 56. 세계 여러 나라의 민족 문화에 대한 관심을 가지고 연구한다. | | |
| 57. 새로운 모델을 전시하고 홍보하는 행사를 추진한다. | | |
| 58. 시설 안전물에 대한 사전 검사와 안전도를 측정하고 보수한다. | | |
| 59. 회계 보고서나 결산 보고서를 작성하는 일을 한다. | | |

| | |
|---|---|
| 60. 금속 공예를 배워 액세서리나 장식품을 직접 만들어 본다. | |
| 61. 테마 있는 여행으로 기행 르포를 쓰는 작가로 일한다. | |
| 62. 사회복지 기관에서 사회에 기여하는 일에 종사한다. | |
| 63. 우주선의 궤도 계산을 하는 등 과학 발전의 일익을 담당한다. | |
| 64. 관광 가이드가 되어 편안하고 인상적인 여행 추억을 제공한다. | |
| 65. 기술 전문 서적을 읽어 유능한 엔지니어가 되려고 힘쓴다. | |
| 66. 창의적인 아이디어를 발휘하여 새로운 일의 기획안을 짠다. | |
| 67. 박물관 관장으로 세계 미술품을 모아 전시한다. | |
| 68. 신문 칼럼을 쓰거나 기사의 교정을 보는 일을 한다. | |
| 69. 오지의 나라에서 자원 봉사자가 되어 사랑을 실천한다. | |
| 70. 경제발전이 사회 전반에 미치는 영향에 대해 이론적으로 연구하고 분석한다. | |

## ✖ 검사 II의 결과 집계

▶ 요인 별로 ○에 ∨표 한 갯수를 세어서 합계 난에 기록한다.

| 요인 | 문항 | 해당 문항 | | | | | | | | | | 합계 |
|---|---|---|---|---|---|---|---|---|---|---|---|---|
| H | 대인적 흥미 | 1 | 8 | 15 | 22 | 29 | 36 | 43 | 50 | 57 | 64 | |
| T | 기계 · 기술적 흥미 | 2 | 9 | 16 | 23 | 30 | 37 | 44 | 51 | 58 | 65 | |
| B | 사무적 흥미 | 3 | 10 | 17 | 24 | 31 | 38 | 45 | 52 | 59 | 66 | |
| C | 예술 · 창조적 흥미 | 4 | 11 | 18 | 25 | 32 | 39 | 46 | 53 | 60 | 67 | |
| L | 언어적 흥미 | 5 | 12 | 19 | 26 | 33 | 40 | 47 | 54 | 61 | 68 | |
| S | 사회 · 봉사적 흥미 | 6 | 13 | 20 | 27 | 34 | 41 | 48 | 55 | 62 | 69 | |
| R | 이론 · 연구적 흥미 | 7 | 14 | 21 | 28 | 35 | 42 | 49 | 56 | 63 | 70 | |

▶ 다음은 직업적 흥미를 알아보는 검사이다.

▶ 번호 별로 두 쌍(직업 1/2)의 직업을 비교하여, 장차 해 보고 싶은 것에 ○표 한다.

| 번호 | 직업 · 1 | 직업 · 2 |
|---|---|---|
| 1 | 설계기사 ·············· T | 편집인 ·············· L |
| 2 | 일러스트 ·············· C | 호텔종업원 ·············· H |
| 3 | 간호사 ·············· S | 은행원 ·············· B |
| 4 | 도서관사서 ·············· L | 이/미용사 ·············· H |
| 5 | 사회과학자 ·············· R | 신문기자 ·············· S |
| 6 | 인테리어 디자이너 ·············· C | 신문기자 ·············· L |
| 7 | 경리/회계사 ·············· B | 실험조수 ·············· T |
| 8 | 경제학자 ·············· R | 세무사 ·············· B |
| 9 | 이/미용사 ·············· H | 은행원 ·············· B |
| 10 | 제도사 ·············· T | 도예가 ·············· C |
| 11 | 사회복지 전문가 ·············· S | 스포츠 감독 ·············· H |
| 12 | 예술가 ·············· C | 공인회계사 ·············· B |
| 13 | 설계기사 ·············· T | 대학교수 ·············· R |
| 14 | 공예가 ·············· C | 직업상담원 ·············· S |
| 15 | 세무사 ·············· B | 시나리오 작가 ·············· L |
| 16 | 통역 ·············· L | 법률전문가 ·············· R |
| 17 | 세일즈맨 ·············· H | 건축기사 ·············· T |
| 18 | 초등학교 교원 ·············· S | X-ray기사 ·············· T |
| 19 | 르포라이터 ·············· L | 중/고등학교 교사 ·············· S |
| 20 | 관광 가이드 ·············· H | 연구소 연구원 ·············· R |
| 21 | 경제평론가 ·············· R | 예술평론가 ·············· C |
| 22 | 여행 가이드 ·············· H | 직업 상담원 ·············· S |
| 23 | 기획/조사원 ·············· B | 음악가 ·············· C |
| 24 | 자연과학자 ·············· R | 조경사 ·············· T |
| 25 | 카피라이터 ·············· L | 경리/회계원 ·············· B |
| 26 | 의사 ·············· S | 미술평론가 ·············· C |
| 27 | 약사 ·············· R | 스포츠평론가 ·············· L |
| 28 | 카레이서 ·············· T | 프로듀서 ·············· H |
| 29 | 측량기사 ·············· T | 기숙사 관리원 ·············· S |
| 30 | 증권 평론가 ·············· R | 비서 ·············· B |
| 31 | 영화감독 ·············· C | 자동차 정비사 ·············· T |
| 32 | 은행원 ·············· B | 회사원 ·············· H |

## ✖ 검사 II, III의 결과처리

▶ 검사 II의 득점합계를 아래 '검사 II의 득점 난'에 옮겨 적는다.

▶ ○표 한 영문자의 수를 세어서 '검사 III의 득점 난'에 적는다.

▶ 검사 II와 III의 득점을 합하여 합계 난에 적는다.

▶ 득점합계를 가지고 아래 환산표에서 환산등급을 찾아 기록한다.

| 요인 | 득점 | 검사 · II의 득점 | 검사 · III 득점 | 득점 합계 | 환산등급 |
|---|---|---|---|---|---|
| H | 대인적 흥미 | | | | |
| T | 기계 · 기술적 흥미 | | | | |
| B | 사무적 흥미 | | | | |
| C | 예술 · 창조적 흥미 | | | | |
| L | 언어적 흥미 | | | | |
| S | 사회 · 봉사적 흥미 | | | | |
| R | 이론 · 연구적 흥미 | | | | |

## ✖ 검사 II, III의 득점 환산표

| 요인 | 환산 등급 | A | B | C | D | E |
|---|---|---|---|---|---|---|
| H | 대인적 흥미 | 22~19 | 18~15 | 14~10 | 09~5 | 4~0 |
| T | 기계 · 기술적 흥미 | 22~19 | 18~15 | 14~11 | 10~6 | 5~0 |
| B | 사무적 흥미 | 22~18 | 17~14 | 13~09 | 08~4 | 3~0 |
| C | 예술 · 창조적 흥미 | 22~19 | 18~16 | 15~11 | 10~6 | 5~0 |
| L | 언어적 흥미 | 22~18 | 17~14 | 13~09 | 08~4 | 3~0 |
| S | 사회 · 봉사적 흥미 | 22~19 | 18~15 | 14~10 | 09~5 | 4~0 |
| R | 이론 · 연구적 흥미 | 22~18 | 17~14 | 13~09 | 08~4 | 3~0 |

## ✘ 검사 II, III의 직업흥미 유형별 특성

| 유형 | 특성 |
|---|---|
| H 대인형 | • 여러 사람을 상대로 상담, 상품판매, 서비스 제공에 적합한 흥미 유형이다.<br>• 사교적, 자주적 행동을 하므로 자기 관리를 합리적으로 한다.<br>• 관광가이드, 상담원, 호텔종업원, 판매원 등의 직업에 종사하면 성공가능성이 높다. |
| T 기계 기술형 | • 부품 조립과 분해 등 기계 조작 기술 방면에 소질이 있으며 꼼꼼하고 성실하여 맡은 일에 책임을 다하는 흥미유형이다.<br>• 이공 계열에 진학하여 전자, 기계 분야의 엔지니어, 자동차 정비사, 측량사 등의 직업에 종사하면 성공 가능성이 높다. |
| B 사무형 | • 조직의 기능이 원활하게 돌아갈 수 있도록 운영, 관리하는 쪽의 흥미 유형이다.<br>• 서류 정리, 정보의 전달 처리 등의 일이 적성에 맞아 집중력과 순발력이 요구된다.<br>• 문과 계열의 경상대, 법대에서 공부하여 은행원, 경리, 회계사, 세무사 등의 전문직에 종사하면 성공 가능성이 높다. |
| C 예술 창조형 | • 남이 생각해 내지 못하는 걸 해 내고 솜씨 있게 아름다움을 추구하는 흥미 유형이다.<br>• 풍부한 아이디어로 질적인 일을 하므로 자유로운 정신이 필요하다.<br>• 예술가, 디자이너, 일러스트레이터, 패션 · 광고 쪽 일에 적합하다. |
| L 언어형 | • 의사소통을 할 때 상대에게 개성적인 언어를 사용하는 흥미 유형이다.<br>• 감정에 솔직하고 감수성이 풍부하며 사물이나 현상의 상징 능력을 갖추고 있다.<br>• 문학, 어학 전공이 적합하며, 진로는 출판업이나 매스컴 쪽과 신문기자, 편집인, 르포라이터, 카피라이터, 작가도 적합하다. |
| S 사회 봉사형 | • 남을 돕는 일과 사회에 봉사하는 일에 사명감과 보람을 느끼는 흥미 유형이다.<br>• 협조성과 리더십이 뛰어나고 원만한 대인관계를 유지하며 많은 사람과 교류한다.<br>• 사회복지학과, 종교관련 대학, 의대, 사범대 진학이 유리하고, 사회복지사, 의사, 종교인으로 사회에 이바지하는 일에 적합하다. |
| R 이론 연구형 | • 합리적 사고와 지적 호기심이 강하여 이론적인 학문 연구에 적합한 흥미 유형이다.<br>• 배우고 체험한 내용을 다시 연구하여 문제를 제기하는 타입이다.<br>• 공학, 법학, 의학 전공이 적합하고, 연구직이나 전문직으로 진출하면 좋다. |

**검사 IV**

▶ 이 검사는 아래 4가지 능력 중 자신에게 어떤 능력이 있는지 알아보는 것이다.

  ㉠ 언어적 능력   ㉡ 수리적 능력   ㉢ 논리적 사고력   ㉣ 독창적 사고력

▶ 평점은 5단계로 나누어 아래와 같이 ∨표 한다.

  • 5점 - 적합하다                   • 4점 - 어느 정도 적합하다

  • 3점 - 어느 쪽이라고도 할 수 없다   • 2점 - 그다지 적합하지 않다

  • 1점 - 적합하지 않다

| 문항 | 평점(∨표) | | | | |
|---|---|---|---|---|---|
| | 5 | 4 | 3 | 2 | 1 |
| 1. 책을 읽고 나서 작가의 의도나 정신세계를 요약해서 말할 수 있다. | | | | | |
| 2. 복잡하고 어려운 수학 문제를 당황하지 않고 풀어낼 자신이 있다. | | | | | |
| 3. 혼란스러운 이야기를 간단하게 정리하여 설명할 수 있다. | | | | | |
| 4. 아이디어를 요하는 자리에서 번뜩이는 재치를 발휘하는 능력이 있다. | | | | | |
| 5. 수학문제를 풀어 답을 내는 것보다, 독후감을 쓰는 편이 더 낫다 | | | | | |
| 6. 응용 능력을 요하는 수학 문제를 푸는데 남보다 빠르고 정확하다. | | | | | |
| 7. 일을 체계적으로 처리하고 능률적인 편이다. | | | | | |
| 8. 자유분방한 사고로 고정관념에 사로잡히지 않는다. | | | | | |
| 9. 의견을 조리 있게 전달하여 상대를 빠르게 이해시킬 수 있다. | | | | | |
| 10. 수리에 뛰어나 전자계산기에 의존하지 않는다. | | | | | |
| 11. 해결사라 불릴 만큼 골치 아픈 일도 요령껏 빠른 속도로 해 치운다. | | | | | |
| 12. 새로 만들어 내는 것에 기쁨을 느끼고, 스스로 아이디어맨이라고 생각한다. | | | | | |
| 13. 밖에서 친구들과 어울리는 것보다 독서를 좋아하고 독서량도 많다. | | | | | |
| 14. 잡지의 퍼즐이나 퀴즈는 일부러 찾아 풀만큼 좋아한다. | | | | | |
| 15. 여러 자료를 참고하고 정보를 요하는 과제도 귀찮아하지 않는다. | | | | | |
| 16. 독자적이고 진기한 발상을 해 사람들을 종종 놀라게 한다. | | | | | |
| 17. 한 번 들은 이야기는 각색해서 더 재미있게 들려줄 자신이 있다. | | | | | |
| 18. 공간 지각력이 뛰어나 한 번 가본 곳은 헤매지 않고 찾는다. | | | | | |
| 19. 흥분하지 않고 이치를 따져 말을 하므로 시비에서 져 본적이 없다. | | | | | |
| 20. 같은 옷으로도 분위기를 달리하고 변화를 주어 센스 있다는 평을 듣는다. | | | | | |
| 21. 속담이나 격언 고사 성어 등의 의미를 잘 알고 어휘력도 풍부하다. | | | | | |
| 22. 설명식 문구보다 도표나 그래프가 훨씬 이해하기 쉽다. | | | | | |
| 23. 논리적인 화제에서도 뒤처짐 없이 흥미롭게 대화한다. | | | | | |
| 24. 실재적인 것을 단순화하는 도안보다, 기하학적/추상적인 것의 도안을 더 잘한다. | | | | | |
| 25. 문장력이 뛰어나 작문 시간이 기다려질 정도이다. | | | | | |
| 26. 모형을 조립하거나 도형의 전개도를 그리는 데 어려움이 없다. | | | | | |
| 27. 활동적이고 실용적인 것 보다 형이상학적이고 관념적인 것에 관심이 많다. | | | | | |
| 28. 현상이나 사물에 대해 한 발 물러서서 넓은 시야를 가지고 보는 편이다. | | | | | |

PART 2

내 자신 알아 보기

147

## ✖ 검사 Ⅳ의 결과 집계

▶ 요인별 점수를 합하여 합계 난에 기록한다.

▶ 득점합계를 가지고 아래 환산표에서 환산 등급을 찾아 기록한다.

| 구분 | | | 해당 문항 | | | | | | | 득점합계 | 환산등급 |
|---|---|---|---|---|---|---|---|---|---|---|---|
| ㉠ | 언어적 능력 | 번호 | 1 | 5 | 9 | 13 | 17 | 21 | 25 | | |
| | | 득점 | | | | | | | | | |
| ㉡ | 수리적 능력 | 번호 | 2 | 6 | 10 | 14 | 18 | 22 | 26 | | |
| | | 득점 | | | | | | | | | |
| ㉢ | 논리적 사고력 | 번호 | 3 | 7 | 11 | 15 | 19 | 23 | 27 | | |
| | | 득점 | | | | | | | | | |
| ㉣ | 독창적 사고력 | 번호 | 4 | 8 | 12 | 16 | 20 | 24 | 28 | | |
| | | 득점 | | | | | | | | | |

## ✖ 검사 Ⅳ의 득점 환산표

| 능력 요인 \ 환산 등급 | | A | B | C | D | E |
|---|---|---|---|---|---|---|
| ㉠ | 언어적 능력 | 35~28 | 27~22 | 21~15 | 14~11 | 10~07 |
| ㉡ | 수리적 능력 | 235 28 | 27~22 | 21~15 | 14~11 | 10~07 |
| ㉢ | 논리적 사고력 | 35~28 | 27~22 | 21~15 | 14~11 | 10~07 |
| ㉣ | 독창적 사고력 | 35~30 | 29~24 | 23~17 | 16~12 | 11~07 |

## ✖ 검사 Ⅳ의 능력별 특성

| 유형 | 특성 |
|---|---|
| ㉠ 언어적 능력 | • 말의 뜻을 정확하게 알고 적절하게 사용하며, 자신의 의사를 자유자재로 표현하고 전달할 수 있는 능력이다. 따라서 다양한 어휘력과 문장력을 가지고 있다.<br>• 문과계열에 필요한 능력이며, 대인적인 일이나 언어를 도구로 하는 작가나 카피라이터에게 꼭 필요한 능력이다. |
| ㉡ 수리적능력 | • 숫자나 수학적 기호를 사용하여 빠르고 정확하게 복잡한 문제를 푸는 능력이다.<br>• 논리적이고 치밀한 사고력을 가지고 있기 때문에 이공계열이나 경상계열에 적합하다.<br>• 경리, 세무 등 전문직에 반드시 필요한 능력이다. |
| ㉢ 논리적 사고 | • 사물의 이치를 파악할 때 논리적으로 사고하고, 일 처리 방식이 체계적이고 이성적인 능력이다.<br>• 공학, 법학, 논리학에 적합한 능력이며, 엔지니어, 연구직 전문직에 필요한 능력이다. |
| ㉣ 독창적 사고력 | • 자유로운 사고로 유연하게 사물을 대하며 독창적으로 발상할 수 있는 능력이다. 따라서 정보 홍수 시대에 정보를 이용하여 새로운 것을 창조해 낼 수 있는 능력이다.<br>• 예술계, 패션, 인테리어 쪽으로 진출하고 하는 사람에게 필요한 능력이다. |

 검사 V

▶ 이 검사는 과목별 학습 흥미를 알아보는 것이다.
(A영어 / B국어 / C사회 / D수학 / E과학 / F가정 / G체육 / H예술)
▶ 번호 별로 두 과목(과목 1/2)을 비교해 본 다음, 좋아하는 과목에 ○표 한다.

| 번호 | 과목·1 | 과목·2 |
|---|---|---|
| 1 | 영어 ························ A | 국어 ························ B |
| 2 | 사회 ························ C | 수학 ························ D |
| 3 | 과학 ························ E | 가정 ························ F |
| 4 | 체육 ························ G | 예술 ························ H |
| 5 | 국어 ························ B | 사회 ························ C |
| 6 | 수학 ························ D | 과학 ························ E |
| 7 | 가정 ························ F | 체육 ························ G |
| 8 | 영어 ························ A | 사회 ························ C |
| 9 | 국어 ························ B | 수학 ························ D |
| 10 | 사회 ························ C | 과학 ························ E |
| 11 | 수학 ························ D | 가정 ························ F |
| 12 | 과학 ························ E | 체육 ························ G |
| 13 | 영어 ························ A | 수학 ························ D |
| 14 | 국어 ························ B | 과학 ························ E |
| 15 | 사회 ························ C | 가정 ························ F |
| 16 | 수학 ························ D | 체육 ························ G |
| 17 | 과학 ························ E | 예술 ························ H |
| 18 | 국어 ························ B | 가정 ························ F |
| 19 | 영어 ························ A | 예술 ························ H |
| 20 | 사회 ························ C | 체육 ························ G |
| 21 | 수학 ························ D | 예술 ························ H |
| 22 | 영어 ························ A | 가정 ························ F |
| 23 | 국어 ························ B | 체육 ························ G |
| 24 | 사회 ························ C | 예술 ························ H |
| 25 | 영어 ························ A | 체육 ························ G |
| 26 | 영어 ························ A | 과학 ························ E |
| 27 | 국어 ························ T | 예술 ················ H |
| 28 | 체육 ························ G | 예술 ························ H |

## ✖ 검사 Ⅴ의 집계와 등급

▶ ○표 한 영문자의 수를 세어서 득점 합계 난에 기록한다.

▶ 득점 합계를 가지고 아래의 환산 등급을 기록한다.

| 과목 | 득점/등급 | 득점 합계(○표 개수) | 환산 등급 |
|---|---|---|---|
| A | 영어 | | |
| B | 국어 | | |
| C | 사회 | | |
| D | 수학 | | |
| E | 과학/물리 | | |
| F | 가정 | | |
| G | 보건/체육 | | |
| H | 예술 | | |

▶ 자신이 어떤 학부/학과에 적합한지를 알아보려면 다음 쪽의 학부/학과 적성판정표와 직업적성 판정표를 기초로 하여 집계 결과를 비교해 보면 된다.

1. 집계 결과 자신의 판정 등급과 차이가 없는 것이 "가장 적성이 있다/가장 적합하다"라고 말할 수 있다.

2. 판정표의 평가에 모두 부합되는 경우 역시 "적성이 있다"고 함할 수 있다.

3. 그러나 희망하고 있는 진로를 결정할 때 가장 중요하게 고려해야 할 요소는 흥미, 노력, 성격 순이다. 이 외에도 지능, 직업적 가치관, 신체조건, 생활환경 등 여러 가지 요소가 있다

4. 희망하는 진로에 적성이 없다고 하더라도 이를 보충하려는 노력과 도전 정신 그리고 '꼭 이루어 내고야 말겠다는 마음'이 있을 때 얼마든지 성공할 수 있다. 반면 아무리 적성이 있다고 의욕이나 노력이 없을 때에는 성공하기가 매우 어렵다. 따라서 성격이나 흥미 그리고 제반 능력이나 학습 흥미가 성공의 절대 조건이 아님을 명심해 둘 필요가 있다.

# 학부 / 학과 적성 판정표

| 학부·학과 \ 판정항목 | 가 정서안정성 | 나 사교성 | 다 활동적극성 | 라 면밀성 | 마 내구성 | 바 협조성 | 사 지도성 | H 대인 | T 기계기술 | B 사무 | C 예술창조 | L 언어 | S 사회봉사 | R 이론연구 | ㉠ 언어능력 | ㉡ 수리능력 | ㉢ 논리사고력 | ㉣ 창조력 | A 영어 | B 국어 | C 사회 | D 수학 | E 과학·물리 | F 가정 | G 보건체육 | H 예술 |
|---|---|---|---|---|---|---|---|---|---|---|---|---|---|---|---|---|---|---|---|---|---|---|---|---|---|---|
| 법학/정치/외교학 계열 | B | | C | A | B | | B | | | | C | | C | B | A | B | B | A | | B | A | A | | | | |
| 경상/경제/경영/회계학 계열 | B | B | A | | | C | B | A | | B | | | C | B | | C | | | | B | A | A | B | | | |
| 사회학 계열 | C | C | A | | | C | B | A | | | C | C | | B | | C | B | | C | C | B | A | | | | B |
| 문학 계열 | C | C | | B | B | | | | | B | A | | | C | A | | C | | A | A | B | | | | | B |
| 교육/사범 계열 | A | | B | C | B | C | A | B | | | | | C | C | A | B | B | | B | B | B | B | B | | | |
| 물리/지구과학 계열 | | | A | B | | | | C | C | | | | | A | | A | A | | | | | A | A | | | |
| 생물/화학 계열 | | | A | B | | | | C | C | | | | | C | | B | B | | | | | A | A | | | |
| 토목/건축 계열 | | | C | | B | C | B | | | B | | | | C | B | | C | B | | | B | A | B | | | B |
| 기계/금속 계열 | | | A | | C | B | | | | A | | | | B | | B | B | | B | | | A | A | | | |
| 전기/전자/정보학 계열 | | | A | | B | B | | | | A | | | | B | A | B | | | B | | | A | A | | | |
| 농/수/축산/수의학 계열 | B | B | | | | | | | | C | | | | B | | B | | | | | | B | A | | | |
| 의/치/간호학 계열 | A | C | | A | B | C | A | C | | | | C | A | A | B | A | A | B | A | B | B | A | A | | | B |
| 예술학 계열 | | B | | C | | C | | | | | A | | | C | | | | A | | B | | | | | | A |
| 가정학 계열 | | C | C | D | | | | | | | C | | C | C | | C | C | | | | | | B | A | | |
| 체육학 계열 | C | A | | B | | B | B | | | | | | C | | | | | | | | | | | | A | |

## ✖ 직업 적성 판정표

| 직업 \ 판정항목 | ㉮ 정서안정성 | ㉯ 사교성 | ㉰ 활동적극성 | ㉱ 면밀성 | ㉲ 내구성 | ㉳ 협조성 | ㉴ 지도성 | H 대인 | T 기계기술 | B 사무 | C 예술창조 | L 언어 | S 사회봉사 | R 이론연구 | ㉠ 언어능력 | ㉡ 수리능력 | ㉢ 논리사고력 | ㉣ 창조력 |
|---|---|---|---|---|---|---|---|---|---|---|---|---|---|---|---|---|---|---|
| 공무원 | C | C | | B | | C | B | C | | B | | | B | | B | C | | |
| 판사/검사/변호사 | B | | A | A | | B | | | | | C | | C | B | A | A | C | A |
| 경찰/소방관/출입관리국 직원 | A | | A | | C | B | A | B | | | | | | A | | C | | |
| 아동복지사/사회복지사 | A | C | | A | | B | C | | | | | | A | | B | | | |
| 보모/유치원교사/초등학교 교원 | A | | C | C | B | B | B | C | | | C | | A | C | B | | C | |
| 중·고교 교원/사서 | A | | C | C | B | B | A | C | | | C | | C | A | B | B | B | |
| 편집인/아나운서/카피라이터 | C | B | A | | A | | | | | B | A | | B | A | | B | | B |
| 디렉터/프로듀서/영화감독 | | B | B | | | A | B | | | A | | | A | | B | B | | B | A |
| 디자이너/일러스트레이터/스타일리스트 | | B | B | C | C | | | C | | | A | | | | | C | | A |
| 미용사/이용사 | A | A | C | | | | A | | | B | | | | | C | | | B |
| 관광가이드/스튜어디스 | A | A | B | | | | A | | | | | | B | B | B | | | |
| 통역/번역/비서 | B | C | | B | B | | B | | | B | | | B | | A | | | |
| 판매원/세일즈맨/경영자 | A | A | B | | | | A | | | | | | | | B | | | |
| 경리/회계/총무/일반사무 | | | | B | B | | | | | A | | C | | | C | C | | |
| 공인회계사/세무사 | B | B | A | B | | B | C | | | A | | | | | B | C | A | B |
| 행정서사/사법서사/변리사 | | B | | B | | | C | | | A | | | | | A | C | | |
| 기계/전기/전자기술자 | | | | B | B | C | | | A | C | | | | A | | A | A | B |
| 화학/생물/약학기술자 | | | | A | B | C | | | A | C | | | | A | | A | A | B |
| 프로그래머/시스템엔지니어/정보분야 | | | | A | B | C | | | A | C | | | | A | | A | B | B |
| 의사/간호사/의료분야 | A | | | A | A | B | A | B | | | | | | A | A | C | A | A | B |
| 대학교수/연구소연구원 | | | | A | A | | B | | A | | | | | A | A | A | A | A |

〈자신이 직접 전공학과/진로/인성/학습관리도/지능지수를 테스트한다〉, 김기봉/김영진, 2003.

몇 년 전, 일본에서는 판사가 요리사로 전업해서 화제가 된 적이 있다. 그 판사는 이렇게 말했다. "나는 남에게 기쁨을 주며 살고 싶었는데 판사로 근무하는 동안 이것이 잘 되지 않았다". 물론 허구한 날, "징역 몇 년" 하고 선고만 하니 기뻐할 사람이 있을 리가 없었을 것이다. 그래서 퇴근한 후, 요리학원을 열심히 다녀서 요리사 자격증을 딴 후, 사표를 내고 지금은 3평짜리 식당 주방에서 요리를 하고 있다. 그는 자신이 정성껏 만든 음식을 손님들이 맛있게 먹는 모습을 보고 비로소 행복감을 느낄 수 있었다고 한다. 10여 년 전 우리나라서도 치과의사가 자신의 병원을 폐업하고 식당을 차려 화제가 된 적이 있다. 그는 앞치마를 두르고 음식을 만들고 배달하는 등 모든 궂은일을 하면서도 행복하다고 한다. 성공한 사람들의 공통점은 자신이 속한 직업이 어떤 가치를 지니고 있는가에 대한 생각 즉, 직업관이 뚜렷했다는 것이다. 직업의 가치관을 올바로 세운 사람은 진정한 프로이며, 성공한 사람이다. 우리 주위에는 '먹고 살기 위해 할 수 없이 일한다.' '달리 대안이 없다.' 또는 '어떻게 하다 이 일을 하게 되었다.' 는 사람이 많다. 과연 이런 자세로는 성공할 수 있을 것인지 한 번 생각해 볼 필요가 있다.

### 가. 교과 관련 직업 알아보기

스웨덴의 스톡홀름에서 태어난 '헤디슨'은 중앙아시아를 탐험해 역사의 한 장을 장식한 탐험가이다. 그는 학창시절 학과 공부를 잘 하지 못하였고, 단체 생활에도 적응하지 못했다. 자기보다 나약한 학생들을 괴롭히다가 담임선생님께 불려가서 꾸지람을 듣기 일쑤였다. 그럴 때마다 교실에 혼자 남아 벌을 받았다. 그런 '헤디슨'이 진로에 대한 깊은 고민에 빠졌다. 보람된 인생을 위해 자기가 해야 할 일이 무엇인가를 골똘히 생각했다. 항상 먼 나라에 대한 막연한 그리움으로 늘 가슴이 설레었던 그는 그때부터 '쿠크'나 '리빙스턴' 같은 탐험가의 전기를 읽는데 심취했다. 탐험가들의 삶은 어린 헤디슨에게 깊은 감동을 심어줬다. 그리하여 그는 탐험가의 길을 택하기로 결심을 굳혔다. 청년이 된 '헤디슨'은 처음으로 죽음의 사막이라고 불리는 '파미르' 고원을 횡단하게 되었다. 죽음을 무릅쓰고 사막을 횡단하면서 그는 질병과 태양열에 쓰러지면서도, 결코 좌절하지 않았다. 어릴 적 읽었던 탐험가들의 지혜와 용기가 그에게도 샘솟듯 우러나오고 있었던 것이다. 헤디슨은 벌써 훌륭한 탐험가가 되어 있었다.

자신의 특성을 일찍이 파악하고 새로운 삶을 위해 인생의 목표를 뚜렷이 결정했던 헤디슨은 이처럼 어려운 난관을 물리치고 성공할 수 있었던 것이다. 위인들의 삶은 우리들에게 삶에 대한 간접 경험의 기회를 제공할 뿐만 아니라, 인생의 진로선택에 뚜렷한 방향을 제시해 주기도 한다.

모든 교과는 모든 직업과 관련이 있다. 그리고 모든 교과는 직업의 기초 능력을 기르는 것이기도 하다. 따라서 좋아하고, 자신이 있으며, 성적이 높은 교과가 무엇인지 아는 일은 대단히 중요하다. 왜냐하면 그런 교과는 직업적인 흥미/적성/성격과도 밀접한 관계가 있기 때문이다. 따라서 교과와 관련 진로를 알아보는 일은 아주 중요하다.

▶ 문항별로 자신의 생각과 일치하는 정도를 평점 한다.
▶ 평점 – 전혀 그렇지 않다 1점,  – 그렇지 않다 2점,
         – 그저 그렇다 3점,  – 그렇다 4점,  – 매우 그렇다 5점

| 문항 | 평점 |
|---|---|
| 1. 나는 친구들에 비해 사회 과목을 잘하는 편이다. | ① ② ③ ④ ⑤ |
| 2. 나는 비교적 수학 성적이 잘 나오는 편이다. | ① ② ③ ④ ⑤ |
| 3. 나는 다른 친구들보다 미술을 더 잘하는 편이다. | ① ② ③ ④ ⑤ |
| 4. 나는 체육이 아주 좋다. | ① ② ③ ④ ⑤ |
| 5. 나는 국어 점수가 아주 좋다. | ① ② ③ ④ ⑤ |
| 6. 나는 미술 성적이 높은 편이다. | ① ② ③ ④ ⑤ |
| 7. 나는 과학을 좋아한다. | ① ② ③ ④ ⑤ |
| 8. 나는 사회 점수가 잘 나오는 편이다. | ① ② ③ ④ ⑤ |
| 9. 나는 음악이 아주 좋다. | ① ② ③ ④ ⑤ |
| 10. 나는 친구들에 비해 국어 과목을 잘 한다. | ① ② ③ ④ ⑤ |
| 11. 나는 체육 활동에 자신이 있다. | ① ② ③ ④ ⑤ |
| 12. 나는 다른 친구들에 비해 음악을 잘 한다. | ① ② ③ ④ ⑤ |
| 13. 나는 미술 활동이 좋다. | ① ② ③ ④ ⑤ |
| 14. 나는 다른 아이들에 비해 체육을 아주 잘 한다. | ① ② ③ ④ ⑤ |
| 15. 나는 과학 학습이 좋다. | ① ② ③ ④ ⑤ |
| 16. 나는 친구들에 비해 수학만은 잘 하는 편이다. | ① ② ③ ④ ⑤ |
| 17. 나는 사회 공부가 즐겁다. | ① ② ③ ④ ⑤ |
| 18. 나는 다른 아이들에 비해 과학을 잘 한다. | ① ② ③ ④ ⑤ |
| 19. 나는 음악 성적이 잘 나오는 편이다. | ① ② ③ ④ ⑤ |
| 20. 나는 국어 공부를 좋아한다. | ① ② ③ ④ ⑤ |
| 21. 나는 수학 공부를 좋아한다. | ① ② ③ ④ ⑤ |

## ✖ 좋아하는 과목 순위

| 과목 | 해당 번호별 점수 | 총점 | 순위 |
|------|----------------|------|------|
| 국어 | 5 (    ), 10 (    ), 20 (    ) |  |  |
| 수학 | 2 (    ), 16 (    ), 21 (    ) |  |  |
| 사회 | 1 (    ), 8 (    ), 17 (    ) |  |  |
| 과학 | 7 (    ), 15 (    ), 18 (    ) |  |  |
| 음악 | 9 (    ), 12 (    ), 19 (    ) |  |  |
| 미술 | 3 (    ), 6 (    ), 13 (    ) |  |  |
| 체육 | 4 (    ), 11 (    ), 14 (    ) |  |  |

## ✖ 좋아하는 과목과 관련 있는 직업

| 순위 | 과목 | 관련 직업 |
|------|------|-----------|
| 1 순위 |  |  |
| 2 순위 |  |  |

## ✖ 직업별 대학의 관련학과

| 직업 | 대학의 관련 학과 | 관심 순위 |
|------|-----------------|-----------|
|  |  |  |
|  |  |  |
|  |  |  |
|  |  |  |
|  |  |  |
|  |  |  |
|  |  |  |

〈진로와 직업〉, 한국진로교육학회, 2003.

## ✖ 교과별 관련 직업

▶아래의 것은 최소한의 직업이다. 따라서 직업사전을 통해 더 많은 관련 직업을 찾아본다.

| 유형 | 특성 |
|---|---|
| 국민윤리<br>(도덕) | 윤리교사/교수, 역술가, 판촉원, 지압사, 철학자/윤리학자/신학자, 신부/목사/승려/선교사/종교인, 공무원, 수필가, 번역/통역가, 논설위원, 사상가, 경영인, 시인, 사회사업/인력관리사, 소설가, 직업상담원, 정치가, 심리학자, 교정원 등 |
| 국어/한문 | 국어/한문교사/교수, 시인, 아나운서, 문학자, 한의사, 속기사, 번역/통역사, 원고정리인, 역사학자, 경영인, 한문학자, 외교관, 유학자, 출판인, 웅변가, 법률가, 기자/논설위원, 광고업자, 사서교사, 방송작가, 도서관 관리인 등 |
| 사회 | 사회/학자/경제학자, 사회교사/교수, 공무원(외무/행정/재경/경찰/세무 등), 외교관, 농장경영, 기업가, 국회/지방의회의원, 여행사 경영, 앵커, 아나운서, 기자, 편집인, 언론인, PD, 성우/배우/탤런트, 광고업자, 각종 연구원, 정보관리사, 도서관사서, 사회사업가, 심리학자/산업심리학자, 은행원, 회계사, 보험인, 증권거래인, 기업가, 감정인, 무역업사, 행정가, 세무사/관세사, 상품판매인, 금융업자, 경매인, PD, PR맨, 수산/해운업자, 앵커, 판사/검사/변호사 등 |
| 과학<br>(자연과학/<br>공학/농업/<br>임업/축산/<br>수산/해양/<br>항공/의학<br>계열) | 물리학자, 원자물리학자, 레이저연구원, 화학자, 식품관리원, 핵물리학자, 생물학자 , 동물학자, 각과 의사, 치과의사, 수의사, 식물학자, 산림연구원, 유전공학자, 임학자, 미생물학자, 생명공학자, 자원검사기술자, 해양연구원, 기상예보관, 천문학자, 지질학자, 지리학자, 원예사, 과학교사/교수, 공무원, 건축기사/설계사, 토목기사/설계사, 제도사, 측량기사, 환경영향평가사, 환경기사, 도시건설기술자/계획가, 공장기술자/기계기술자/자동차기술자/준설기술자/산업기계기술자, 기계제도사, 기관사, 해양연구원/선박연구원, 선박제도사, 도선사/항해사/선장, 금속/물리/화학/금속조직/금속구조기술자, 신소재/신소재공학자, 금속시험원, 요업기술자, 시멘트기술자, 전화수리원, 조명기술자, 음향기기기능공, 설계사, 전기기사/기술자, 반도체기술자, 전자공학자/연구원, 데이터통신기술자, 컴퓨터제작자, 전자제품대리점운영, 시스템엔지니어, 정보처리기사, 반도체기술자/연구원, 전산기술자/연구원, 각종설계사, 전자/전기기술자, 전기학자, 조종사, 항공기기관사, 관제사, 항공기술자, 항공기정비사,  항공운항정비사, 시험조종사, 우주비행사, 우주비행관제사, 자원연구원, 원자력발전설계사, X레이기사, 원자력발전기사, 원자력연구원, 의학교수, 약사, 법의학자, 약사보조원, 물리치료사, 보건공무원, 제약회사원, 마취전문의, 군의관, 한의사, 지압사, 한방제약사, 약재수집상, 임상병리학자, 침구사, 치료보조원, 청각교정인, 알콜중독치료사, 간병인, 간호사, 조산원, 보건진료원, 공중보건의, 양호교사, 어류사육사, 수산양식업, 수산업협동조합원, 수산지도원, 갑판장, 항법사, 기관제조기술자, 기관사, 항만기술자, 기관수리공, 선박제도사, 조선기술자, 해양탐사원, 잠수부, 수크버다이버, 해양생물학자, 국제관광요원, 국제무역업자, 해상운수업자, 해양토목기사, 농학자, 임학자, 산림보호원, 농촌지도원, 식품감독원, 낙농업자, 식품가공업자, 식품분석원, 도축업자, 잠사업자, 식품판매원, 수의사, 조리사, 위생사, 영양상담사, 식품연구원, 제과제빵사, 요리강사, 조경입사, 조경사, 아트플라워디자이너, 화훼전문가 등 |

| | |
|---|---|
| 수학 | 수학교사/교수, 각종회사원/기사, 조사연구원, 보험계리인, 속기사, 데이터통신기술자, 비행사, 항해사, 공무원, 부기인, 컴퓨터그래픽디자이너, 공인회계사, 경리사원, 세무사, 은행원, 학원강사, 컴퓨터강사, 보험회사원, 상업교사, 통계인, 판매사, 기계설계사, 건축설계사, 프로그래머, 건축사, 제도사 등 |
| 체육 | 체육교사/교수, 체육지도자, 체육행정가, 스포츠기자, 스포츠사업가, 헬스클럽운영자, 경기해설가, 등산가, 사회사업가, 운동선수, 지압치료사, 스포츠의학자, 운동처방사, 각종경기코치/감독, 스턴트맨, 수영강사, 스포츠과학자, 배우, 무용가, 건강관리사, 체육시설관리자, 간호사 등 |
| 미술 | 미술교사/교수, 화가, 미학자, 미술평론가, 광고업자, 고고학자, 실내장식가, 무대설계인, 광고설계인, 만화가, 차트사, 사진사, 상업미술가, 도예가, 공예가, 서예가, 그래픽디자이너, 패션디자이너, 편집디자이너, 조각가, 건축설계사, 인테리어디자이너, 미용사, 기계설계공, 컴퓨터그래픽디자이너, 패션코디네이터/디자이너, 화구상인, 화랑운영인, 큐레이터 등 |
| 음악 | 음악교사/교수/ 성악가, 기악연주가, 음악평론가, 작곡가, 지휘자(교향악단/합창단), 대중가요작곡자, 합창단원, 대중가수, 악기제작자, 관현악단원, 배우, DJ, PD, 국악인, 판소리고수, 사물놀이패, 국악연주인/작곡가/지휘자, 성가대지휘자, 종교음악가 등 |
| 실업 | 실업교사/교수, 은행원, 회계사, 보험판매인, 영농기술자/지도사, 원예기사, 농촌지도사, 축산/낙농업자, 식품가공업자, 해양연구원, 축산연구원, 영양사, 양식업자, 식품관리원, 기술자, 수산지도원, 발명가, 컴퓨터과학자, 각종기사, 전자공학자, 의사, 한의사, 치과의사, 아동심리학자, 가정경제연구원, 조리사, 자원봉사자, 웨이터, 간호사, 리포터, 식품감독관, 의상디자이너, 식당관리인, 무대의상관리인, 편물디자이너, 의상수선원, 알콜중독치료사, 간병인, 호스피스, 간호사, 사회병리학자, 아동문제상담원, 유치원교사/보모 등 |
| 외국어 | 외국어교사/교수, 상담원, 특파원, 바이어, 앵커, 영화인, 아나운서, 관광안내원, 평론가, 외무공무원, 관세사, 취재기자, 외교관, 세관원, 관세사, 정치인, 변리사, 공관원, 국제변호사, 호텔리어, 통역/번역사, PD, DJ, MC, 선교사 등 |

특별활동을 통한 고등학교 진로지도), 서울시교육연구원, 1992.

## 나. 계열 선택 해 보기

동식물의 생장 과정은 진로 선택과 개발에 많은 교훈을 준다. 한 예로, 대나무는 종자를 심고 몇 년이 지나도 싹이 나오지 않는다. 1년, 2년, 아무리 공을 들여도 소용이 없다. 그런데 심은 지 5년째가 되면 싹이 돋기 시작한다. 그리고 한 달 반이라는 짧은 기간 동안에 무려 20여 미터까지 자란다. 커 가는 것이 눈에 보일 정도다. 참으로 놀라운 성장이 아닐 수 없다. 그러나 그럴 만한 충분한 이유가 있다. 즉 5년이라는 긴 준비 기간이 있었기 때문이다.

비슷한 예는 매미의 생태에서 찾을 수 있다. 매미는 5년 이상을 땅속에서 애벌레로 지낸다. 그리고 여름에 땅위로 올라와 마지막 허물을 벗고 한 마리의 매미가 되어, 4주라는 짧은 기간에 번식을 마치고 죽는다. 시인 서정주는 '국화 옆에서' 라는 시에서 가을에 한 송이 국화꽃을 피우기 위해, 소쩍새는 봄부터 울었고, 천둥은 먹구름 속에서 울었다고 읊었다. 어찌 국화 한 송이 뿐이랴. 우리의 진로선택과 개척도 마찬가지가 아닐까…….

대학 진학을 앞둔 수험생이라면 누구나 꿈꾸어 볼 만한 어느 유명한 대학교에서 신입생들을 대상으로, 입학 동기와 전공에 대한 만족도를 조사해 본 적이 있다. 이 보고서에 의하면, 전공 특성을 잘 모르는 상태에서 학과를 선택한 학생이 47%, 입학원서를 쓰기 직전에 지망 학과를 결정한 학생이 60% 정도였다. 반면 자신의 적성에 맞춰 학과를 선택한 학생은 30%에도 못 미쳤다. 그리고 당장 전공을 바꾸고 싶다는 생각을 하고 있는 학생이 무려 40%나 되었다.

이처럼 자신의 흥미와 적성에 맞지 않는 학과 공부를 억지로 하고 있다는 것은 우리들의 진로 선택이 얼마나 잘못되었던가를 단적으로 보여 주는 것이다. 유행가 가사에 '내 인생은 나의 것' 이라는 것이 있다. 이것은 제멋대로 살라는 뜻이 아니라, 스스로 진로를 선택하고, 그 선택에 대한 책임을 져야 한다는 뜻이다. 따라서 자신의 흥미/적성/성격에 적합한 계열/전공 분야의 선택이 만족한 삶의 첫걸음이다.

▶ 다음은 계열(문/이과 과정) 선택을 위한 간이 검사 문항이다.

▶ 응답한 것을 집계하여, 자신에게 적합한 계열과 계열 특성을 알아본다.

1. 평소 즐겨 읽는 책은 어떤 것들인가?
 ㉠ 순수 문학 서적
 ㉡ 사회 비평서
 ㉢ 공상 과학 서적

2. 친구가 고민을 털어놓을 때는 어떻게 하는가?
 ㉠ 잘 들어준다.
 ㉡ 대강 들어준다.
 ㉢ 잘 들어주지 않는다.

3. 우리 사회의 가장 심각한 문제는 무엇인가?
 ㉠ 인간 타락
 ㉡ 북한 위협
 ㉢ 자연 파괴

4. 인생에 대한 성찰은 어느 정도 하는가?
 ㉠ 자주 한다.
 ㉡ 가끔 한다.
 ㉢ 거의 하지 않는다.

5. 신체장애자를 대할 때 어떻게 하는가?
 ㉠ 동정적으로 대한다.
 ㉡ 조금 동정으로 대한다.
 ㉢ 거의 관심을 안 둔다.

6. 학교의 규칙이 어떠했으면 좋겠는가?
 ㉠ 엄격한 것이 좋다.
 ㉡ 어느 정도 부드러운 것이 좋다.
 ㉢ 자유롭고 자율적인 것이 좋다.

7. 버스나 전철을 탔을 때 주로 무엇을 하는가?
 ㉠ 책, 신문, 잡지 등을 본다.
 ㉡ 옆 사람과 대화를 한다.
 ㉢ 창밖 풍경을 본다.

8. 장차 어떤 직업을 가지고 싶은가?
 ㉠ 조사 분석하고 결과를 아는 일을 하고 싶다.
 ㉡ 사람들을 접촉하는 일을 하고 싶다.
 ㉢ 새로운 것을 만들어 내는 일을 하고 싶다.

9. 신문에서 유익한 자료를 보면 어떻게 하는가?
 ㉠ 오려서 모아둔다.
 ㉡ 자세히 읽어본다.
 ㉢ 잘 읽지 않는다.

10. TV에서 즐겨 보는 프로는 어떤 것인가?
 ㉠ 뉴스나 특집 프로그램
 ㉡ 드라마나 쇼 프로그램
 ㉢ 취미나 문화생활을 다루는 교양 프로그램

11. 화초를 기르거나 돌보는 일을 하는 편인가?
 ㉠ 자주 한다.
 ㉡ 가끔씩 한다.
 ㉢ 전혀 하지 않는다.

12. 곤충 채집에 대해 어떻게 생각하는가?
 ㉠ 재미다고 생각한다.
 ㉡ 조금은 재미있다고 생각한다.
 ㉢ 전혀 재미없다고 생각한다.

13. 다음 중 가장 하고 싶은 것은 무엇인가?
 ㉠ 스포츠
 ㉡ 게임
 ㉢ 독서

14. 여름 밤 하늘을 보고 무슨 생각을 하는가?
 ㉠ 외계 생물에 대해 생각한다.
 ㉡ 별의 신비에 대해 생각한다.
 ㉢ 시상을 떠올린다.

15. 인류 멸망의 원인이 무엇이라고 생각하는가?
　　㉠ 환경 파괴
　　㉡ 전쟁
　　㉢ 외계인 침입

16. 방안을 예쁘게 꾸미는 일을 얼마나 좋아하는가?
　　㉠ 아주 좋아한다.
　　㉡ 약간 좋아한다.
　　㉢ 안 좋아한다.

17. 영화를 보고 나면 어떤 것들이 남는가?
　　㉠ 줄거리나 사건의 전개 과정
　　㉡ 등장인물의 특이한 몸짓이나 재치 있는 농담
　　㉢ 영화에 등장하는 각종 소품과 도구들

18. 어린 시절 재미있었던 것은 어느 것인가?
　　㉠ 수수께끼나 퀴즈 풀기
　　㉡ 모형 만들기나 종이 접기
　　㉢ 여러 가지 야외 활동

19. 전람회나 음악회에는 얼마나 가는 편인가?
　　㉠ 자주 간다.
　　㉡ 가끔 간다.
　　㉢ 거의 안 간다.

20. 슬픈 드라마나 연극을 볼 때 어떻게 하는가?
㉠ 울면서 본다.
㉡ 슬픈 감정으로 본다.
㉢ 감정이 동요가 거의 없다.

21. 기회가 주어진다면 다음 어디를 방문하겠는가?
　　㉠ 자동차나 비행기 공장
　　㉡ 박물관이나 미술관
　　㉢ 고아원이나 양로원

22. 집의 전기기구가 고장 났을 때는 어떻게 하는가?
　　㉠ 거의 다 내가 직접 수리한다.
　　㉡ 간단한 것만 내가 수리한다.
　　㉢ 전혀 수리하지 않는다.

23. 과학관련 잡지는 어느 정도나 읽는가?
　　㉠ 자주 읽는다.
　　㉡ 가끔 읽는다.
　　㉢ 읽지 않는다.

24. 비 오는 일요일엔 무엇을 할 것 같은가?
　　㉠ 모형작품 제작이나 뜨개질
　　㉡ 음악 듣기나 삽화 그리기
　　㉢ 독서나 텔레비전 보기

25. 장차 학교 선생님이 된다면 어떻게 하겠는가?
　　㉠ 주로 시청각 교재를 이용해 수업을 할 것이다.
　　㉡ 다양한 자료를 활용해 수업할 것이다.
　　㉢ 유머를 섞어가면서 재미있게 수업할 것이다.

〈진로지도 워크북〉, 강재태/배종훈, 2002.

## ✖ 집계표

| 점수 집계(배점 : ㉠ 5점 / ㉡ 3점 / ㉢ 1점) | | | | | 계 | 하위 계열 | 상위 계열 |
|---|---|---|---|---|---|---|---|
| 1 | 2 | 3 | 4 | 5 | | 인문 계열 | 인문 계열 |
| 6 | 7 | 8 | 9 | 10 | | 사회 계열 | |
| 11 | 12 | 13 | 14 | 15 | | 자연 계열 | 자연 계열 |
| 16 | 17 | 18 | 19 | 20 | | 공학 계열 | |
| 21 | 22 | 23 | 24 | 25 | | 예·체능 계열 | |

## ✖ 자연/인문 과정의 특성

| 계열 | 자연 계열 | 인문 계열 |
|---|---|---|
| 일반적 특성 | 합리적/논리적/분석적인 것을 중시함 | 부분보다 전체적인 종합을 중시함 |
| 성향 | 모든 대상을 수치와 연계해서 보려고 하며, 정확한 객관적 표현과 대상물에 대한 기능적 측면과 구조적 요인을 중시함 | 어떤 사실이나 현상 속에 담겨진 내면의 의미를 추구함 |
| 수업 방식 | 개인 또는 집단적인 실험/실습이나 탐사 위주로 이루어짐 | 각 개인의 창의력, 사회적 기능, 문제해결 능력 배양 위주로 이루어짐 |
| 학문탐구 자세 | 사물에 대한 본질과 법칙을 파헤쳐 새로운 것을 발견/창출해 내는 끈기가 필요함 | 풍부한 경험과 인간의 감성을 중시하며, 개개개인의 가치관이나 철학적 개별성에 대한 다양한 해석과 규명이 필요함 |
| 학문의 성격 | 실험기구와 기계 또는 생물 등의 조작과 응용/실험을 통해 새로운 발견/발견을 추구하는 학문으로 일명 Hard Science라고도 함 | 자료의 수집/조사와 사색을 통해 객관적/합리적/과학적/논리적인 이론을 찾고자하는 학문으로 일명 Soft Science라고도 함 |

## 다. 행복지수 알아보기

그리스의 철학자 아리스토텔레스(Aristoteles/BC384~322)는 '인간의 행동이 목표하는 바 최고의 목표가 행복(eudaemonia)이라는 데는 누구나 동의할 것' 이라고 말했다. 이후 많은 학자들이 행복에 대해 말했다. 프랑스 사상가 루소(Rousseau/1712~1778)는 '개인의 행복과 불행은 그 정도의 차이가 있을 뿐 만인에게 공통된 것이다. 따라서 가장 고통을 적게 느끼는 사람이 행복한 사람이며 그 반대가 불행한 사람이다.' 라고 했으며, 영국 철학자 벤담(Bentham/1748~1832)은, 인생의 목적은 '최대 다수의 최대 행복' 의 실현에 있다고 했는가 하면, 철학자 러셀(Russell/1872~1970)도 자신의 저서「행복의 정복」에서 인간을 불행으로 이끄는 요인으로 질투심, 이기심, 증오심 등을 없애라고 충고하기도 했다. 또 프랑스의 철학자 알랭(Alain/1868~1951)이나 스위스의 사상가 힐티(Hilty/1833~1909)는 '남을 위해 희생하고 봉사할 때 진정 행복해 진다' , '촛불을 켜 놓고 혼자서 사색에 잠겨 보라. 그러면 아늑한 평온감과 함께 행복감도 느낄 수 있다' , '사랑을 받으려고만 하지 말고 주어 보라. 그러면 행복해 질 수 있다' 라고 말하기도 했다.

그러면 행복은 과연 어떤 것인가? 일반적으로 행복은 '모든 억압으로부터 해방되어 노력이나 고통 없이 휴식을 즐길 수 있는 육체적/정신적 상태' 라고 정의한다. 그러나 이런 정의도 개개인이 구체적 삶에 적용하려고 하면 그 조건이 제각기 달라진다. 어떤 사람은 고급 자동차나 오디오 세트 같은 물건의 소유를 통해 행복을 느끼는가 하면, 어떤 사람은 화목한 가정생활에서 행복을 느끼는 사람도 있고, 또 일의 성취에서 만족과 보람을 느끼는 사람도 있기 때문이다.

그러나 대부분의 사람은 돈, 지위, 권력, 명성 등을 얻는데서 행복을 구하려고 한다. 문제는 이런 것들이 삶의 수단이고 도구라는 점이다. 따라서 삶의 목표를 수단적, 도구적, 외재적인 것에 두는 한 행복은 일시적인 것일 뿐, 항상 경쟁, 긴장, 초조, 불안, 갈등, 고민 속에서 허덕인다. 사람의 마음은 '아무리 좋은 것을 아무리 많이 가져도 만족을 느끼는 것은 일시적이고, 다시 더 좋은 것과 더 많은 것을 추구하기 때문이다. 따라서 진정한 행복을 위해서는 진로 개발의 참된 의미를 깊이 있게 새겨 볼 필요가 있다. 즉 인생이 '일을 통해 자아를 실현하는 과정' 이라는 사실을 명확하게 이해해야 한다.

결국 행복은 이렇게 생각해 볼 수 있다. 사람은 자신의 흥미, 적성, 성격, 지능, 학력, 특성, 가치관, 신체조건 등에 딱 들어맞으면서 좋아하고 잘 할 수 있는 일을 하게 되면, 시간이 흐름이나 자아를 의식하지 못할 정도로 그 일에 빠지게(전념/몰입)된다. 이렇게 하나의 일에 몰입하게 되면, 일 자체가 즐거워지고, 일의 능률도 극대화되고, 성취감과 보상이 따른다. 이렇게 자신이 좋아하는 일에 빠져 시간과 자아를 의식하지 못하는 상태가 바로 행복일 것이다.

그렇다면 진로 개발은 ① 자아(흥미, 적성, 성격, 지능, 학력, 특성, 가치관, 신체조건 등)를 이해하고, ② 직업을 이해한 다음, ③ 그에 맞는 직업에 빠지도록 하면 될 것이다. 이렇게 할 때 만족스런 삶과 더불어 행복도 누릴 수 있을 것이기 때문이다.

활동
자료

▶ 진로개발의 궁극 목표는 행복이다. 따라서 지금 자신의 행복지수가 얼마인지 알아보는
것은 대단히 중요하다.

▶ 다음은 자신이 행복지수가 얼마인지 알아보는 체크리스트이다.

▶ 물음의 답지 중 자신의 생각과 일치하는 것의 번호를 골라 답지번호 난에 쓴다.

| 문항 | 답지번호 |
|---|---|
| 1. 당신이 장차 가지고 싶은 직업은 어떤 것인가?<br>① 어렵고 도전적인 직업<br>② 적성과 능력에 맞고 탁월한 성과도 올릴 수 있는 직업<br>③ 권력이 있고 돈과 명예와 지위도 높은 직업 | |
| 2. 당신은 남에게 호의를 어느 정도나 베푸는가?<br>① 부탁 받으면 거절하지 못할 정도로 베푼다.<br>② 형편이 허락하고 또 그 사람에게 도움이 된다고 생각할 때 베푼다.<br>③ 신세 진 일이 생각나거나 피치 못할 때만 호의를 보인다. | |
| 3. 당신의 잠자는 습관은 어떠한가?<br>① 쉽게 잠들고 숙면한다.<br>② 잠귀가 밝아 자주 깬다.<br>③ 잠을 잘 못든다. | |
| 4. 당신은 혼자 있을 때를 어떻게 생각하는가?<br>① 혼자 있어야만 마음이 안정되고 창조적이 된다.<br>② 항상 주위에 사람이 있는 것이 좋다.<br>③ 혼자 있어도 괜찮지만 꼭 그렇지 않아도 괜찮다. | |
| 5. 당신은 자신의 방을 어떻게 정돈하고 사는가?<br>① 남들이 어질러놓고 사는 것은 참을 수 있지만 내가 그러는 것은 못 참는다.<br>② 차분하게 정리 정돈하고 산다.<br>③ 깔끔한 성격이어서 뒤죽박죽 어질러 놓는 것을 좋아하지 않는다.<br>④ 깔끔하게 정돈된 방보다 마음 편하게 너저분한 것이 좋다. | |
| 6. 당신은 어떤 사람이 친구로서 부적합하다고 생각하는가?<br>① 속물적이고 겉으로 점잔빼는 사람<br>② 저항할 수 없는 약자를 괴롭히는 사람<br>③ 거칠고 억세고 무례한 사람 | |
| 7. 당신은 지난 6개월 동안 학교에 몇 번이나 병으로 결석했는가?<br>① 한 번도 없다.<br>② 한 번<br>③ 두 번 이상 | |

| | |
|---|---|
| 8. 당신은 가까운 사람이 죽거나 슬픈 일을 당했을 때 어떻게 하는가?<br>　① 위로하고 당사자의 원기를 북돋우려고 갖은 노력을 다한다<br>　② 그가 아프면 나도 아프기 때문에 엉망진창이 될 것이다.<br>　③ 유감의 뜻을 전하기는 하지만 보통 때처럼 대한다. | |
| 9. 당신은 시간을 얼마나 잘 지키는가?<br>　① 지나칠 정도로 잘 지킨다.<br>　② 매우 잘 지킨다.<br>　③ 잘 지키지 않는다. | |
| 10. 부당한 대우를 받았을 때 당신의 화는 얼마나 지속되는가?<br>　① 부당한 대우가 용서되지 않아 오래간다.<br>　② 화는 나쁜 감정임을 알기 때문에 오래 가지 않는다.<br>　③ 계속 화내지는 않지만 다음부터는 대개 그 사람을 피한다. | |
| 11. 당신에게 수백 억 원의 재산이 상속되었다면 어떻게 할 것 같은가?<br>　① 기뻐할 것이다.<br>　② 여러 가지 문제를 앞질러 걱정하겠지만 어떻든 돈은 받을 것이다.<br>　③ 크게 걱정하겠지만 새로운 삶을 시작하는 계기로 삼을 것이다. | |
| 12. 장차 결혼 상대자를 고를 때 당신은 어떤 점을 가장 중요시 할 것 같은가?<br>　① 미모<br>　② 부<br>　③ 지성<br>　④ 이해력 | |
| 13. 당신의 사교 스타일은 어떤가?<br>　① 소수의 가까운 사람들만 사귀는 경향이 있다.<br>　② 적극적인 사교로 수많은 사람들을 사귄다.<br>　③ 나를 만나러 오는 사람이면 누구하고라도 사귄다. | |
| 14. 당신에게 세월은 어떻게 지나가는가?<br>　① 세월은 삽시간에 자취도 없이 흐른다.<br>　② 세월은 천천히 흐른다.<br>　③ 하루하루는 길지만 주와 달은 빨리 흐른다.<br>　④ 하루하루는 빠른 것 같고, 주와 달은 늦게 흐르는 것 같다. | |
| 15. 당신의 친구, 가족, 직업 그리고 미래의 전망은 어떤 편인가?<br>　① 참 좋은 편이다.<br>　② 그렇게 좋지는 않지만 그런대로 괜찮은 편이다.<br>　③ 보다 나은 미래를 위해 애쓰고 있기 때문에 제법 괜찮은 편이다.<br>　④ 때로는 만족스럽고 때로는 불만스럽기 때문에 그저 그런 편이다. | |

## ✖ 점수 집계

▶ 점수 집계는 비교 번호와 응답한 답지 번호가 일치하는 것만 1점으로 하여 모두 더한다.

| 문항 | 응답 비교 번호 | 응답 답지 번호 | 문항 | 응답 비교 번호 | 응답 답지 번호 | 문항 | 응답 비교 번호 | 응답 답지 번호 | 문항 | 응답 비교 번호 | 응답 답지 번호 | 문항 | 응답 비교 번호 | 응답 답지 번호 |
|---|---|---|---|---|---|---|---|---|---|---|---|---|---|---|
| 1 | ② | | 4 | ③ | | 7 | ①/② | | 10 | ② | | 13 | ③ | |
| 2 | ② | | 5 | ② | | 8 | ③ | | 11 | ① | | 14 | ④ | |
| 3 | ① | | 6 | ② | | 9 | ② | | 12 | ④ | | 15 | ② | |

〈진로와 직업〉, 대한교과서주식회사, 2003.

1. 모두 더한 점수를 가지고 아래와 같이 살펴본다.

　가. 2점 이하이면 (낮다) − 기쁜 일이 별로 없는 사람

　나. 4 ~ 6점이면 (보통) − 행복한 순간을 꽤 경험한 사람

　다. 6점 이상이면 (높다) − 비교적 행복한 사람이라고 볼 수 있음

2. 위 활동을 해 보면, 대개 아래와 같은 행복한 사람의 행동 특성을 발견할 수 있다.

　• 자신의 능력을 최대한 발휘하여 생산적인 일을 한다.(문항 1)

　• 항상 남을 돕는다.(문항 2)

　• 밤에 쉽게 잠이 든다.(문항 3)

　• 자부심이 강하고 고독을 즐기며 남과 잘 어울린다.(문항 4/13)

　• 정리정돈을 잘하고 약속을 잘 지킨다.(문항 5/9)

　• 남의 잘못에 너그러우며 파괴적 행동을 하지 않는다.(문항 6)

　• 건강을 위해 항상 노력한다.(문항 7)

　• 항상 미래지향적이고 성취감을 느낀다.(문항 15)

　• 부자가 되는 것에 결코 거부감을 느끼지 않는다.(문항 11)

　• 배우자를 고를 때 자신과 어울리는 사람을 택한다.(문항 12)

　• 부정적 감정에 동조하지도 집착하지도 않는다.(문항 8/10)

3. 자신의 행복 비결은 무엇인지 구체적으로 적어 본다.

## 마. 공존지수 알아보기

요즘 들어 '공존지수(NQ/Network Quotient)'의 중요성이 자주 거론되고 있다. 산업이 고도화/전문화/분업화/다양화되면서 개인주의가 심해지고 사람의 관계가 피폐해지면서 "더불어 사는 생활의 지혜"가 필요해 졌기 때문이다. 공존지수란 말 그대로 「함께 사는 사람들과의 관계를 얼마나 잘 운영할 수 있는가 하는 능력을 나타내는 수치」이다. 따라서 더불어 살 수 있는 자격을 가늠해 보는 잣대가 된다. 삶은 행동하고 느끼고 생각하는 것 즉 경험이다.

따라서 삶의 질은 '어떤 일을 하느냐 보다 어떤 사람과 함께 하느냐에 따라 달라진다 (Mihaly Csikszentmihalyi/1999)'. 따라서 공존지수가 높을수록 삶이 풍요로워지고 꿈을 이룰 수 있는 확률도 높아진다. 왜냐하면 "남에게 베푼 것은 몇 곱절이 되어 다시 자신에게 돌아오기(Jesus Christ)" 때문이다.

그렇다면 공존지수를 어떻게 높일 것인가 〈엔큐로 살아라!〉는 책을 통해 공존지수의 개념을 정리했던 K교수는 '혼자 노는 백로보다 함께 노는 까마귀가 낫다'고 충고한다. 즉 어떤 친구를 만나든지 함께 어울리고 배려해 주는 것이 좋다. '공부 못하는 아이들과 같이 놀면 안 된다', '그 애하고는 같이 다니면 안 된다'는 생각은 버리라고 한다. 이런 생각으로 사람을 대하면 그 사람의 단점부터 찾기 때문이다. 또 책과 신문을 많이 읽고 사회를 바라보는 시각도 키우라고 한다. 그래야만 사회를 바라보는 눈이 넓어져 많은 사람을 만날 수 있다고 한다.

▶ 다음은 공존지수를 알아보는 것이다. 따라서 다음 문항을 읽고 자신의 경우와 일치하면 'O'에 그렇지 않으면 'X'로 응답 한 후 그 결과를 알아본다.

| 문항 | 응답 | |
|---|---|---|
| | O | X |
| 1. 나는 다른 사람이 도움을 청해 오면 도와줄 마음의 준비가 항상 되어 있다. | | |
| 2. 나는 가족/친척 외에 지금의 내가 있기까지 도움을 준 사람 세 명 이상을 적을 수 있다. | | |
| 3. 나는 최근 한 달 사이에, 가족/애인이 아닌 다른 사람 얼굴을 떠올리며 흐뭇한 미소를 지어 본 일이 있다. | | |
| 4. 나는 눈이 내리는 날, 좁은 길에서 다른 사람이 먼저 지나갈 수 있도록 길을 비켜 주거나 내 우산을 살짝 들어 올려준 일이 있다. | | |
| 5. 나는 진심으로 잘 되기를 바라는 친구가 있다. | | |
| 6. 나에게 도움을 주신 분에게, 적어도 1년에 한 번은 찾아뵙거나 연락을 드리고 있다. | | |
| 7. 나는 최근 1년 동안, 매스컴에 불쌍한 사람에 관한 기사가 나왔을 때, 전화 서비스나 다른 방법으로 돈이나 기부물품을 보내 준 적이 있다. | | |
| 8. 나는 최근 1년 동안, 다른 사람을 위한 봉사 활동에 참가한 적이 있다. | | |
| 9. 나는 학교 동창 외에 적어도 두 달에 한 번쯤 만나는 친구가 있다. | | |
| 10. 나는 최근 6개 월 동안, 가족이나 애인이 아닌 다른 사람을 위해 기도한 적이 있다. | | |
| 11. 나는 내 수입의 1% 이상을 기부금으로 꼭 내 놓는다. | | |
| 12. 나에게는 적어도 한 달에 한 번쯤은 안부 전화를 걸어오는 친구가 있다. | | |
| 13. 나는 최근 한 달 사이에, 그 자리에 없는 사람을 진심으로 칭찬해 본 적이 있다. | | |
| 14. 나는 내가 잘 되기를 진심으로 바라는 친구를 가지고 있다. | | |
| 15. 나는 남에게 말하기 어려운 고민이 있을 때, 그것을 다 털어놓고 상담할만한 사람이 가족 이외도 있다. | | |
| 16. 내가 갑작스럽게 교통사고와 같은 곤란한 일을 당했을 때, 내가 부르면 달려와 24시간 함께 있어줄 사람이 가족 외에도 있다. | | |
| 17. 나는 최근 1년 사이에, 나를 도와준 사람에게 편지나 이메일로 감사의 뜻을 표시해 본 적이 있다. | | |

| | | |
|---|---|---|
| 18. 나는 최근 1년 동안 다른 사람의 승진/취업/개업/출산 등 좋은 소식을 듣고, 꽃이나 선물, 축하 편지 등을 보낸 적이 있다. | | |
| 19. 나는 아는 사람과 함께 식사 했을 때 먼저 계산대로 나가는 편이다. | | |
| 20. 나는 크리스마스카드나 연하장을 매년 빠지지 않고 보내는 편이다. | | |
| 21. 나는 같은 학교에 다니는 동료의 생일을 기억하거나 기록해 두는 편이다. | | |
| 22. 나는 지난 1년 사이에 집이나 다른 곳에 가족이나 친척 이외의 사람을 초대한 적이 있다. | | |
| 23. 나는 최근 6개월 사이에, 다른 사람을 위해서 누군가를 소개해 준 적이 있다. | | |
| 24. 나는 최근 한 달 사이에 가족이나 이성 친구가 아닌 사람에게 선물을 한 적이 있다. | | |
| 25. 나는 지난 1년 간 애인이나 배우자 아닌 다른 사람에게도 애정의 말이나 편지, 이메일 등을 보낸 적이 있다. | | |
| **○표 응답한 것의 합계** | | |

〈한겨레신문〉, 2003. 11. 17

1. 「표 한 개수/25 X 100」으로 계산하여 자신의 공존지수가 얼마인지 알아본다.
2. 자신의 공존지수를 높일 수 있는 방안을 생각해서 적어본다.

## 바. 의사결정 유형 알아보기

광고 카피 중에서 『순간의 선택이 10년을 좌우 한다』는 것이 히트를 친 적이 있다. 선택의 중요성을 잘 드러냈기 때문이다. 직업이나 전공 선택도 마찬가지다. 자신과 관련된 모든 여건(흥미/적성/성격/가치관/능력/환경 등)을 고려하여 합리적으로 해야만 직업적으로 성공할 수 있기 때문이다. 따라서 의사결정 유형과 그 장단점을 알아 둘 필요가 있다.

1) 합리적 유형 - 매우 신중하고 논리적/체계적/합리적으로 결정하면 그 책임 또한 지는 형이다. 따라서 미래에 대한 의사결정의 중요성을 알고 자신과 관련된 정보를 충분히 수집한다. 이 유형의 특성은, ① 많은 대안을 가졌기 때문에 시간이 지나면 해결되지만, 때로는 문제가 눈덩이처럼 불어나기도 하며, ② 해결에 따르는 부작용을 미리 알고 이의 예방에 노력을 기울이고, ③ 불이익이 있더라도 결과를 감수하고, 4) 최종 결정은 반드시 자신이 하며, ④ 오랜 시간이 좋기는 하지만 경우에 따라서는 장애가 되기도 한다는 점이다.

2) 직관적 유형 - 개인의 내적인 감정에 의존하여 결정하는 형이다. 결정에 대한 책임은 지지만 미래에 대한 예견을 거의 하지 않으며 정보수집 활동도 별로 하지 않는다. 즉 환상을 좇고 현재의 느낌이나 감정에 주의를 기울인다. 그러나 선택과 수용이 비교적 빨리 이루어지지만, 결정에 어떻게 도달했는지 명백한 설명을 못한다.

3) 의존적 유형 - 결정에 대한 책임을 자신이 지지 않고 주위 사람들에게 돌리는 형이다. 남의 영향을 많이 받으며 수동적이고 복종적이며 또 사회적 승인에 대한 욕구가 높다. 또 자신의 환경을 제한된 선택으로 받아들인다.

그러면 다음 자료를 통해 합리적 의사결정 과정을 좀 더 자세히 살펴본다.

▶ 다음은 자신의 진로 의사 결정 유형을 알아보는 것이다.
　－ 응답은 문항에 내용에 대해 평소,
　－ 10번 중 1~2번 정도 그렇게 한다면 1점,
　－ 110번 중 3~4번 정도 그렇게 한다면 2점,
　－ 10번 중 5~6번 정도 그렇게 한다면 3점,
　－ 10번 중 7~8번 정도 그렇게 한다면 4점,
　－ 110번 중 8~10번 정도 그렇게 한다면 5점에 ○표 한다.

| 문항 | 응답 점수 |
|---|---|
| 1. 나는 선택과 결정을 할 때에는 매우 체계적이고 합리적으로 한다. | ① ② ③ ④ ⑤ |
| 2. 나는 중요한 결정을 할 때마다 주위의 누군가가 이끌어 주기를 바란다. | ① ② ③ ④ ⑤ |
| 3. 나는 나의 즉흥적/즉각적 판단에 따라 매사를 결정 한다. | ① ② ③ ④ ⑤ |
| 4. 나는 대체로 미래보다는 현재의 내 입장에 맞춰서 결정을 내린다. | ① ② ③ ④ ⑤ |
| 5. 나는 관련 정보가 없으면 선택이나 결정을 좀처럼 하지 않는다. | ① ② ③ ④ ⑤ |
| 6. 나는 결정 이유를 잘 모르면서도 결정한 것에 대해서는 후회하지 않는다. | ① ② ③ ④ ⑤ |
| 7. 나는 어떤 결정을 할 때에는 나중에 어떤 결과를 가져올지 미리 생각해 본다. | ① ② ③ ④ ⑤ |
| 8. 나는 매사를 결정 할 때마다 친구 생각을 중요하게 여긴다. | ① ② ③ ④ ⑤ |
| 9. 나는 주변 사람들의 도움 없이는 결정을 잘 못한다. | ① ② ③ ④ ⑤ |
| 10. 나는 중요한 결정도 아주 쉽고 빠르게 하는 편이다. | ① ② ③ ④ ⑤ |
| 11. 나는 선택하고 결정을 할 때에는 내 자신의 감정과 반응에 따르는 편이다. | ① ② ③ ④ ⑤ |
| 12. 나는 내 생각에 따라 결정하기보다 남의 생각에 따라 결정하는 경우가 많다. | ① ② ③ ④ ⑤ |
| 13. 나는 충분한 여유와 시간을 가지고 깊이 생각한 후 선택하고 결정한다. | ① ② ③ ④ ⑤ |
| 14. 나는 일을 점검해 보거나 사실을 알아보지도 않고 결정하는 경우가 많다. | ① ② ③ ④ ⑤ |
| 15. 나는 친한 친구와 상의하지 않고서는 어떤 일도 좀처럼 결정하지 못한다. | ① ② ③ ④ ⑤ |
| 16. 나는 결정에 따르는 책임이 두려워 망설이고 연기하는 경우가 많다. | ① ② ③ ④ ⑤ |
| 17. 나는 중요한 결정은 시간적 여유를 가지고 실천할 일들을 생각해 본다. | ① ② ③ ④ ⑤ |
| 18. 나는 어떤 결정을 할 때에는 관련 정보가 확실한지 확인해 본다. | ① ② ③ ④ ⑤ |
| 19. 나는 그때그때 떠오르는 생각에 따라 결정을 한다. | ① ② ③ ④ ⑤ |
| 20. 나는 중요한 결정을 할 때에는 미리 주의 깊고 세밀한 계획을 세운다. | ① ② ③ ④ ⑤ |
| 21. 나는 주변 사람들의 격려와 지지가 없이는 어떤 결정도 못한다. | ① ② ③ ④ ⑤ |
| 22. 나는 일을 결정한 후에 그 결정이 내 마음에 들지 안 들지를 상상해 본다. | ① ② ③ ④ ⑤ |
| 23. 나는 남들의 평판이 좋지 않은 결정은 별 의미가 없다고 생각한다. | ① ② ③ ④ ⑤ |
| 24. 나는 일단 결정한 사항에 대해서는 그 이유를 까다롭게 따지지 않는다. | ① ② ③ ④ ⑤ |

| 25. 나는 올바른 결정을 하고 싶기 때문에 결코 서둘러서 결정하지는 않는다. | ① ② ③ ④ ⑤ |
|---|---|
| 26. 나는 결정한 것이 감정적으로 만족스러우면 옳은 결정이라고 생각한다. | ① ② ③ ④ ⑤ |
| 27. 나는 결정에 대한 자신감이 없어 다른 사람들 의견에 따라 결정하는 편이다. | ① ② ③ ④ ⑤ |
| 28. 나는 내가 내린 결정이 목표를 향해 나가는 데 도움이 될 것이라고 믿는다. | ① ② ③ ④ ⑤ |
| 29. 나는 부모나 친구가 지지해 주지 않은 결정엔 자신을 못 가진다. | ① ② ③ ④ ⑤ |
| 30. 나는 어떤 결정을 내리기 전에는 반드시 그 결과를 미리 그려 본다. | ① ② ③ ④ ⑤ |

〈진로지도 워크북〉, 교육과학사, 2000.

1. 문항별 점수를 아래 집계 표에 쓴 다음 합계를 내 본다.
2. 가장 많은 점수가 나온 것이 자신의 의사결정 유형이다.
3. 합리적인 유형이 가장 이상적이긴 하지만 경우에 따라서는 직관적 유형도 좋을 때가 있다. 그러나 의존적 유형은 좋지 않다.
4. 따라서 합리적으로 의사를 결정하려면 어떻게 해야 하는지 적어본다.

✖ 집계표

▶점수 집계는 비교 번호와 응답한 답지 번호가 일치하는 것만 1점으로 하여 모두 더한다.

| 합리적 유형 | 문항 | 1 | 5 | 7 | 13 | 17 | 18 | 20 | 25 | 28 | 30 | 계 |
|---|---|---|---|---|---|---|---|---|---|---|---|---|
| | 점수 | | | | | | | | | | | |
| 직관적 유형 | 문항 | 3 | 4 | 6 | 10 | 11 | 14 | 19 | 22 | 24 | 26 | 계 |
| | 점수 | | | | | | | | | | | |
| 의존적 유형 | 문항 | 2 | 8 | 9 | 12 | 15 | 16 | 21 | 23 | 27 | 29 | 계 |
| | 점수 | | | | | | | | | | | |

▶ 다음은 자신의 진로 의사 결정 능력을 알아보는 것이다. 따라서 문항별 평점은 '자신의 생각과 일치하지 않으면 1점, 일치하면 2점, 어느 쪽도 아니면 0점' 으로 평점 한다.

| 문항 | 응답 점수 | | |
|---|---|---|---|
| (1) 나는 장래 직업도 중시하지만 지금/여기의 일도 중요하다고 생각한다. | 0 | 1 | 2 |
| (2) 나는 직업적 삶은 운명적이라 생각하고 그 준비를 꾸준히 하는 편이다. | 0 | 1 | 2 |
| (3) 나는 어떤 학교 무슨 학과로 진학할 것인지 항상 생각한다. | 0 | 1 | 2 |
| (4) 나는 평소 신문/잡지/TV의 관련 기사를 볼 때마다 진로를 생각한다. | 0 | 1 | 2 |
| (5) 나는 대학을 선택할 때 장래 직업을 미리 생각하면서 한다. | 0 | 1 | 2 |
| (6) 나는 일하지 않고 산다는 것은 죽은 삶이라고 생각한다. | 0 | 1 | 2 |
| (7) 나는 휴일에 집안일이나 아르바이트를 잘 하는 편이다. | 0 | 1 | 2 |
| (8) 나는 선생님이나 부모님과 진학/취업 문제를 가지고 자주 상담한다. | 0 | 1 | 2 |
| (9) 나는 장차 가질 직장을 탐방하거나 관련 정보를 늘 수집한다. | 0 | 1 | 2 |
| (10) 나는 가업을 이어받아 더욱 발전시킬 생각도 해 본다. | 0 | 1 | 2 |
| (11) 나는 가고 싶은 학교/직업을 위해 어떤 노력도 아끼지 않을 생각이다. | 0 | 1 | 2 |
| (12) 나는 취업 준비는 미리미리 해야 한다고 생각한다. | 0 | 1 | 2 |
| (13) 나는 내 책임하에 미래를 개척해 가면서 간간이 남의 의견도 참고한다. | 0 | 1 | 2 |
| (14) 나는 내 적성과 능력을 파악하려고 노력한다. | 0 | 1 | 2 |
| (15) 나는 일생에 걸쳐 할 일의 계획을 세워 놓고 있다. | 0 | 1 | 2 |
| (16) 나는 지금 열심히 준비하는 것이 밝은 미래를 기약한다고 믿는다. | 0 | 1 | 2 |
| (17) 나는 진학이든 취업이든 최종적인 것은 내가 결정할 생각이다. | 0 | 1 | 2 |
| (18) 나는 '삶=일' 이라는 생각하기 때문에 좋아하는 일을 택할 것이다. | 0 | 1 | 2 |
| (19) 나는 내 직업의 적합 여부는 내가 가장 잘 안다고 생각한다. | 0 | 1 | 2 |
| (20) 나는 부모로부터 경제적으로 독립하는 것이 좋다고 생각한다. | 0 | 1 | 2 |
| (21) 나는 진로 결정시 경험이 많은 사람의 의견을 참작할 생각이다. | 0 | 1 | 2 |
| (22) 나는 내 진로의 최종적인 책임은 내가져야 한다고 생각한다. | 0 | 1 | 2 |
| (23) 나는 직업/진학 문제에 대해 남의 의견을 듣고 책도 많이 본다. | 0 | 1 | 2 |
| (24) 나는 장래 직업에 대한 불안감이 없지 않지만 결코 비관하지는 않는다. | 0 | 1 | 2 |
| (25) 나는 나의 직업 진입 연령을 잘 알고 있다. | 0 | 1 | 2 |
| (26) 나는 내 미래를 예측하는 것은 거의 불가능하다고 생각하지는 않는다. | 0 | 1 | 2 |
| (27) 나는 원하는 직업을 갖기까지 드는 비용을 대강 계산하고 있다. | 0 | 1 | 2 |
| (28) 나는 지금 가지려고 하는 직업도 언젠가는 변할 것이라고 생각한다. | 0 | 1 | 2 |
| (29) 나는 갖고자 하는 직업에 대한 자격이나 학력에 대해 잘 알고 있다. | 0 | 1 | 2 |
| (30) 나는 장차 어떤 직업을 가질 것인지 항상 생각하는 편이다. | 0 | 1 | 2 |

1. 평점 한 것을 모두 합하여 아래 표에서 자신의 의사 결정 능력이 어느 정도인지 찾아 본다.
2. 의사결정 능력이 낮을 때 이를 높일 수 있는 방안을 적어본다.

| 의사결정 능력 정도 | 남자 | 여자 |
|---|---|---|
| 의사 결정 능력이 아주 높다 ⋯⋯⋯⋯⋯⋯⋯상 | 46점 이상 | 44점 이상 |
| 의사 결정 능력이 높다 ⋯⋯⋯⋯⋯⋯중상 | 45점 ~ 39점 | 43점 ~ 37점 |
| 의사 결정 능력이 보통이다 ⋯⋯⋯⋯⋯⋯중 | 38점 ~ 32점 | 36점 ~ 28점 |
| 의사 결정 능력이 낮다 ⋯⋯⋯⋯⋯⋯중하 | 31점 ~ 25점 | 27점 ~ 23점 |
| 의사 결정 능력이 아주 낮다 ⋯⋯⋯⋯⋯하 | 24점 이하 | 22점 이하 |

www.sesri.re.kr 서울시교육과학연구원, 2001.

내 자신 알아보기

▶ 다음은 자신의 진로의사 결정 유형을 알아보기 위한 것이다. 따라서 응답은 ㉠은 1점, ㉡은 3점, ㉢은 5점으로 하여 아래 응답점수표에 기록한다.

---

1. 나는 성격/흥미/적성을 얼마나 알고 있는가?

 ㉠ 아직 잘 모르고 있다.

 ㉡ 어느 정도 알고 있다.

 ㉢ 충분히 알고 있다.

2. 나는 지금 생애 목표를 정해 놓았는가?

 ㉠ 아직 정하지 않았다.

 ㉡ 지금 정하려고 하고 있다.

 ㉢ 분명히 정해 놓았다.

3. 나는 대학의 목적이나 특성을 알고 있는가?

 ㉠ 전혀 모르고 있다.

 ㉡ 조금 알고 있다.

 ㉢ 대학에 대해 잘 알고 있다.

4. 나는 계열 선택 준비를 해 놓았는가?

 ㉠ 아직 준비한 것이 없다.

 ㉡ 준비 중이다.

 ㉢ 준비해서 정해 놓았다.

5. 나는 진학할 학과를 정해 놓았는가?

 ㉠ 아직 정하지 못했다.

 ㉡ 계열은 정했으나 학과는 못 정했다.

 ㉢ 모두 결정해 놓았다.

6. 나는 생애 설계를 얼마나 해 놓았는가?

 ㉠ 거의 하지 않았다.

 ㉡ 어느 정도는 해 놓았다.

 ㉢ 모두 분명히 해 놓았다.

7. 나는 장래 직업에 대해 얼마나 생각하고 있는가?

 ㉠ 거의 생각하지 않는다.

 ㉡ 가끔씩 생각한다.

 ㉢ 장래 직업을 이미 정해 놓았다.

8. 나는 진학할 대학/학과에 대한 정보는 가지고 있는가?

 ㉠ 가지고 있지 않다.

 ㉡ 약간 가지고 있다.

 ㉢ 정보를 꾸준히 수집하고 있다.

9. 나는 직업세계 변화에 어느 정도 관심이 있는가?

 ㉠ 거의 없다.

 ㉡ 약간 있다.

 ㉢ 항상 관심을 가지고 있다.

10. 나는 부모/교사/친구와 진학에 대해 상담을 하는가?

 ㉠ 거의 하지 않는다.

 ㉡ 가끔 한다.

 ㉢ 자주 한다.

### 응답 점수표

| 번호 | 1 | 2 | 3 | 4 | 5 | 6 | 7 | 8 | 9 | 10 | 계 |
|------|---|---|---|---|---|---|---|---|---|----|----|
| 점수 |   |   |   |   |   |   |   |   |   |    |    |

 1. 위 응답 점수표의 점수를 모두 합산한 후 아래 표에서 자신의 유형을 찾아 본다.

2. 자신이 보완해야 할 점이 무엇인지 적어본다.

| 점수 | 유형 | 보완할 점 |
|------|------|-----------|
| 10 ~ 20 | 진로 미결정형 | - 자아이해와 직업이해를 더 해 본다.<br>- 진로 마인드의 함양이 필요하다.<br>- 구체적이고 실현성 있는 진로설계를 한다.<br>- 교사/부모/친지/전문가와 진로 상담을 한다. |
| 21 ~ 40 | 진로 유동형 | - 진로정보 수집을 더 해 본다.<br>- 진로 마인드를 기르고 확고한 진로관을 세운다.<br>- 교사/부모/친지/전문가와 진로 상담을 한다. |
| 40 ~ 50 | 진로 확정형 | - 확정한 진로라도 그것이 합리적인지 다시 한 번 점검해 본다.<br>- 확정한 진로를 효율적으로 열어 갈 수 있는 구체적인 계획을 세우고 실천한다. |

〈진로지도 워크북〉, 교육과학사, 2000

## 제1단계 : 분명한 목표 정하기

문제 상황을 분명하게 하는 단계로, 자신이 결정해야 할 문제나 상황에 대한 올바른 이해가 이루어진다. 즉 자신이 추구하는 목표를 명확하게 세우고 원하는 결과를 분명하고 구체적으로 내다본다.

▼

## 제2단계 : 여러 가지 해결 방법 찾기

자신이 원하는 결과를 얻기 위한 방법을 찾는 단계이다. 따라서 자신의 과거 경험이나 다른 사람의 경험담 혹은 책, TV 등의 여러 사례들을 참고한다. 이 단계에서는 성공 가능성은 일단 유보하고 폭넓게 두루두루 해결방법을 찾아본다.

▼

## 제3단계 : 찾은 방법의 선택기준 정하기

2단계에서 찾은 여러 방법 중에서 어떤 것을 선택할 것인지 기준을 정하는 단계이다. 따라서 자신이 선택할 때 가장 중요시할 조건, 실현 가능성, 경제성, 자신의 능력, 가치관 등을 고려하여 기준을 정한다.

▼

## 제4단계 : 기준에 따라 방법 선택하기

3단계에서 정한 기준에 따라 여러 방법을 비교·평가하여 하나를 선택한다. 즉 각각의 방법 중 실현 가능성, 경제성, 효율성 등을 고려하여 상, 중, 하로 등급을 매긴 다음 그 중 하나를 택한다.

▼

## 제5단계 : 계획을 세우고 실천하기

선택한 방안의 구체적인 실천 계획을 세워 행동에 옮기는 단계이다. 이 과정에서 얻어지는 중요한 정보나 자료를 바탕으로 원래의 계획을 재검토 해 본다. 그리고 목표를 가장 효율적으로 달성할 수 있는 방법이 무엇인지 최종적인 검토도 해 본다.

## ✖ 합리적 의사결정 과정 – 예시 2

1단계 : 상황 파악 단계 - 결정해야 할 문제나 상황에 대한 올바른 이해

2단계 : 대안 탐색 단계 - 여러 경험을 토대로 원하는 결과를 얻기 위한 방법 모색

3단계 : 기준 확인 단계 - 목표 달성을 위해 세운 방법을 선택하는데 필요한 기준 설정

4단계 : 대안 결정 단계 - 각각의 대안을 평가한 다음 하나를 선택하고 결정하기

5단계 : 계획 실천 단계 - 결정된 것을 실행하기 위한 계획 수립과 실천

### 제1단계 : 상황 파악 단계

고등학교 1학년생인 민호는 여름 방학 동안 아르바이트를 해 보기로 했다.

▼

### 제2단계 : 대안 탐색 단계

그래서 방학 동안 할 수 있는 일이 무엇일까 생각해 보았다. 그 첫째로 친구 몇 명과 함께 공원 관리소에서 시간제로 일하는 것, 둘째로는 아버지를 도와 수도 보조공으로 일하는 것, 셋째로는 시골서 농장을 경영하시는 친척 아저씨 농장 일을 돕는 것이다. 그러나 이 일은 방학 내내 쉬지 않고 해야 한다. 민호는 이 세 가지 일이 모두 그렇게 마음에 들지 않았다. 그래서 다른 일거리를 찾아보기로 했다.

▼

### 제3단계 : 기준 확인 단계

그래서 민호는 세 가지 일의 구성 요건들을 살펴봤다. 즉 그 일을 함으로써 얻어지는 것들이 어떤 것들인지 살펴보았다. 방학 이후 갖고 싶었던 한국 소설 전집을 살 수 있을 만큼의 돈을 벌 수 있느냐 하는 것이었다. 물론 장래 직업 선택을 위한 일 체험도 목적이긴 했지만….

▼

### 제4단계 : 대안 결정 단계

그런 각도에서 민호는 세 가지 일을 면밀하게 검토하면서 부적절한 일감을 제거해 갔고, 또 원하는 안이 누락되는 점이 없도록 했다. 그러자 첫 번째 일은 자신이 설정한 목표를 이룰 수 없음을 알았다. 왜냐하면 전집을 구입할 만큼의 돈을 벌수도 없을 뿐더러, 관리에 대해서도 특별한 흥미를 갖고 있지 않았기 때문이다. 두 번째는 돈은 벌수는 있지만 이미 그 일을 해 본 적이 있는 것이었다. 또 장래 수도공이 되고 싶은 생각도 없었다. 세 번째는 꽤나 신나는 일이기는 하지만 아저씨로부터 일한 대가를 받을 수 있을지가 확실치 않았다. 민호는 세 가지가 모두 마음에 들지 않았다. 그래서 다른 일을 찾아보기로 했다. 그때 마침 시장에서 과일 가게를 운영하고 계시는 이웃집에 사시는 아저씨 한 분이 가게 일을 도와 줄 사람을 구하고 있다는 말을 듣게 되었다. 보수가 많은 것은 아니지만 좋은 경험이 될 것 같았다. 부모님께서도 선뜻 허락해 주셔서 민호는 그 일을 하기로 결정했다.

▼

### 제5단계 : 계획 실천 단계

이윽고 실행 계획을 세우고 일에 들어갔다. 먼저 부모님께 가게 일을 하겠다고 말씀을 드린 후, 일을 시작했다. 물론 이 일을 하지 못하게 되는 경우도 미래 생각해 두었다.

---

### 《 1 단계 》 이루고자 하는 진로 동기 깨닫기

① 현재 자신이 하고자 하는 것의 이유를 구체적으로 생각한다.
② 장래 자신의 모습(20년, 30년 후의 모습)을 구체적으로 그려본다.

---

▼

---

### 《 2 단계 》 진로 목표 정하기/좋은 목표의 요건

▶ 진로 목표를 정하기
   ① 흥미, 적성, 성격, 능력 등을 알아본다.   ② 가치 있는 것이 무엇인지 알아본다.
   ③ 장차 원하는 직업을 알아본다.   ④ 직업이 요구하는 조건을 알아본다.
   ⑤ 적합한 직업을 선택한다.   ⑥ 남의 인정을 받을 수 있는지 알아본다.
▶ 좋은 목표의 요건
   ① 구체적이어야 한다.   ② 측정할 수 있어야 한다.
   ③ 성취할 수 있어야 한다.   ④ 결과 지향적이어야 한다.
   ⑤ 달성할 날짜가 표시되어야 한다.

---

▼

---

### 《 3 단계 》 목표 달성을 위한 구체적 목표 세우기

① 진로, 전공을 선택한다.   ② 미리 갖추어야 할 자격을 알아본다.
③ 단기, 중기, 장기로 나눠 구체적 계획을 세운다.   ④ 계획을 실행한다.
⑤ 목표 달성 여부를 점검한다.   ⑥ 계획에 차질이 생기면 재수립한다.

---

▼

---

### 《 4 단계 》 목표 달성을 위한 의욕 환기하기

① 목표에 대한 확신이 있어야 한다.   ② 자아실현에 대한 믿음이 있어야 한다.
③ 단기보다 장기 목표 달성에 치중한다.   ④ 자성 예언을 한다.
⑤ 부정적 사고를 버리고 긍정적 사고를 한다.   ⑥ 주위에서 본받을 사람을 찾는다.
⑦ 결과에 대한 책임을 자신이 진다.   ⑧ 지나친 완벽은 추구하지 않는다.

---

▼

---

### 《 5 단계 》 목표 달성의 장애물 없애기

① 건강, 가정, 학비, 친구 등 걱정거리를 없앤다.   ② 공부를 저해하는 환경을 정비한다.
③ 공부이나 직업적 흥미가 비슷한 사람과 사귄다.   ④ 생활을 개선하고자 부단히 노력한다.
⑤ 목표 달성 방법에 대해 주위 사람의 자문을 구한다.

---

〈진로교육의 이론과 실제〉, 한국진로교육학회, 2001.

## 17

삶(인생)은 '일을 통해 식/의/주를 해결하고 나아가 자신의 생각을 구현해 가는 과정'이라고 할 수 있다. 그리고 이런 삶의 목표가 행복이라는 것은 두말할 나위 없는 일이다. 그렇다면 진로개발에서 가장 중요한 것은 자신에게 적합한 일(직업)을 찾는 일이다. 이를 위해서 흥미/성격/적성/가치관/지능/신체조건 등의 검사와 관련 진로를 알아보았다.

그러나 모든 검사가 그렇듯이 완전하고 절대적인 것은 없다. 왜냐하면 몇 개의 검사 문항만으로 복잡한 인간의 내면을 측정한다는 것이 원천적으로 불가능하기 때문이다. 따라서 검사 결과를 진로개발에 이용할 때에는 반드시 다음과 같은 점에 유의해야 한다.

첫째, 초등학교나 중학교 초기에 한 적성이나 흥미검사 결과는 성장하면서 얼마든지 변할 수 있다는 점이다. 원래 흥미나 적성은 경험과 깊은 관련이 있기 때문에, 경험하지 않은 분야에 대한 흥미나 적성은 얼마든지 낮게 나올 수 있다. 즉 경험의 양이 많아지고 깊어지면 검사 결과도 크게 달라질 수 있다. 그러므로 어린 시절에 검사한 적성이나 흥미검사 결과를 가지고 진로를 결정하는 것은 좋지 않다. 따라서 바른 검사를 위해서는 어느 정도 언어능력이 갖추어 지고, 흥미와 능력의 패턴도 고정이 되는 중학교 이후에 검사하는 것이 바람직하다.

둘째, 검사 결과 예언력은 검증이나 확인이 되지 않은 것이라는 점이다. 검사 결과가 예언력을 갖추기 위해서는 '그 검사 결과를 가지고 선택한 직업인 모두가 성공을 거두었다는 증거'가 나와야 하는데 그런 검증 자료가 없다. 따라서 모든 검사 도구는 논리적 연관성에 기초하여 그러한 예언력이 있을 것이라고 기대해서 만든 것일 뿐이다. 따라서 검사 결과가 제공해 주는 정보는 매우 한정적이라는 사실을 꼭 알아두어야 한다.

이렇게 볼 때 검사 결과로 나온 점수의 높고 낮음 또한 그리 신뢰할 수 있는 것은 아니다. 아주 큰 차이가 아닌 오차 범위 안에서의 차이는 별 의미가 없기 때문이다. 따라서 언어능력 90%, 수리능력 87%가 나왔다고 하여 다음 검사에서도 그런 결과가 나을 것을 기대하거나, 언어능력이 높게 나왔으니 문과를 가야한다는 식의 단정적 해석은 좋지 않다. 검사 결과는 어디까지나 대략의 높고 낮은 정도를 보고 자세한 것은 전문가의 조언을 듣는 것이 현명하다.

셋째, 적성이나 흥미 프로화일이 그리 명확한 것이 아니라는 점이다. 사람은 대개 검사를 치르고 나면 특별히 잘하는 것이나 흥미 있는 분야가 두드러지게 나타나기를 기대한다. 즉 진로를 선택하고 결정 할 수 있는 확실한 답을 기대한다. 그러나 한 사람에게 적합한 직업이란 한가지 만 있는 것이 아니라 다양한 것이 있다. 또 직업적인 성공은 흥미나 적성보다는 자기가 선택한 직업에 대한 적응력이나 노력에 달린 경우가 많다. 따라서 그 사람에게 딱 맞는 분야를 찾아 그 길로 나가는 방식의 진로개발은, 소수의 천재적 운동 선수나 예술가 또는 그와 반대로 매우 제한된 능력을 가진 사람에게만 해당된다. 그러므로 대부분의 사람들에게는 맞는 직업은 여러 개일 수 있으며 한 직업에서 성공할 수 있는 인간 유형 또한 다양하다는 점을 잊지 말아야 한다.

넷째, 검사 과정 자체를 진로마인드를 기르는 기회로 삼아야 한다는 점이다. 즉 검사 결과를 가지고 진로를 선택하고 결정하기 보다는 검사 과정 자체를 자기성찰의 기회로 활용하도록 해야 한다. 예를 들어 직업적성검사를 한 사람들에게 물어 보면 대개가 검사를 치르는 과정에서 자신을 깊이 있게 돌아 볼 수 있었다고 한다. 그리고 언어와 수리 같은 인지능력만이 아니라 대인관계능력, 신체운동능력, 자기성찰능력과 같은 다양한 능력이 중요하다는 것을 알게 되었다고 한다.

다섯째, 검사 결과가 직업 탐색으로 이어지도록 해야 한다는 점이다. 성격/적성흥미 검사 등은 대개 개인의 특징과 관련성이 높은 직업군들을 제시한다. 또 검사 결과와 가장 관련성이 높은 직업만이 아니라, 어느 정도 관련성이 있는 직업에 대해서도 관심을 가지고 알아보도록 안내한다. 이 때 도움이 되는 것이 인터넷 상의 직업사전이다. 즉 커리어 넷이나 워크 넷(http://work.go.kr)에 탑재된 직업사전이다. 따라서 검사 결과는 곧바로 진로 선택에 이용하기 보다는, 검사결과를 가지고 직업을 탐색하고 고민하며 또 자기성찰의 자료로 삼아야 할 것이다. 〈www.careernet.re.kr〉

행복의 조건을 모두 갖춘(?) 왕이 있었다. 부와 권력과 건강 그리고 사랑하는 왕비와 자식이 있었기 때문이다. 그러나 왕은 전혀 행복을 느끼지 못했다. 그래서 행복을 찾기 위해 재상을 불렀다.

"나는 행복을 원한다. 그러니 그대가 나를 행복하게 해 달라. 그러면 큰상을 내릴 것이다. 그러나 만일 행복을 가져다 주지 못하면 너는 목숨을 내 놓아야 한다."

재상은 당황했다. 어떻게 할 것인가? 행복을 어떻게 가져다 줄 수 있단 말인가? 궁중을 다 뒤져봐도 왕을 행복하게 해 줄 방법을 아는 사람은 없었다. 그래서 재상이 왕에게 말했다.

"시간이 좀 걸리겠습니다. 경전을 뒤져 볼 수 있도록 조금만 말미를 주십시오."

그리하여 그는 모든 경전을 뒤졌다. 하지만 어디에도 행복에 대한 언급은 없었다. 정말 행복은 어려운 문제였다. 그러다가 한 가지 묘안을 생각해 내었다. 그래서 왕에게 고했다.

"아주 간단합니다. 전하의 위엄이 바로 행복을 가로막는 방해물입니다. 그러니 전하께서는 행복한 사람을 찾아내서 그 사람의 속옷을 입으시면 됩니다. 그러면 전하께서는 행복하게 될 것이며 또 행복이 무엇인지도 알게 될 것입니다."

왕은 기뻤다. 행복한 사람을 찾아 그의 속옷을 입는다는 것은 어려운 일이 아니었기 때문이다. 그래서 왕은 즉시 신하들을 불러 명령했다.

"가서 행복한 사람을 찾아 그 사람의 속옷을 구해 오라. 어서 서둘러라!"

신하들은 서둘러 궁궐 밖으로 나갔다. 그리고 그들은 우선 부유한 사람을 찾아가 자초지종을 이야기 한 다음 속옷을 줄 것을 요구했다. 그러나 그들 모두가 난색을 표했다.

"당신들이 원한다면 속옷을 내 드릴 수는 있습니다. 그러나 저는 결코 행복한 사람이 아닙니다. 저 역시 행복한 사람을 찾아 나설 참이었습니다."

신하들은 전국 방방곡곡을 돌아다녔다. 그러나 어느 한 사람도 행복하다고 하는 사람이 없었다. 그래서 죽음을 각오하고 왕에게 돌아와 아뢰었다.

"전하께서 행복하실 수만 있다면 저희들은 목숨이라도 내 놓겠습니다. 그러나 그 속옷만은 구해드릴 수가 없습니다."

이렇게 신하들이 탄식을 하는 모습을 보고 있던 한 거지가 말했다.

"너무 걱정하지 마십시오. 제가 행복한 사람을 알고 있습니다. 당신들도 그 사람이 부는 피리소리를 가끔 들었을 것입니다. 바로 저 강가에 있지 않습니까? 한 번 찾아가 보십시오."

"그래, 우리도 한 밤 중에 들리는 피리소리에 매혹되곤 했다. 그 아름다운 소리를 내는 사람이 행복한 사람이라고? 그는 지금 어디에 있는가?"

"오늘 밤, 찾아 가 보십시오. 그는 매일 밤 강가에 나옵니다."

그래서 신하들은 서둘러 강가에 나갔다. 아닌 게 아니라 강가에는 피리를 부는 사람이 희미하게 보였다. 그 소리는 너무도 아름다웠고 선율은 행복에 넘쳐흘렀다. 이윽고 신하가 외쳤다.

"이제야 행복한 사람을 찾았다."

한 신하가 엉겁결에 물었다.

"당신은 정말로 행복하오?"

"그렇소. 나는 행복하오. 그런데 당신들은 무엇을 원하시오?"

신하들이 기쁨에 넘쳐 말했다.

"당신 속옷이 필요합니다."

그러나 그는 묵묵부답이었다. 신하들이 조급해서 말했다.

"왜 대답이 없습니까? 당신의 속옷이 필요하단 말입니다. 왕께서 당신의 속옷을 원하십니다."

"그건 불가능합니다. 저는 속옷을 입지 않았기 때문입니다. 어두워서 잘 보이지 않겠지만 저는 항상 벌거벗다시피 하고 삽니다. 그러니 어떻게 속옷을 줄 수 있겠습니까? 저는 왕께 목숨은 드릴 수 있어도 속옷만은 드릴 수 없습니다."

"그런데 당신은 어떻게 그렇게 행복합니까?"

"그야 간단하지요. 저는 모든 것을 버렸습니다. 속옷조차도 버렸습니다. 그러자 행복하게 되었습니다. 저는 심지어 저 자신조차도 버렸습니다. 피리를 부는 것도 내가 아니라 피리가 나를 통해서 소리를 낼뿐입니다. 저는 존재하지 않습니다. 저는 어느 누구도 아닙니다."

# part 03

# 직업
# 알아보기

지피지기 백전백승(知彼知己 百戰百勝),

이는 '나를 알고 적을 알면 백번 싸워도 백번 모두 이길 수 있다' 는 것이다.

이를 진로개발에 대입하면,

'나를 알고 직업을 알면 진로를 성공적으로 개발해 갈 수 있다' 는 것이 된다.

## 18

## 직업이란 무엇인가

### Ⅰ. 직업의 뜻

– **직업(職業)** : 경제적 소득을 얻거나 사회적 가치를 이루기 위해 참여하는 계속적인 활동

- 영국의 occupation은, 일정한 장소를 택하여 노동행위를 한다는 직장의 뜻이 강함
- 독일의 beruf는, 하느님의 부름(소명/召命)을 받아 행하는 일이라는 의미가 강함
- 영어의 vocation은, beruf의 소명 의식적 직업(calling)의 뜻이 강함
- 프랑스는 profession을 직업의 의미로 쓰기도 함
- 또 geschaft라는 단어는 단순한 영리적 사업이라는 의미로 사용함
- business는 금전 획득을 위한 사업적이고 영리적인 뜻이 강함
- beruf/vocation/profession은 '직/職'의 뜻이 강하고, geschaft/occupation/business 는 '업/業'의 뜻이 강함

### Ⅱ. 직업의 의의

삶은 일을 통해 자아를 실현해가는 과정이다. 따라서 사람은 어떤 형태로든지 직 업을 가지고 살아가도록 되어 있으며, 생계도 유지한다. 또 사회적 역할도 수행하게 된다. 그런데 어떤 사람들은 일을 통해 보람과 긍지를 맛보며 살아가는 반면 그렇지 못한 사람도 있다. 따라서 직업은 개인적으로나 사회적으로 중요한 의의를 가지는데 이를 세 가지로 요약하면 첫째, 경제적으로 안정된 삶을 영위해 나가는 수단이며, 둘 째, 원만한 사회생활과 인간관계를 유지하고 봉사하게 하며, 셋째, 자아실현의 기회 이기도 하다.

### Ⅲ. 직업의 수

- 세계노동기구(ILO) 보고에 의하면 산업혁명 당시(1800년대)에 400여 종이었던 직업이 1945년 2차 세계대전이 끝날 무렵엔 10,000여 종, 1965년에는 50,000여 종, 1975년에는 200,000여 종으로 늘어났다고 한다.
- 우리나라는 보릿고개를 넘기기 힘들었던 1956년에 2,000종이었던 것이, 1985년 에 10,451종, 1995년에 11,537종, 2001년에는 12,306종으로 늘어났다.
- 그러면 21세기 지식/정보화 사회엔 얼마나 되겠는가? 아마 수십 만 종이 될 것이 다. 따라서 사람들도 일생에 적어도 5~7번 정도는 직업을 바꾸게 될 것이다. 그 렇다면 희망 직업도 최소한 7 가지 이상은 돼야 하지 않을까? 오늘날 교육학자들 의 주장에 의하면 인간은 '복합적 잠재능력'을 가졌다고 하지 않는가?

## Ⅳ. 한국 표준 직업 분류에 따른 대분류(한국직업사전)

1. 입법공무원, 고위 임직원과 관리자     2. 전문가
3. 기술공과 준 전문가              4. 사무직원
5. 서비스 근로자/상점ㆍ시장 판매 근로자    6. 농업과 어업 숙련 근로자
7. 기능직 근로자                8. 장치 기계 조작원ㆍ조립원
9. 단순 노무직 근로자

| 직업군 | 특징 | 관련 직종(중분류) |
|---|---|---|
| 입법공무원/ 고위 임직원/ 관리자 | 법률/규칙/정책의 결정/수립/감독, 정부의 대표/대리, 기업/단체의 정책 기획/지시/조정 등의 직무를 수행하는 직업 | - 입법공무원, 고위 임직원<br>- 법인 관리자<br>- 종합 관리자 |
| 전문가 | 물리/생명과학/사회과학/인류학 분야에서 높은 수준의 전문적 지식과 경험을 필요로 하는 직무를 수행하는 직업 | - 과학/컴퓨터/공학/보조의료/교육 전문가<br>- 행정/경영/재정 전문가<br>- 법률/사회서비스/종교 전문가<br>- 문화/예술/방송 관련 전문가 |
| 기술공/준 전문가 | 하나 이상의 물리/생명과학 분야 또는 사회과학/인문과학 분야의 기술적 지식과 경험을 필요로 하는 직업 | - 자연 과학/공학 기술공<br>- 생명 과학/보건전문가<br>- 교육전문가와 기타 준 전문가 |
| 사무직원 | 정보를 조직/보관하며 계산/검색하는데 필요한 지식/경험을 필요로 하는 직업 | - 일반 사무원<br>- 고객 봉사 사무원 |
| 서비스근로자 / 상점과 시장판매 근로자 | 개인적이고 보조적인 서비스를 제공하고 상점/시장에서 물건을 판매하는데 필요한 지식/경험을 필요로 하는 직업 | - 대인/보호서비스 근로자<br>- 모델, 판매원, 선전원 |
| 농업/ 어업숙련 근로자 | 농산물/임산물/수산물이 생산되는데 필요한 지식/경험을 필요로 하는 직업 | - 출하목적 농업/어업숙련 근로자<br>- 자급농업/어업 근로자 |
| 기능원/관련기능 근로자 | 최종 생산품의 특성/사용목적/생산과정/재료/도구를 이해하는 숙련 작업/수공예의 지식/경험을 필요로 하는 직업 | - 원재료 추출과 건축기능근로자<br>- 금속/기계와 관련 기능근로자<br>- 정밀/수공예/인쇄관련 기능근로자<br>- 기타 기능공/관련 기능근로자 |
| 장치/기계조작/ 조립원 | 대규모이고 고도의 자동화된 산업용 기계/장비를 조작하는데 필요한 지식/경험을 필요로 하는 직업 | - 고정 장치 관련 조작원<br>- 기계 조작공과 조립원<br>- 운전기사와 이동장치 조작원 |
| 단순 노무직/ 근로자 | 공구의 사용을 포함하여 단순하고 일상적이며, 때로는 육체적 노력이 요구되고, 개인적 창의와 판단만을 필요로 하는 업무를 수행할 수 있는 지식/경험이 요구되는 직업 | - 행상/단순서비스직 종사자<br>- 농림/어업 관련 단순 노무자<br>- 배관/건설/제조/운수관련 단순 노무자 |

## V. 직능별 직업 분류

1. 생산/제조      2. 건설      3. 화학      4. 수송/운수

5. 사무      6. 판매      7. 사회/공공서비스      8. 관광/요식/개인서비스

9. 의료/보건      10. 교육      11. 전기/전자/통신      12. 광고/디자인

13. 농림/수산/축산      14. 예/체능      15. 군인

| 번호 | 분야 | 관련 직종 | 직업명 |
|---|---|---|---|
| 1 | 생산 제조 | 금속절삭·가공 | 기계제작기사, 정밀측정기사, 선반원, 밀링공, 연삭원, NC공작기계가공원, 전산응용원, 설계가공원(CAD/CAM), 금속연마원 |
| | | 금속소재 제조·가공 | 제강기사, 제강원, 압연원, 주조원, 열처리원, 판금원 |
| | | 기계기술·조립 | 기계제작기사, 기계조립원, 자동차정비기사, 자동차조립원, 항공기기사, 항공기조립원, 조선기사, 조선원, 카메라조립원, 시계조립원 |
| | | 섬유가공 | 방적기사, 방적원, 방사기사, 방사원, 염색가공기사, 염색원, 의류기사, 편직원, 봉제원, 섬유기계 정비원 |
| | | 목재, 도자기 제조·가공 | 가구제작원, 합판원, 목공선반조작원, 도자기공예가, 도자기제조원, 나전칠기검사원, 요업기사 |
| | | 인쇄·제본 | 윤전 인쇄기조작원, 인쇄제판원, 식자원, 사진제판원, 제번기 조작원 |
| | | 음식료품 제조 | 식품제조기사, 제과원, 제빵원, 통조림식품 제조원, 살균기조작원, 낙농품제조원, 수산물가공처리원, 육가원, 담배제조원 |
| | | 기타 생산 공정 | 시멘트 제조기사, 제지원, 화장품제조원, 피아노조립원, 완구제조원 |
| 2 | 건설 | 토목·건축기술 | 토질 및 기초기사, 토목구조물기사, 토목기사, 건축구조기사, 건축제도기능사, 측량기능사 |
| | | 시공·설비공사 | 건축시공 기능사, 콘크리트 기능사, 롤러운전원, 불도저운전원, 굴삭기운전원 |
| 3 | 화학 | 화학 | 고무제품 제조원, 도료 제조원, 생산제품 도장원, 정유원, 제지원, 플라스틱제품 제조원, 타이어 제조원, 화장품 제조원, 폐수 처리원 |
| 4 | 수송 운수 | 운전 조정 | 항공기 조종사, 항공 기관사, 선장, 항해사, 선박 기관사, 자동차 운전원 |
| | | 운수관련 서비스 | 항공기내 승무원, 항공기정비사, 관광 안내원, 자동차 정비원, 통관사, 교통 매표원, 교통안전 관리자 |
| 5 | 사무 | 컴퓨터 | 정보처리 기사, 컴퓨터 프로그래머, 오퍼레이터, 천공원, 워드프로세서 |
| | | 일반사무 | 비서, 일반 사무원, 타자원, 속기사, 경리 사무원, 회계 사무원, 은행 사무원, 보험 사무원 |
| | | 전문사무 | 공인회계사, 세무사, 보험계리인, 해무사, 부동산 감정원, 증권 분석가, 손해사정인 |

| | | | |
|---|---|---|---|
| 6 | 판매 | 일반상품 | 백화점판매원, 도·소매상판매원, 대리상, 객주, 거간 |
| | | 기술·판매직 | 기계/기술판매원, 난방장치 기술판매원, 모터사이클판매원, 사무용기기판매원, 자동차/기술판매원, 컴퓨터/기술판매원 |
| | | 보험, 증권, 금융, 부동산 | 유가증권 판매원, 유가증권 매매 대리인, 시장 대리인, 경매 사무원, 증권중개인, 보험 대리인, 부동산 중개인 |
| | | 판매대리인직 | 가공식품 판매대리인, 도료 판매대리인, 수입판매대리인, 수출판매대리인, 의약품 판매대리인, 화장품 판매대리인 |
| 7 | 사회 공공 서비스 | 재산 인권 법률 | 변호사, 법무사, 공증인, 요리사, 경찰관 |
| | | 사회 복지 | 보육사, 사회복지사 |
| 8 | 관광 요식 개인 서비스 | 관광 요식 서비스 | 호텔지배인, 후론트직, 객실직, 조리기능장, 한식조리사, 양식조리사, 중식조리사, 일식조리사, 복어조리사 |
| | | 개인서비스 | 이용사, 미용사, 세탁기능사 |
| 9 | 의료 보건 | 의사, 약제사, 간호사, 의료기사 | 내과, 외과, 정신신경과의사, 한의사, 간호사, 약제사, 방사선기사, 임상병리사, 치과기공사, 피부관리사, 물리치료사 |
| | | 기타 의료직 | 식이요법가, 시각교정요법사, 언어교정요법사, 정형기술공, 척추지압치료사, 조산전문가, 영양사 |
| 10 | 교육 | 교육 | 대학교수, 전문대학교수, 중·고등학교교사, 초등교사, 유치원교사, 보육교사, 장학사, 양호교사, 직업훈련기관교사, 사서교사, 학원강사 |
| 11 | 전기 전자 통신 | 전기·전자 | 건설전기원, 반도체제품제조원, 건전지·축전지 제조원, 발전원, 배전원, 변전원, 송전원, 전기 기계기구검사원, 전기공사작업원, 전자조립원 |
| | | 통신 | 장거리통신체제 설계원, 통신기사, 무선설비원, 전파통신사, 데이터통신 설비원, 전화교환원, 선박통신사, 항공관제관 |
| | | 언론 보도 | 신문기사, 방송기자, 방송스크립터, 아나운서, 라디오, 텔레비전 방송기술공, 잡지기자, 도서편집자, 편집자, 프로듀서, 리포터 |
| 12 | 광고 디자인 | 광고 | 광고기획가, 카피라이터, 크리에이티브디렉터, 시엠플래너, 광고디자이너, 광고 PD, 이벤트업 종사자 |
| | | 디자인 | 제품, 가구, 보석, 용기, 패키지, 그래픽, 패션디자이너, 일러스트레이터, 디스플레이어, 컴퓨터그래픽디자이너, 아트플라워디자이너, 인테리어디자이너 |
| 13 | 농림, 수·축산 | 농림 | 곡식작품재배원, 농기계운전원, 농장관리자, 과수원종사자, 분재생산종사원, 수경재배원, 온상재배원, 화훼재배종사원, 특용작물재배원, 수목관리자, 양잠종사원, 조경감독 |
| | | 농림수·축산 | 수족관관리자, 양식직, 연근해어업직, 원양어선직, 가금인공부화관리직, 낙농종사원, 동물사육사, 양봉가, 인공수정사, 병아리 감별사 |

| 14 | 예·체능 | 예능 | 작가, 작곡가, 화가, 성악가, 연주자, 무용가, 악단지휘자, 영화감독, 꽃꽂이예술가, 만화가, 메이크업아티스트모델, 비디오촬영편집인, 성우, 애니메이터, 탤런트 |
| --- | --- | --- | --- |
| | | 체능 | 프로야구, 축구감독, 경기지도자, 프로야구, 축구선수, 프로골프선수, 레크리에이션지도자, 생활체육지도자, 에어로빅강사, 치어리더, 운동처방사 |
| 15 | 군인 | 육군 | 법무, 경리, 행정, 의무, 정보, 정훈, 보병, 공병, 포병, 헌병, 어군, 차량운전, 화생방, 전자통신장비 |
| | | 공군 | 법무, 행정, 회계, 의무, 레이더 및 무선정비, 유도 무기정비, 방공포운영, 항공관제, 항공기기계정비, 항공사진, 항공기상분석, 통신 |

## 쉬어가기 *

한 의사가 값비싼 옷으로 치장한 여자 환자를 검진하고 있었다.

의사가 말했다.

"몸에는 이상이 없는데요."

환자는 도무지 알 수 없다는 표정으로 말했다.

"그럼 왜 이렇게 기분이 엉망일까요? 커다란 새 집을 장만하고 차도 최신형으로 사고 새 옷장도 구했어요. 직장에서는 봉급도 크게 올랐고요. 그런데도 아무런 흥이 나지 않고 오히려 비참한 생각이 들어요. 도움이 될 만한 약이 없을까요?"

의사가 고개를 가로젓자 환자가 깜짝 놀라 말했다.

"무슨 병인데요?"

의사가 어두운 표정으로 말했다.

"어플루엔자 (Affluenza=Affluent+Influenza)라는 신종 유행병입니다. 다시 말하면 풍요로워지기 위해 더 많은 것을 추구함으로써, 과중한 업무/부채/근심/낭비 등의 증상을 동반하는 아주 몹쓸 병입니다."

▶ 위의 자료를 참고로 하여 직업군 별로 아는 직업의 이름을 써 본다.

| 분류번호<br>직업군 | 직업 이름 쓰기 |
|---|---|
| 0<br>의회의원/고위<br>임직원/관리자 | |
| 1<br>전문가 | |
| 2<br>기술공/<br>준전문가 | |
| 3<br>사무종사자 | |
| 4<br>서비스 종사자 | |
| 5<br>판매 종사자 | |
| 6<br>농업/임업/어업/<br>숙련종사자 | |
| 7<br>기능원/<br>관련기능 종사자 | |
| 8<br>장치/기계조작/<br>조립종사자 | |
| 9<br>단순노무 종사자 | |

직
업
알
아
보
기

나비효과란 '경복궁을 나는 나비 한 마리가 일으키는 미세한 기류변화가 거리를 멀리하고 시간이 지나서 지구 반대편에 이르면 폭풍이 될 수도 있다' 는 것을 이르는 말이다. 여기에 우리 주변에서 일어나는 일들을 대입해 보면, 미래의 직업이 어떻게 변할 것인지 어느 정도 짐작할 수 있다. 그러나 함정은 있다. 사람들이 변화를 잘 받아들이지 않으려 하기 때문이다. 몇 가지 예를 들어 보자.

- 1939년, 인류는 전혀 예상하지 못했던 우라늄 분열의 발견으로 원자탄과 원자로 장치들을 만들게 되었다. 그런데 이처럼 원자력의 존재가 완전히 알려진 1940년까지도, 거의 모든 과학자들은 여전히 금속 조각들의 결합으로 원자력이 방출된다는 것을 믿으려하지 않았다.

- 2차 세계대전 말, 사정거리 200마일의 가공할 독일 V-2 로켓의 존재가 알려지자 영국은 발칵 뒤집어졌다. 즉시 상원토론회가 열렸다. 이 자리에서 처칠 수상의 과학 자문인 처웰 경은, 그의 뛰어난 산술 실력을 바탕으로 이렇게 말했다. "장거리 로켓은 90% 이상이 연료로 구성되는 것이 분명하다. 따라서 V-2 로켓의 제조는 불가능하다." 이 말은 1945년 봄까지는 맞는 말이었지만, 여름으로 접어들자 더 이상 맞는 말이 아니었다.

- 1814년 스티븐슨이 증기기관차를 발명하자, 비평가들은 하나같이 시속 30마일이라는 속도에 도달하게 되면 모든 사람은 질식할 것이라고 말하면서 그 발명을 평가 절하하였다.

- 1878년 에디슨이 백열등을 연구하고 있다는 소문이 영국에 전해지자, 가스등 회사의 주가가 폭락하였다. 영국 의회는 이 문제를 조사하기 위한 위원회를 구성했는데, 여기서 우정성 기사국장 윌리엄 프리스 경은 전기로 빛을 만든다는 것은 완전한 도깨비장난이라고 단호히 선언하며 그 연구를 비웃었다.

- 20세기 초 라이트 형제는 동력을 이용한 비행을 시도하고 있었다. 그런데 대부분의 과학자들은 공기보다 무거운 비행체는 있을 수 없으며, 비행기를 만들려고 시도하는 라이트 형제 같은 사람은 모조리 바보라고 비웃었다. 그러면 지금부터 아래의 사례들을 통해 직업의 변화를 좀 더 구체적으로 살펴보자.

- '2001년 3월 28일, 한 신문에 ' 10개국 언어 휴대용 통역기 미국서 개발' 이란 기사가 있었다. 내용인즉 미국의 휴대용기기 생산업체인「비아」가 개발 중인 이 기기는, 영어, 한국어, 아랍어, 태국어, 중국어 등 10개 국어를 자유자재로 통역할 수 있다는 것이다. 사용자가 자신이 사용하는 언어로 말을 하면 약 5초 뒤에 지정한 언어로 통역된 음성이 흘러나오는 방식이다. 크기도 휴대하기 좋게 담뱃갑만한 크기 (24.77cm×7.95cm×3.18cm)로 웃옷 주머니에 넣을 만큼 작으며 반으로 접을 수도 있다. 올 가을쯤 시판될 이 기기의 값은 5천~1만 달러정도 갈 것이라고 한다. 이렇게 될 때 직업은 어떻게 변할 것인가?

- 미국 노동부는 10여 년 전, 2005년까지 줄어 들 직업으로, 농부, 타이피스트, 부기, 회계담당 서기, 은행출납원, 재봉사, 청소부, 가정부, 전화교환원, 인사담당 사무직원, 데이터 입력원, 컴퓨터 오퍼레이터를 꼽은 적이 있다. 과연 지금 직업 세계는 어떤 형편인가?

- 독일 교육연구부에서는 미래에 인간이 관심을 가질 만한 주제를, 환경공학, 유전공학, 생명공학, 인간의 자연 의존성 문제, 사회문제, 육아/교육/일의 세계, 외국 문화와 다 문화 사회, 새로운 정보기술을 뽑았다. 이를 교과목으로 보면, 생물학 기초, 수학/물리학/화학, 역사/사회질서, 윤리학/종교학, 문학/미술/음악, 의학/건강, 인간정신/인성, 사회관계/공존, 언어/의사소통, 정치/법/경제학이다.

- 「유에스뉴스앤드월드리포트」지는 차세대에 떠오를 직업으로, 환경전문회계사, 웹광고 전문가, 웹사이트개발자, 기업컨설턴트, 건강치료사, 헤드헌터, 언어 치료사 등을 열거했다.

- 「머니」지는, 컴퓨터시스템분석가, 물리치료사, 심리학자, 직업병 의사, 경영컨설턴트 등을 꼽았다.

- 1999년 우리나라 노동부는 다음 20가지를 성장 직업으로 꼽았는데. 증권거래인, 경영컨설턴트, 직업치료사, 전문비서, 텔레마케터, 법률사무원, 선물거래중개인, 변리사, 특수학교 교사, 직업상담원, 생물공학기술자, 환경공학기술자, 전기공학기술자, 전자/통신공학기술자, 시스템엔지니어, 컴퓨터프로그래머, 웹마스터, 보안서비스종사자, 여행안내원, 번역/통역사였다.

또 신생직업으로는, 음악치료사, 전문간호사, 여행설계사, 정보제공자, 웹디자이너, 캐릭터엠디, 운동처방사, 컴퓨터중매인, 호스피스(임종 앞 둔 환자관리), 국제회의기획/진행자, 학교/사회사업가, 장애인직업능력평가원, 사이버기상캐스터, 베타테스터(소프트웨어 오류파악), 게임시나리오작가, 인터넷쇼핑몰운영자, 정보시스템감시사, 정보/기술컨설턴트, 컴퓨터바이러스치료사, 보안프로그램개발원을 꼽았다.

• 우리나라는 2005년에서 2010년경에는 고도의 지식/정보화 사회를 맞게 될 것이며 1인당 국민총소득도 2, 3만 달러에 이를 것이다. 그렇게 될 때 어떤 직업이 새로 생겨나고 없어질 것인가?

## II. 이런 유망 직업은

• 10년 뒤 10대 유망직업과 신종직업

– 취업 · 인사포털 인크루트는 부설 경력개발연구소 연구원과 헤드헌터 · 인사 담당자 등 직업전문가 50명을 대상으로 '10대 유망직업과 신종직업'을 선정, 20일 발표했다. 평가항목은 임금수준/안전성/고용창출/유연성/직업가치/근무환경/직업전문성 등 7개이다.

– 순위별 10대 유망직업

| | | |
|---|---|---|
| 1. 정보보안 전문가 | 2. 인사컨설턴트 | 3. 생명공학전문가 |
| 4. 국제협상전문가 | 5. 헤드헌터 | 6. 커리어코치 |
| 7. 게임기획자 | 8. 경영컨설턴트 | 9. 브랜드매니저 |

10. 변리사

– 유망 신직종 : 10년 뒤에 각광받을 유망직종은 무엇일까. 인터넷 사용인구가 늘면서 익명성을 무기로 기승을 부리고 있는 사이버 범죄를 막고, 지킬 수 있는 '사이버 경찰'에 대한 수요가 크게 늘 것으로 전망되고 있다. 장기이식이 일반화되면서 의료진, 기증자, 수혜자 사이에서 이식과정을 원만하게 조정역할을 하는 장기이식코디네이터가 유망 신직종 2위로 선정됐다.

– 순위별 10대 신종직업

| | | |
|---|---|---|
| 1. 사이버 경찰 | 2. 장기이식코디네이터 | 3. 다이어트프로그래머 |
| 4. 실버시터 | 5. 폐업컨설턴트 | 6. 노인전문간호사 |
| 7. 테마파크디자이너 | 8. 푸드스타일리스트 | 9. 파티플래너 |

10. 애견옷디자이너/도청방지전문가 (자료 : www.chosun.com/2005. 6. 2)

## III. 벤처 기업

- 벤처란, 첨단 신기술과 아이디어를 개발하여 사업에 도전하는 창조적인 중소기업으로 한국에서는 '연구 개발형 기업', '기술 집약형 기업', '모험 기업' 등으로 부르며, 한편으로는 위험 기업이라고도 부른다. 벤처기업 협회는 '개인 또는 소수의 창업인이 위험성은 크지만 성공할 경우 높은 기대 수익이 예상되는 신기술과 아이디어를 독자 기반 위에서 사업화하려는 신생 중소기업'으로 정의하고 있다.

- 주요 특성을 요약해 보면 ① 소수의 기술 창업인이 기술 혁신의 아이디어를 상업화하기 위해 설립한 신생 기업이다. ② 높은 위험 부담이 있으나 성공할 경우 높은 기대 이익이 예상된다. ③ 모험적 사업에 도전하는 왕성한 기업가 정신을 가진 기업가에 의해 주도된다. 원칙적으로 독립된 사업체나 기업을 뜻하지만 최근 관심과 중요성이 높아짐에 따라 많은 대기업이 참여하고 다양한 종류의 자본 투자가 이루어져 합작 벤처·내부 벤처 등 여러 형태의 벤처기업이 등장하고 있다.

### • 벤처기업 현황

| 구분 | 실태 |
|---|---|
| (1) 유형별 | 벤처기업의 유형별 분포는 특허/신기술 기업이 44%로 가장 많으며, R&D 투자 기업 30%, 벤처캐피탈 투자 기업 15%, 벤처 평가 우수 기업 11% 순으로 나타남. |
| (2) 산업별 | 산업별 분포는 전기 전자/반도체 분야가 22%로 가장 많고, 기계/금속 분야 21%, 정보 통신/멀티미디어 분야 15% 순으로 나타남. |
| (3) 규모별 | 종업원 규모(평균 35명), 종업원 규모별로 보면 101인 이상인 업체는 5%인 반면, 4 인 이하 32%, 5 인 이상 30 인 이하는 45% 정도 |
| (4) 자본금 규모<br>(평균 7억 원) | 자본금 규모별로 보면 100억 원 이상이 1%인 반면, 1억 원 미만 44%, 1억 원 이상~5억 원 미만 30%로서, 자본금이 5억 원 미만인 영세 기업이 전체의 74%를 차지하고 있음. |
| (5) 매출액 규모<br>(평균 47억 원) | 매출액 규모는 100억 원 이상인 업체는 전체의 8%인 반면, 5억 원 미만 50%, 5~10억 원은 10%로 연간 매출액 10억 원 미만의 기업이 전체의 60%를 차지하고 있음. |
| (6) 업력별 규모<br>(평균 6년) | 업력 별 분포는 3~5년인 업체가 29%로 가장 많으며, 1년 이하 10%, 1년 이상 2년 이하 14 %로 나타나 5년 이하인 업체가 전체의 53%인 것으로 나타남. |
| (7) 지역별 | 수도권인 서울 지역 1,449개(36.2%), 경기 지역 913개(22.8%), 인천 지역 327개(8.2%)로 전체의 67.2%가 집중적으로 분포하고 있음. |

## Ⅳ. 닮고 싶은 인물

• 벤처기업 현황

| 구분 ＼ 순위 | 1 | 2 | 3 | 4 | 5 | 6 | 7 | 8 | 9 | 10 |
|---|---|---|---|---|---|---|---|---|---|---|
| 한국의 인물 (남성) | 이건희 | 안철수 | 박찬호 | 이재웅 | 전하진 | 염진섭 | 이찬진 | 손범수 | 이병헌 | 정문술 |
| 한국의 인물 (여성) | 김은혜 | 황현정 | 송윤아 | 박세리 | 조수미 | 배유정 | 김태연 | 김성주 | 이영애 | 정은아 |
| 세계의 인물 (남성) | 빌 게이츠 | 잭 웰치 | 타이거 우즈 | 앨빈 토플러 | 스티븐 스필버그 | 마이클 조던 | 손정의 | 제리양 | 스티븐 호킹 | 마이클 델 |
| 세계의 인물 (여성) | 힐러리 | 바바라 월터즈 | 쥴리아 로버츠 | 마가렛 대처 | 엘리자베스 여왕 | 에니카 소렌스팀 | 피오 리나 | 박세리 | 오프라 윈프리 | 제인 폴리 |

자료 : 〈진로와 직업〉, 김재원, 2002

## Ⅴ. 선호 직업

• 고등학생이 선호했던 직업 20가지

| 순위 | 전체 | 남학생 | 여학생 |
|---|---|---|---|
| 1 | 중・고등학교 교사 | 중・고등학교 교사 | 중・고등학교 교사 |
| 2 | 의 사 | 공무원 | 의 사 |
| 3 | 공무원 | 의 사 | 유치원 교사 |
| 4 | 사업가 | 사업가 | 디자이너 |
| 5 | 컴퓨터 프로그래머 | 컴퓨터 프로그래머 | 간호사 |
| 6 | 건축 설계사 | 회사원(직장인) | 인테리어 디자이너 |
| 7 | 인테리어 디자이너 | 건축 설계사 | 호텔 지배인(호텔메니저/호텔리어) |
| 8 | 유치원 교사 | 컴퓨터관련 직업 (컴퓨터게임회사/웹 관련) | 승무원 |
| 9 | 회사원(직장인) | 경찰(서장)/형사 | 약 사 |
| 10 | 경영인 | 경영인 | 건축설계사 |
| 11 | 간호사 | 직업군인(장교/생도) | 통역사(통역관/동시통역사) |
| 12 | 디자이너 | 한의사 | 치과 의사 |
| 13 | 컴퓨터관련 직업 (컴퓨터게임회사/웹 관련) | 대학 교수 | 경영인 |
| 14 | 경찰 공무원 | 학자/연구원 | 초등학교 교사 |
| 15 | 한의사 | 치과 의사 | 방송 P D |
| 16 | 치과 의사 | 방송 P D | 한의사 |
| 17 | 호텔 지배인(호텔매니저/호텔리어) | 인테리어 디자이너 | 공무원 |
| 18 | 방송 P D | 요리사 | 대학 교수 |
| 19 | 직업 군인 | 자영업 | 패션 디자이너 |
| 20 | 승무원 | 변호사 | 외교관 |

자료 : 〈고등학생 진로선택 조사〉, 한국직업능력개발원, 2001

# VI. 유망 직업

• 노동부 선정 유망직업 300선

| 부문 | 직업 |
|------|------|
| 농/임/어/광업 | 김치연구제조, 관상어생태관리, 식물치료, 농업경영컨설팅, 종묘배양, 주문형식품 Provider, 해저탐사, 해양토질관리, 곡물컨설팅 |
| 섬유/의복 | 의류리폼, 텍스타일디자인, 패션코디네이터, 패션패턴CAD, 홈패션, 화섬신소재개발, 생활한복디자인, 기능성내의제작 |
| 출판/인쇄 | 전자출판DB, 출판기획, 점자자료, 제작출판, 전자출판기획 |
| 금속 도장 | 코팅기계조작, 마이크로기계제작, 래피드프로토타입RP(신속시제품제작), 사출/성형기계운전, 주조틀조립 · 쉐이크아웃조작, 금속가공장치운전, 금속 · 플라스틱 가공기계 |
| 재활용 | 펄프제조 · 설비, 가구리폼, 재활용품수집분류 |
| 정밀화학 | 증류기운전, 분리기조작, 접착제제조 |
| 전자부품/통신장비 | 회로시뮬레이션, 회로설계, 전자회로CAD |
| 자동차/기계/운송장비 | 카디자인, 특장차제조, 방진/방음 |
| 전기 | 디지털전기제어장비 |
| 건설 | 지역개발, 환경플랜트엔지니어링, 투시도제작, 건축공정시스템, 시설물안전진단보수, 목조주택설계 · 시공, 건축물리노베이션, 건축CAD 설계, 인텔리전트B/D관리, 건설GIS, 감리, 경량철골주택조립, 시설물해체 |
| 도소매/소비자용품수리 | 캐릭터마케팅, 오락용가전제품수리, 컴퓨터통신판매, 인터넷쇼핑몰운영, 공산품유통, 무선통신기기판매, 자동차딜러, 상품기획(Merchandiset), 농산물유통, 사이버국제무역, 소프트웨어유통, 숍마스터, 컴퓨터A/S |
| 숙박/음식점 | 호텔조리, 호텔홍보/판촉, 호텔바텐더, 호텔인터내셔널관리, 출장요리, 카지노딜러, 쿠킹스타일리스트, 호텔게스트릴레이션 오피서(Concierge), 호텔예약프런트 |
| 운 송 | 항공기검사, 항공기제어기술, 항공화물하송 |
| 관 광 | 국제관광마케팅, 관광이벤트기획, 패키지투어, 해외여행기획, 향토관광기획 |
| 우편/전기통신 | 통신장비 설비, 통신H/W ASIC기술, 통신서비스 설계 |
| 부 동 산 | 부동산투자분석 |
| 정보처리/컴퓨터운용 | Linux전문가, Emveded S/W개발, IP관리, 공인전산감리, 네트워크관리S/W, 네트워크보안, 네트워크서버구축운영, 네트워크설계, 데이터베이스, 프로그래머, 디지털회로설계, 로봇엔지니어, 멀티미디어시스템설계, 멀티미디어타이틀개발, 웹프로듀서, EC유통, 무선S/W개발, 웹마스터, 멀티미디어Contents제작, 인공지능관리, 정보검색, 캠.캐드설계, D/B Tuning, EC Operator, 웹사이트애널리스트, 테크라이터, 내장형하드웨어, 웹에디터, 베타테스터, 사이버기상캐스터, 정보시스템감사, 멀티미디어프로그래머, 컴퓨터속기, ERP패키지, 컴퓨터바이러스치료, 게임음악작곡 |

| | |
|---|---|
| 금융/보험 | 국제선물거래, 국제증권거래, 국제회계, 보험설계, IR(Investment Relations), 증권투자상담, 벤처캐피털리스트, 금융상품컨설팅, 리스크매니저, 신용분석, 애널리스트, 외환딜러, 재무분석, 파생상품브로커 |
| 경영 컨설팅 | 생산컨설팅, 정보시스템컨설팅, 소자본창업컨설팅, 지식관리컨설팅, 국제계약, 국제통상, 기업가치평가, 마케팅컨설팅, 전략. 경영혁신, 브랜드네이미스트, 소비자분석, 인사노무컨설팅, 물류컨설팅, 기술경영컨설팅 프로젝트관리 |
| 홍보/광고 | 크리에이티브디렉터, 광고기획, 광고디자인, 광고사진, 광고이벤트, 미디어플래너, PR매니저, 정치광고, 카피라이터, 해외홍보, 모델캐스터, 간판리노베이션, 팝광고크리에이터 |
| 디자인 | 공간디자인, 북디자인, 공업디자인, 서체디자인, 스텐실아티스트, 아트플라워디자인, 악세사리디자인, 용기디자인, 카드디자인, 편집디자인, 디스플레이디자인, 디자인수집카피 |
| 엔지니어링/사업지원서비스 | 태양전지연구, 재료조직평가, 고밀도에너지재료가공, 초정밀계측, 고분자화학연구, 가상기계가공, 광통신연구, 특수코팅, 기술평가, 레이저연구, 로봇연구, 마이컴제어, 마이크로프로세서응용, 메모리반도체개발, 미생물연구, 기능성화장품개발, 생물엔지니어링, 초소형모터개발, 세포배양기술, 센서계측, 웨이퍼연구, 유전자분석, 인공위성연구, 자동제어연구, 전자파제거 |
| 교육 서비스 | 산업교육지도, 이동놀이지도, 예능기초교육, 직업훈련, 전문지도, 동화구연, 멀티미디어교육, 컴퓨터기초교육, 박물관교육, 글짓기지도, 심리상담, 사이버교육, 레크리에이션 |
| 보건/건강 | 호흡치료, 의학정보관리, 카이로프랙터, 의료서비스기획, EKG(심전도)기술, 노인성질환전문관리, 호스피스(Hospice), 가정보건관리, 노인재활조무, 레크리에이션치료, 식이요법, 산후조리조무, 언어치료, 운동전문치료, 음악치료, 미술치료 |
| 사회 복지 | 자원봉사코디네이터, 장애인직업능력평가, 사회복지시설보모, 노인복지개발 |
| 영화/방송/기타공연 관련 | 특수효과, 패션쇼기획, 공연기획, 대형전시커미셔너, 디지털영상제작, 애니메이션스토리구성, 무대장치디자인, 뮤직디자인, 미디어통합디렉터, 외화번역, 비디오아티스트, 쇼핑호스트, 전문MC, 음향엔지니어, 애니메이션컨셉기획, 영상, 음반저작권전문가, 영상자료DB관리, 사이버행사기획, 촬영헌팅, 조명, 인터넷TV영상디자인, 관객개발, 분장, 세트제작 |
| 스포츠 | 스포츠마케팅, 건강다이어트, 레포츠, 헬스케어, 스포츠매니저 |
| 문화 | 도서관정보 DB관리, 문화 DB개발, 사적지관리, 큐레이터, 테마파크플래너, 미술품감정, 문화예술감상기초교육, 예술경영기획, 문화예술품복제 |
| 환경 | 공원생태관리, 수중작업, 에너지절약, 특수시설청소, 환경영향평가 |
| 공공/개인/가사 서비스 | 가사종합대행서비스, 미용경영컨설팅, 결혼이벤트기획, 베이비시터, 웨딩컨설턴트, 컴퓨터결혼중매, 연회코디네이터, 색채전문가, 장례서비스, 조향사, 네일 아티스트 |

## ✖ IT 분야 유망직업

**• 정보통신(IT)분야 유망직업 30선**

### 1. 유망직업의 정의

▶ 성장률이 높은 직업

▶ 소득(급여)이 높은 직업

▶ 고용창출능력이나 총 수요(number of opening)가 많은 것으로 하였다.

▶ 그리고 유망 직업은 대상에 따라 다를 수 있으나, 여기서는 2년제 전문대학이나 4년제 대학교를 졸업한 20~30대 연령층으로 하였다.

### 2. 유망직업 선정방법

▶ 선정 과정은 ① 문헌 분석 ② 델파이 조사 ③ 전문가 협의 ④ 실태조사의 순서로 이루어졌다.

▶ 미국, 캐나다, 일본 등의 해외 자료, 국내 공공/민간 기관에서 발표한 유망직업, 한국직업 사전, 책자, 잡지, 신문, 잡지 등을 종합적으로 조사하여 정보통신 분야 직업 1,061개 목록을 망라했다.

▶ 이 목록으로부터 직무 분야의 중복 여부, 직무의 중요성, 대표성, 고용자 수 등을 고려하여 압축하였으며, 전문가와 연구진 협의를 통해 후보 직업 55개를 선정하였다.

▶ 55개의 직업을 놓고 세 차례에 걸친 전문가 의견 조사를 실시하였다.

▶ 델파이 조사 대상은 정보통신 산업과 사업체 관계자, 대학교/전문대학/직업전문학교 교육전문가, 연구기관의 연구원 등 총 69명으로 하였다.

### 3. 유망직업 목록

▶ 공학관련 기술직(4) : 주문형반도체설계원/RF(무선주파수)엔지니어/광통신엔지니어/이동통신망운용관리자

▶ 컴퓨터/정보시스템 관련직(19) : 정보시스템분석사/데이터베이스관리자/전자상거래전문가/펌웨어프로그래머/의료정보시스템관리자/IT프로젝트매니저/무선SW개발전문가/CRM전문가/네트워크설계전문가/웹프로그래머/고객지원전문가/네트워크운영자/네트워크프로그래머/컴퓨터백신전문가/정보보호관리자/게임프로그래머/시스템관리자/XML전문가/웹마스터

▶ 교육 관련직(2) : IT교육강사/사이버교육운영자

▶ 문화/예술 관련직(4) : 그래픽디자이너/웹PD/웹디자이너/인터넷방송기자

▶ 판매 관련직(1) : IT기술영업원

### 4. 유망직업 해설

▶ http:www.careernet.re.kr → IT 직업의 세계 참조

**• 고용 없는 성장 시대 유망 직종 베스트 5**

경제가 성장궤도로 접어들어도, 일자리가 그리 늘지 않는다는 '고용 없는 성장의 시대'가 도래했다는 기사다. 즉 산업구조가 첨단산업으로 급격히 선회하면서, 과거형 일자리의 감퇴는 돌이킬 수 없는 대세가 되었다는 것이다. 이를 뒤집어 생각하면 미래형 직종에 대한 수요는 앞으로 더욱 더 확대될 수밖에 없다는 것이다. 이에 이 신문은 채용전문업체 헬로잡과 공동으로 '고용 없는 성장시대, 유망직종 베스트 5'를 선정하여 실었는데, 이는 유망 직종으로의 취업전략이면서 동시에 장기적으로 살아남을 수 있는 생존전략에 중요한 시사점을 준다.

**• 경영 컨설턴트**

외환위기를 거치면서 기업 환경을 분석하고, 비즈니스 전략을 제시하는 경영 컨설팅은 우리 기업에도 필수가 돼버렸다. 공장은 해외로 옮겨 가더라도, 본부 기능이 한국에 남아 있는 한 컨설팅 시장은 확대될 수밖에 없다. 국내 컨설팅 시장은 환란 직후 맥킨지, 보스턴, IBM 비즈니스 등 외국계가 전부였지만, 최근 네모파트너즈, 벨 모아, I&S, 이원컨설팅 등 토종업체들도 많이 생기고 있다. 최근 은행들도 기업 고객에게 컨설팅 서비스를 제공하는 등 일단 취업을 하면 이직의 기회는 무궁무진하다. 외국계가 국내 회사들보다 신입사원 채용이 더 많은데, 신입 채용 때 기업 분석력과 프레젠테이션 능력 등 두 가지를 주로 본다. 네모파트너즈 박재용 컨설턴트는 "대학 시절부터 꾸준히 케이스 스터디와 발표 능력을 키우는 것이 중요하다"고 조언했다.

**• 브랜드 매니저**

기업의 브랜드 이미지를 관리하고, 브랜드 파워를 키우기 위해 시장조사 및 마케팅 전략을 수립하는 직업. 동일 브랜드의 신 모델을 기획하거나 시장조사, 매체관리, 프로모션 기획, 매출달성을 위한 마케팅 활동을 하게 된다. 대학 시절부터 마케팅의 기본을 익히고, 기업별 상품 군을 어떻게 창의적으로 브랜드화 할 것인지 연구하는 것이 중요하다. 각 기업들이 개최하는 프레젠테이션 공모전이나 인턴 프로그램에 참여하는 것도 취업에 도움이 된다. 브랜드 매니저를 특화해서 뽑는 기업도 있고, 일괄 모집 후 브랜드 매니저로 배치하는 경우도 있다.

### • 호텔 해외 영업직

호텔 관련 업종의 꽃이라는 호텔리어 중에서도 단연 돋보이는 자리다. 해외여행이나 출장을 가고자 하는 고객들에게 해외 호텔 상품을 소개하고 각종 서비스를 예약. 제공하는 직업이다. 여러 나라의 호텔 상품을 패키지로 알선할 수도 있다. 아직 보편화 되어 있지는 않지만, 주 5일제 근무와 비즈니스 환경의 글로벌화로 전도유망한 직종이라는 평가. 최근 들어 주요 호텔마다 해외 영업만 전담하는 인력들이 생겨나고 있다. 전 세계 호텔 영업 담당자들을 상대해야 하기 때문에 외국어 능력이 필수다.

### • 유통 MD

머천다이저(MD)란 TV홈쇼핑, 인터넷 쇼핑몰 등에서 판매상품을 개발하고 기획하는 직업이다. 최근에는 홈쇼핑 등의 MD 출신들이 독립해 판로를 개척하지 못한 제조업에게 컨설팅을 하고 판로를 연결해 주는 회사들을 만들고 있다. 프리랜서 형식의 개별 창업도 가능하고 백화점, 할인점, 홈쇼핑, 쇼핑몰, 수입 상품 등은 물론 일반 기업에도 취업할 수 있다. 소비 수준이 높아지고 구매 채널도 다양해지면서 앞으로 유망한 직종이라는 평가다. MD 전문양성학원을 다니는 것도 취업의 한 방법이다. (MD/merchandiser란, 상품이라는 의미인 'merchandise'에 'er'을 덧붙여, 상품화의 계획/구입/가공/상품진열/판매 등에 대한 결정권자/책임자를 뜻한다)

### • 게임개발자와 게임디자이너

온라인게임 확산과 휴대전화 단말기 기술의 발전 혜택을 입을 수 있는 미래형 직종이다. 인터넷 포털 업체들도 앞을 다퉈 게임 포털을 열고 있고, 국내업체의 해외 게임시장 진출도 눈부시다. 게임업체들은 나이 학력 성별 구분 없이 게임에 대한 창의력과 열정을 기준으로 사원들을 채용한다. 무엇보다 게임화면을 구성하고 운영하는 시스템을 기획해 프로그램화하는 능력을 갖춰야 한다. C언어 능숙자, 컴퓨터 그래픽 애니메이션 전문가, 게임스쿨이나 게임 아카데미 수료자 등이 유리하다. (2004. 2. 25/한국일보)

- 21세기에는 인공장기를 배양하고 이식해 주는 전문가인 '조직공학자'가 뜬다. 앞으로 10년 이내에 인체에 이식하면 본래 장기처럼 기능하는 네오기관, 예컨대 췌장이나 심장 등을 동물의 몸에서 배양할 수 있을 것으로 예상되기 때문이다.

- 인간의 게놈 지도 작성 작업이 완료됨에 따라 개인별로 유전자 결손이나 손상 여부를 파악해 질병을 예방하고 치료해 주는 작업이 각광을 받게 된다. 이런 사람을 '유전자프로그래머'라고 부르는데, 이들은 사람의 유전자를 분석한 후 병을 일으킬 가능성이 있는 곳에 '똑똑한' 분자를 끼워 넣어 암과 같은 다양한 질병을 예방해 줄 것이다.

- 특정한 단백질이나 약물이 포함된 젖을 생산하도록 유전공학 처리된 소나 양을 양육하는 '생명공학 농부'가 유망직종이 될 것이다.

- 그러나 유전자 조작이 잘못되면 지구 생태계를 오염시키고 먹이사슬을 흩트리는 잡종 생체가 출현할 수 있으므로 '프랑켄슈타인 식품감별사'도 새 직종으로 인기를 끌 것이다.

- 정보통신 기기와 인터넷의 사용 확대로 이를 이용한 자료 검색 등을 전문으로 하는 '데이터 마이너'에 대한 수요도 늘어날 것이다. 데이터 마이너란 산처럼 쌓인 많은 정보들 중에서 정보를 캐내는 사람들로 중요한 정보를 찾는 작업을 금을 캐내는 일에 비유해 광부(마이너)라는 단어를 사용했다.

- 미래에는 또 스위치를 켜지 않고 음성으로 전자제품을 켜고 끄게 된다. 이에 따라 전자장비가 고장 났을 때 비디오 폰을 이용해 원격으로 기기를 고쳐주는 '긴급전화 전자장비 수리공'도 높은 대우를 받을 것이다.

- 그 밖에도 사이버 공간에서 활동하는 배우나 각본가 등 '가상현실 활동가'가 유망직종이 되고, 소비자 주문에 맞춰 프로그램을 공급하는 '유선방송업자'도 유망할 전망이다.

- 인간의 지능 수준을 가진 기계들이 늘어남에 따라 개인 비서형 프로그램을 만드는 '튜링 테스터' 개발자

- 개개인이 가진 전문 지식을 소프트웨어로 축적해 주는 '지식관리 엔지니어'도 21세기에 좋은 직업이 될 것이다.(자료 : 〈미래신문〉, 이인식, 2004)

- 장해리(22)씨는 체계적으로 다이어트 계획을 짜 주고 일정 수준에 이를 때까지 도와주는 일을 한다. 식이 요법, 운동, 정신 상담 등 다이어트 관련 각종 사항을 관리한다. 장씨는 지난해 10월 다이어트 전문 회사 '이경영 벤에세레' 에 입사, 3개월간의 인턴 생활을 거쳐 프로그래머로 일하고 있다. 피부 미용을 전공한 장씨는 "빨리, 무조건 살을 빼는 다이어트가 아닌, 과학적으로 체질을 바꾸는 '웰빙 다이어트' 에 사람들 관심이 커져 이 일은 전망이 좋다" 고 말했다.

- 김지선(25)씨는 호텔/고급레스토랑에서 와인을 관리하고 서빙하는 전문 종업원인 '소믈리에' 다. 2002년 4월 롯데호텔 와인 전문 레스토랑 '바인' 이 문을 열면서 일하기 시작했다. 지금까지 테스트해본 와인은 500가지가 넘는다고 한다. 1999년 롯데호텔에 입사, 연회장에서 주로 근무하면서 자연스럽게 와인에 관심을 갖게 됐다고 한다. 그는 "담배와 술을 안 하고 섬세한 미각과 후각을 지닌 여성들에게 딱 맞는 직업" 이라고 말했다. 서울 와인스쿨, 중앙대 산업교육원, 세종대 대학원 등 양성 과정이나 외국의 소믈리에 과정에 참여하는 방법이 있다. 한국소믈리에협회에 가입해 있는 회원은 150여명. 고성민 소믈리에협회장은 "와인 마니아가 늘고 웰빙 추세가 이어지면서 소믈리에도 인기가 높아질 것" 이라고 말했다.

- 김용준(29)씨는 국내 몇 안 되는 인터넷 보안 전문가다. 서버를 보호하고 보안 설정, 보안 분석, 해킹 방지 등 일을 하는 '인터넷 보안관' 이다. 초등학교 4학년 때 컴퓨터를 만지기 시작한 김씨는 한때 해커였다. 대학 전공도 컴퓨터공학이다. 보안 컨설팅 회사로는 시큐어소프트를 포함, 'A3시큐러티' , '인젠' , '인포섹' 등이 잘 알려져 있다. 김씨는 사이버범죄조사 전문가를 양성하는 '사이버포렌식전문가협회' 에서 강사로도 활동 중이다. 지난해 9월 출범한 포렌식협회는 현재 3기 과정을 모집 중이다. 김씨는 "사이버 범죄가 지능화되면서 포렌식 수요도 커질 것" 이라고 말했다.

- 윤소정(25)씨는 커뮤니티 서비스 '세이클럽' (네오위즈)에서 문제점 개선, 콘텐츠 개발 등 다양한 서비스를 기획·관리하고 있다. 세이클럽에는 현재 76만여 개의 커뮤니티가 있다. 윤씨는 지난해 여름 세이클럽에서 아르바이트로 일하다 올해 1월부터 본격적으로

관리 업무를 하게 된 경우. 윤씨는 "사이버 세상에 사는 게 좋은 사람은 도전해볼 만한 직업" 이라며 "커뮤니티 운영 경험이 있으면 큰 도움이 될 것" 이라고 말했다.

• 안지혜(27)씨는 2년 전 노인들을 돌보는 아르바이트를 시작했다. 말벗, 병원·찜질방·산책 함께 가기, 식사 챙기기 등 다양한 일을 하고 있다. 수당은 시간당 5000원(3시간 기본)으로, 한 달 수입이 많을 때는 70만~80만원에 이른다. 안씨는 "할아버지/할머니에게 효도하는 것 같아 뿌듯한 기분이 든다" 고 말했다. 하이버디·콜시터 등 20여개 업체가 성업 중이다. 노인들 곁에서 일상생활의 도우미 역할을 하는 '실버 시터' 는 고령화 시대를 맞아 수요가 늘 것으로 예상되는 직업이다.

• 이수진(29)씨는 음악을 통해 환자의 정신적·신체적 이상을 회복하도록 돕는 '음악치료사' 다. 음악 치료는 음악 감상, 악기 연주 등을 통해 환자들의 반응을 살펴본 후 심리적 문제점을 분석하고, 그에 따라 치료법을 적용하는 방법이다. 예를 들어 공격성이 있는 아이에게 드럼을 치게 해 감정을 분출하도록 한다든지, 뇌성마비 아이에게 드럼을 치게 해 진동을 느끼게 함으로써 근육의 발달을 돕는 것이다. 자폐증·정서장애 등 장애아동 치료, 정신과 치료, 비행 청소년이나 치매 노인을 치료하는 데 쓰인다. 1997년 숙명여대에 국내 대학 최초로 음악치료대학원이 개설된 데 이어 이화여대·명지대 등에 과정이 개설됐다.

• 김유신(28)씨는 올해 해양대학교 기계공학과를 졸업하고, 로봇 제작 벤처 기업 '유진로보틱스' 에서 일하고 있다. 그는 2002년 산업자원부 주최 '로봇 워' 대회에 학교 대표팀 소속으로 출전, 우승한 경력이 있다. 졸업 후 대기업 등 10여 곳에 입사 원서를 냈지만 실패했다는 그는 현재의 직장에 만족한다고 했다. 그는 "한국의 로봇 산업이 아직 초기 단계지만 몇 년 후 자동차 산업에 맞먹을 때가 올 것" 이라고 했다. 정부가 발표한 한국의 미래를 이끌 '10대 차세대 성장 동력 산업' 중 지능형 로봇이 포함돼 있다. 유진로보틱스/한울로보틱스/우리기술 등 로봇 제작 전문 업체는 아직 일부에 불과하다. 〈주간조선〉

• **취업 전 살펴봐야 할 것들**

① 일의 내용 : 관리직, 생산직, 사무직, 연구직, 교사직

② 안정성 : 정년, 임기, 인사이동의 주기

③ 보수 : 월급, 수당, 일당

④ 후생/복지 : 의료보험, 교통편의, 중식 제공, 복지 시설

⑤ 근무 지역 : 도시, 농촌, 광산, 해상, 해저, 국외

⑥ 근무 시간 : 정시제, 격일제, 야간 근무, 휴가

⑦ 지위 : 과장, 부장, 이사, 사장

⑧ 발전 가능성 : 교육·훈련 기회, 전직 가능성, 승진 가능성

⑨ 사회 지명도 : 역사, 공헌도

⑩ 직장 규모 : 대, 중, 소

• **채용 경향**

① 인재의 선호 경향이 전 분야를 커버할 수 있는 '박식형' 인재에서 특정 분야에 전문성을 지닌 '특화형' 으로 바뀌고 있다.

② 채용방식도 대학 졸업자를 무더기로 뽑는 '그물형' 채용방식에서 전문 인력을 수시로 뽑는 '낚시형' 으로 바뀌고 있다.

③ 교육훈련비가 많이 드는 신입 사원보다는 곧바로 현장 투입이 가능한 경력자를 많이 채용하고 있다.

④ 시험 방식도 필기시험 위주에서 서류전형/면접을 통한 인성위주로 바뀌고 있다.

⑤ 인턴사원제가 점차 늘어나고 있다.

## ✖ 채용 유형

| 채용 유형(방식) | 내용 |
| --- | --- |
| 그룹 공채 방식 | 그룹에서 필요인력을 일괄 채용하여 각 계열사에 배치하는 방식 - 대기업 경영이 계열사 위주로 바뀌면서 점차 사라지는 추세임 |
| 상시 채용 방식 | 수시로 지원서를 받아 필요 인력을 채용하는 방식 - 응시기회 확대/인력수급의 효율화/인재 발굴 폭의 확대라는 장점이 있음 |
| 인력 풀 방식 | 상시 채용 시 접수된 입사지원자의 자료를 D/B화하여 입사기회 부여 - 지원자의 입사기회가 한 번으로 끝나지 않는 장점이 있음 |
| 온라인 채용 방식 | 인터넷을 통해 원서를 접수하고 채용하는 형태 - 자료의 D/B화, 인터넷의 편리성/신속성으로 빠른 속도로 늘어남 |
| 인턴사원 방식 | 졸업예정자를 일정 기간 현업 부서에 배치하여 실습을 시켜 본 다음 그 실적에 따라 채용하는 방식 - 기업가는 자사의 홍보 기회, 취업자는 적성 파악의 기회가 됨 |
| 추천제 방식 | 공개채용의 번잡을 피해 특정분야/특정학교 출신 인재 채용방식 - 추천 요건은 무엇보다도 성적이 중요 함 |
| 리쿠르트 방식 | 선배사원이 출신학교 후배를 추천/채용하는 방식 - 리쿠루터가 학교에 머무르면서 후배들과 접촉/추천/채용함 |
| 이벤트 채용 방식 | 업체/각종 기관의 공모전에 참여하고 입사/채용하는 유형 - 취업 대기자에게 새롭게 주목받는 유형임 |

## 쉬어가기

흑인으로 남아프리카 공화국 대통령을 지낸 넬슨 만델라는, 백인 정부에 의해서 무려 26년간 감옥 생활을 한 사람이었다. 그가 감옥에서 풀려나자 사람들은 그의 건강에 큰 관심을 보였다. 젊은 시절에 감옥에 들어가서 백발이 희끗희끗해져서 나온 사람치고는 너무 건강했기 때문이다. 만델라는 그 비결을 이렇게 소개했다. "다른 죄수들은 중노동을 하러 나갈 때면 원망스러운 마음으로 끌려갔다. 그러나 나는 좁은 감옥보다 넓은 자연으로 나간다는 즐거움을 만끽했다. 몸은 힘들어도 하늘을 보고 새소리를 듣는 기쁨으로 일했다. 또 남들이 좌절과 분노를 삭이지 못하고 있을 때 나는 감옥 뒤뜰에 채소를 가꾸며 생명의 신비를 즐기면서 26년을 보냈다." 그는 자신에게 주어진 어둡고 힘겨운 여건을 뒤집어서 긍정적으로 받아들였던 것이다.

▶ 다음은 사회 변화에 따른 직업의 변화를 알아보기 위한 것이다.
▶ 아래 '예상되는 사회 변화'에 따라, 없어지거나 새로 생겨날 직업을 적어 본다.
▶ 브레인스토밍(brainstorming/아무 것에도 구애받지 않고 생각나는 대로 쓰기) 방식을 취한다.

| 예상되는 사회 변화 | 없어질 직업 | 새로 생겨날 직업 |
|---|---|---|
| 1. 평균 수명의 연장 (100세 이상) | | |
| 2. 완전한 양성 평등의 실현 | | |
| 3. 주 5일 근무의 정착 | | |
| 4. 엔트로피의 급격한 증가 | | |
| 5. 이교도간의 충돌 | | |
| 6. 문화산업 시대 | | |
| 7. 우주여행 시대 | | |
| 8. 가사의 완전 자동화 | | |
| 9. 기후의 인공 조절 | | |
| 10. 바다에서 식량조달 | | |
| 11. 도시 유목민 시대 | | |
| 12. 에듀테인먼트 시대 (edutainment) | | |
| 13. 민족 국가의 종말 | | |
| 14. 사이버스페이스 만능 시대 | | |
| 15. 세계 인구 90억 (현재 60억 명) | | |

▶ 다음은 상품에 따른 직업의 종류를 생각해봄으로써 직업이해의 폭을 넓히기 위한 것이다.

▶ 예시한 상품 별 관련 직업을 참고로, 아래 빈칸에 관련 직업을 적어 본다.

| 상품 | 관련 직업 |
|---|---|
| 영화 JSA 공동경비구역 | 홍보전문가/감독/기획자/촬영기사/의상코디네이터/특수분장/메이크업/조명/장소섭외/소품/각색/음악/시나리오작가/영사기사 등 |
| 대한민국 홈페이지 | 컴퓨터조정원/기자/보안서비스종사자/게임그래픽디자이너/게임시나리오작가/게임프로그래머/그래픽디자이너/시스템엔지니어/웹마스터/웹마케터/일러스트레이터 등 |
| 청바지 | 의상디자이너/광고마케팅/상품기획자/코디네이터/영업사원/상품판매자/의료생산자/원단제작자 등 |
| 로스앤젤레스 패키지 여행 | 여행설계사/여행가이드/호텔서비스업/조리사/비행기조종사/비행기승무원/기획자 등 |
| 구구 콘 | 식품·상품개발연구원/광고마케팅/생산자/생산라인관리자/CF광고제작자/상품디자이너/운송자/상품보관관리자/영업 등 |
| 동물원 | 건축설계사/기획자/컨설팅자문자/운영자/자동프로그램운영자/조경사/조련사/수의사/환경미화원/경비원/티케팅담당업무/가이드 등 |
| 실버타운 | 사회복지사/건축설계사/영양사/의료인/운영자/컨설팅전문가/도우미/경비시스템관리자/간호사/물리치료사/각종취미활동(수영/노래/악기 등)지도강사 등 |
| 플라스틱 머니 | |
| 네트워크 | |
| 20 : 80의 사회 (부유층 20 : 빈곤층 80) | |
| 인간 복제 | |
| 게놈 프로젝트 | |
| 인구 감소 2100년 50% 감소 | |
| 퓨전 문화 | |

활동
자료 Ⅲ

▶ 가까운 사람의 직장을 찾아가거나 물어서, 다음 항목별로 조사해 본다.

| 알아 볼 내용 | | 알아 본 내용 |
|---|---|---|
| 직업명 | 직업명 | |
| | 유사직업 | |
| 하는 일 | 일의 내용 | |
| | 주된 일 | |
| 자격증 | 학력/전공 | |
| | 자격증 | |
| | 경력 | |
| 자질 | 흥미/성격/적성/가치관/신체조건 | |
| 특성 | 보수/후생복지 | |
| | 안정성 | |
| | 발전 가능성 | |
| | 근무여건 | |
| 기타 | 대인관계 | |
| | 장/단점 | |
| | 전직 가능성 | |

 ▶ 가까운 사람의 직장을 찾아가거나 물어서, 다음 항목별로 조사해 본다.

| 알아 볼 항목 | 알아 본 내용 | 관련 정보 |
|---|---|---|
| 직업명 | | |
| 하는 일 | | |
| 보수 | | |
| 직업 환경 | | |
| 복지/후생 | | |
| 직업특성 | | |
| 필요한 능력 | | |
| 자격증 | | |
| 필요 교육/훈련 | | |
| 승진 전망 | | |
| 취업 기회 | | |
| 재교육 | | |
| 만족도 | | |
| 대인관계 | | |
| 사훈/강령 | | |
| 유사 직업 | | |
| 취업 준비 | | |
| 권장 사항 | | |
| 어려운 점 | | |
| 기타 | | |

 **활동 자료 V** ▶ 성공한 직업인을 조사해 본다.

| 조사해 볼 항목 | 조사한 내용 |
|---|---|
| 선정 이유 | |
| 직업/직업인 명 | |
| 경력 | |
| 하는 일 | |
| 성공 요인 | |
| 어려웠던 점 | |
| 배울 점 | |

▶ 좋아하는 인물의 직업관을 적어본다.

| 알아 볼 항목 | 알아 본 내용 |
|---|---|
| 직업/직업인 명 | |
| 경력 | |
| 직업관 | |
| 배울 점 | |

우리 속담에 "열 번 찍어서 안 넘어가는 나무 없다."라는 말이 있다. 그러나 실제로 사람들은 한 가지 일에 열 번 도전하는 사람은 많지 않다. 한 여론조사 기관에서 조사한 우리나라 세일즈맨의 활동성과에 대한 통계가 이를 잘 말해주고 있다. 물건을 팔기 위해 한 번 소비자를 방문해 보고 나서 포기한 세일즈맨은 응답자 전체의 48%에 달했다. 25%는 두 번째에서, 15%는 세 번째에서 포기한 것으로 나타났다. 결국 방문 횟수가 세 번 이하인 경우가 88%나 된다는 것이었다. 나머지 12%의 세일즈맨들만이 끈질기게 소비자들을 방문하여 전체 판매 목표의 80%를 달성하였다고 한다. 그런데, 우리 주위에는 입으로는 "열 번 찍어 안 넘어가는 나무 없다"고 장담하면서도, 실제로는 두세 번 찍어 보고는 "이 나무는 열 번 찍어도 안 넘어는 나무야."하면서 포기하는 사람이 많다. 목표를 달성하기 위해서는 남다른 노력과 인내심이 필요하다. 열 번 찍어 안 되면 열 한번 찍고, 열 한번 찍어 안 되면 열두 번을 찍는 사람만이 성공할 수 있는 것이다.

제러미 리프킨의 「소유의 종말(The Age of Access)」은 미래의 직업인상에 대해 중요한 시사점을 제공한다. 즉 소유에 집착하는 것은 곧 자멸의 길이라는 점과, 새로운 경제에서는 물건이 아니라 개념, 아이디어, 이미지가 실리를 가져온다는 점이다.

사유재산은 오랜 동안 인간이 사회에서 차지하는 비중을 뜻했고 또 그것을 재는 중요한 잣대였다. 그러나 시장이 네트워크에 자리를 내 주고 웬만한 일이 접속으로 이루지는 시대가 되면서, 물건을 〈가진다〉, 〈보유한다〉, 〈축적한다〉는 것은 시대착오적인 것이 되었다. 그리고 이제는 모든 것을 빌려 쓰는 시대가 되었다. 그리고 지구 전역에 뻗어있는 통신망을 거느린 다국적 미디어 기업이 세계 곳곳에서 지역 고유의 문화자원을 캐내어 문화 상품과 오락으로 재포장하는 문화생산시대가 되었다. 즉 소유하고 축적하던 '산업생산시대'가 가고, 다양하고 광범위한 문화 체험을 파는 '문화생산시대'가 전개되고 있다.

따라서 21세기 중반쯤 되면 산업은 막강한 기술과 조직 능력으로 고용인구의 극히 일부분만으로도 세계인에게 충분한 상품과 서비스를 제공하게 될 것이다. 즉 성인 인구의 5% 정도만으로 기존 산업을 모두 커버함으로써 사람 없는 공장, 농장, 사무실이 많이 생겨날 것이다. 따라서 새로운 취업 기회는 주로 문화 생산 분야에서 생길 것이다. 이렇게 산업 생산이 문화 생산으로 바뀌면서 나타난 또 하나의 중요한 변화는, 노동 의식이 유희 의식으로 바뀌는 것이다. 노동을 상품화하는 것이 산업 시대의 특징이었다면, 접속의 시대에는 '놀이의 상품화'가 이루어지고 있다. 따라서 이제까지 진로교육에서 기르려고 했던 인간상도 바뀌지 않으면 안 되게 되었다.

이런 에피소드가 있었다. 「나약한 아들에게 강한 정신력을 길러주기 아버지가 아들을 데리고 가파른 산에 올랐다. 뒤를 따르던 아들이 숨이 차 헐떡거리자 아버지는 위엄에 찬 소리로 "따라와!" 하곤 곧장 내달았다. 한참을 가다 뒤돌아보니 아들이 안 보였다. 그래서 뒤돌아 내려가 봤더니 아이는 이미 죽어있더라는 것이다.」

특수한 사례이긴 하지만 이와 유사한 교육은 여전히 이루어지고 있다. 학교마다 수련원에서 합숙을 하면서 극기 훈련을 여전히 하고 있고, 부모들 또한 자녀를 강하게 키워주기를 바라기 때문이다. 그래서 '공부 잘하고 모범적이며 의지 강한 인간'으로 키우는 것이 확고한 목표로 자리 잡고 있다. 과연 산업생산 시대에나 맞을 이런 스파르타식 약육강식, 적자생존 교육이 닥쳐올 지식기반 사회에는 결코 적합할 것인지 생각해 봐야 한다. 따라서 소유가 자멸의 길이며 지식과 정보가 부의 근원이 되는 접속의 시대에 적합한 직업에 대해 생각해 봐야 한다.

▶ 직업 선택 요인

① 능력 요인 : 지능/성적/적성/흥미/성격/가치관/특기 등

② 환경 요인 : 가정/학교/사회적 환경 등

③ 신체 요인 : 신체각부의 기능/용모/체력/체질/체격/건강상태/장애 등

④ 직업 요인 : 경제/산업구조/과학기술의 발달/인력의 수요와 공급/장래 전망 등

▶ 직업 선택 시 고려할 점, 조건과 가치 등에 대해 집중적으로 생각해 본다.

▶ 직업 조건/추구하는 가치의 중요도와 그에 따라 원하는 직업을 적어본다.

| 직업 조건과 가치 | 중요한 정도 | | | 원하는 새로운 직업 5가지(원하는 순서대로 기입) | | | | |
| --- | --- | --- | --- | --- | --- | --- | --- | --- |
| | 매우 중요 | 중요 | 보통 | 1 | 2 | 3 | 4 | 5 |
| 타인에 대한 봉사 | | | | | | | | |
| 외근과 내근 | | | | | | | | |
| 안정과 안전성 | | | | | | | | |
| 인정 욕구 충족 | | | | | | | | |
| 물질적 보상 | | | | | | | | |
| 창조적 기회 보장 | | | | | | | | |
| 여가생활 보장 | | | | | | | | |
| 근무의 자율성 | | | | | | | | |
| 타인에 대한 애정 | | | | | | | | |
| 사회적 접촉 | | | | | | | | |
| 도덕적 기준 | | | | | | | | |
| 직무의 다양성 | | | | | | | | |
| 승진 기회가 많음 | | | | | | | | |
| 취업의 용이성 | | | | | | | | |
| 계 | | | | | | | | |

**활동 자료 II**

▶ 미국의 Y 대학교에서, 재학 시 구체적인 진로 목표를 가지고 공부한 학생과 그렇지 못한 학생이 졸업 후 어떻게 되었는가를 추적해 본 일이 있었다. 그 결과 구체적인 진로 설계와 목표를 가지고 있던 3%의 학생이 이룬 부(富/wealth)가 전체 졸업생이 이룬 부의 70%를 차지하고 있었다. 따라서 진로 설계 시 구체적인 직업 계획과 그에 따른 자신의 모습을 그려보는 것이 필요하다.

▶ 미래의 생활모습을 상상해 보고, 그에 따른 직업도 생각해 본다.

▶ 「20년 후 자신의 생활 모습」과 관련 직업을 구체적으로 적어 본다.

| 생각해 볼 것들 | 미리 생각해 본 내용(직업 관련) |
|---|---|
| 아침에 출근하려고 합니다. 그럼 살고 있는 집은? | |
| 무엇으로 출근합니까? | |
| 직장에 도착해서 제일 먼저 하는 일은 무엇입니까? | |
| 직장에서 하는 일은 무엇입니까? | |
| 지금 직업에 만족합니까? | |
| 앞으로 직무 계획은 어떻게 세워놓았습니까? | |
| 점심시간엔 누구와 식사를 합니까? | |
| 몇 시에 퇴근합니까? | |
| 퇴근 후 무엇을 합니까? | |
| 취미 생활은 무엇입니까? | |
| 집에 들어가면 반갑게 맞아주는 사람이 있습니까? | |
| 가족과는 주로 무엇을 합니까? | |
| 잔자리에 들기 전에 무슨 생각을 합니까? | |

활동
자료 III.

▶ 인간이 동물과 다른 점은「가치 추구」라고 할 수 있다. 인간은 삶에서 끊임없이 사물에 가치를 부여하고 또 더 높은 가치를 추구하기 때문이다. 즉 어떤 사물은 좋지 않다고 한다든지, 또 어떤 사물은 훌륭하다는 식으로 가치를 매기기 때문이다. 인간은 이렇게 사물에 대한 '좋고/싫음', '옳고/그름' 이라는 가치관에 따라 모든 것을 판단하고 직업도 선택한다. 따라서 장래의 직업 선택을 위해서는 자신의 가치관과 일치하는 직업이 어떤 것인지 알아 둘 필요가 있다.

▶ 추구하는 가치와 관련 있는 직업을 적어보고, 그 중요도도 알아본다.

| 가치항목 | 추구하는 가치 | 관련(일치) 직업 | 가치판단 | |
|---|---|---|---|---|
| | | | 중요함 | 않음 |
| 협력 | 다른 사람과 함께 일하기 많은 사회적 관계를 맺기 | | | |
| 변화 | 일상적이지 않고 변화무쌍 새로운 일에 대한 책임 | | | |
| 독립성 | 원하는 장소서 일할 자유 자율적 의사결정 | | | |
| 명성 | 한 분야서 권위 인정받기 동료/지역사회서 인정받기 | | | |
| 영향력 | 주요 결정에 영향력 행사 내 결정에 동료가 따름 | | | |
| 보상 | 생활을 윤택하게 할 수입 보장 일정액 이상의 보수 | | | |
| 안정성 | 해고의 위험이 없는 것 항상 수요가 많은 직업 | | | |
| 성취 | 새롭고 진취적인 목표를 성취할 수 있는 기회의 많음 | | | |
| 용의 | 생활 스타일에 맞는 옷을 입는 옷은 자신이 선택 | | | |
| 창의성 | 새로운 제품, 행사, 프로그램을 끊임없이 개발할 수 있음 | | | |
| 환경 | 쾌적한 사무환경/안락한 업무 여건과 좋은 식사 | | | |
| 중요성 | 자신의 직업이 중요하거나 가치 있다고 느끼는 것 | | | |
| 혜택 | 각종 보험, 휴가, 주택, 자녀학비, 각종 금융혜택이 있음 | | | |
| 재능 | 자신의 재능/지식을 발전적으로 쓸 수 있는 기회가 주어짐 | | | |

**• 미래에 각광받을 직업(?)**

사회가 첨단화되고 디지털화되면서 새로운 직업이 하루가 멀다 하고 생겨나고 있다. 이와 관련, 창업컨설팅업체인 비즈니스유엔(www.businessUN.com, 02-761-3511)은 2004. 5. 15일 새 유망직업과 자격증을 발표했다.

- 브루마스터(Brewmaster) : 맥주를 직접 양조하는 사람을 말한다. 요즘 제조맥주 전문점이 창업 아이템으로 인기가 있기 때문에 Brewpub(레스토랑)이나 생맥주하우스 등에서 직접 맥주를 양조해 주는 서비스가 필수여서 유망한 직종으로 자리 잡게 될 것이다.

- 다이어트메이트(Dietmate) : 고객의 비만을 1:1로 관리해주는 전문가. 체지방 관리, 다이어트 식단 제공, 유산소 운동 프로그램 지원이 주 업무다. 비만클리닉, 다이어트 센터, 헬스센터, 스포츠 센터에서 고객 상담을 담당한다.

- 에스테티션 : 미학이라는 의미의 에스테틱(Aesthetic)은 두발을 제외한 전신을 손질해 주는 것을 말하는데, 에스테틱을 하는 점포가 에스테틱 살롱이고, 그곳에서 일하는 전문 기술자가 에스테티션이라고 이해하면 된다. 주로 에스테틱 살롱, 미용실, 스포츠 시설, 리조트, 도시형 호텔에서 근무하게 되며 피부, 화장품, 미용기기의 취급에 대한 올바른 지식을 습득하면 취업이 가능하다.

- 상·장례지도사 : 장례 상담부터 장례 과정 진행을 도와주는 일을 하며 병원, 장례예식장 등에서 활동하게 된다.

- 물고기 질병 전문가 : 어항 속 물고기의 고통을 치료해주는 물고기 의사. 생물학, 화학, 세균학 등 전문적인 지식을 필요로 해 별도로 공부할 필요가 있다.

- 미스터리 샤퍼(Shopper) : 손님을 가장하고 대리점이나 직영 매장에 방문해 매장의 업무 효율성이나 친절도 등에 대해 평점을 매기는 사람이다. 지방자치단체나 국가기관 아르바이트로 가능하며 일부 기업의 프랜차이즈 본부에서도 이 제도를 활용하고 있다.

- 병원서비스 코디네이터 : 환자가 편하게 병원을 이용할 수 있도록 도와주는 직업으로 환자 서비스에 대한 개선과 병원 이미지 관리, 카운슬러 및 사후관리 등이 업무를 한다. 외국의 병원에서는 교육/치료/서비스 등 분야별로 코디네이터가 나뉘어 있지만 현재 우리나

라는 한 명의 코디네이터가 모든 일을 전담하고 있다.

– 사이버 기상 캐스터 : 기상 정보를 기상청에서 받아 인터넷을 통해 기상 정보를 제공하는 일을 하거나 기업의 마케팅 활동에 필요한 고부가가치의 기상정보를 만드는 일을 한다. 이제 기상정보는 산업 활동에 지대한 영향을 줄 것으로 예상되므로 매우 유망한 직업이 될 것이다.

– 음악 치료사 : 음악으로 질병을 치료하는 직업인데 우리나라에는 자격증이 없으나 조만간 인기 직종으로 자리 잡을 것으로 보이는 이색 직종이다. 지금은 주로 유학파들 중심으로 퍼져나가고 있으며 일부 기업이나 병원 등에 취업한다.

– 벨소리 컬러링 작곡가 : 색다른 휴대폰 벨소리를 작곡하는 전문가다. 과거에는 시스템 개발자나 기획자가 음악 프로그램을 활용해 벨소리를 뚝딱 만들어 서비스를 했지만, 지금은 분위기가 다르다. 서비스를 이용하는 사람들이 큰 폭으로 늘고, 소비자들의 요구사항도 다양해지면서 서비스 업체마다 전문적인 벨소리 컬러링 작곡자를 고용하고 있다. 음악에 대한 지식보다는 사회의 트렌드를 읽거나 주도해 나갈 수 있는 안목이 있는 사람이 유리하다.

– 휴대폰 아바타 디자이너 : 최근 네이버, 세이클럽 등 인터넷 업체들 뿐 아니라 휴대폰에도 아바타가 등장했다. 좁은 화면과 휴대폰 LCD 화면의 색감을 이용하여 사용자의 개성을 표현할 수 있는 방법을 찾아서 고객들의 기호에 만족스러운 작품을 만들어 낼 수 있어야 한다. 컬러 LCD 화면 덕분에 휴대폰 화면을 예쁜 아바타로 채우는 이용자가 급격히 늘고 있어서 전망이 밝다.

– 콘텐츠(Contents) 엠디 : 인터넷 사이트에 어떤 콘텐츠를 올릴 것인지 결정하고 관리하는 전문가인데 생각이 많은 청소년이라면 도전해 보면 좋다.

– 베타테스터 : 새로 개발한 인터넷 게임을 써보고 개선책을 찾아주는 직종으로, 게임 매니아가 도전하면 좋다.

– 글자꼴 디자이너 : 컴퓨터회사, 언론매체 등에서 근무한다. 컴퓨터를 이용하여 인쇄 매체뿐 아니라 TV, 비디오, 노래방 등의 화면 자막에 일반인이 보기 쉽고 아름다운 글자 모양새를 만드는 일을 하는 사람을 말한다.

– 모바일 뮤직 디렉터 : 라디오를 듣고, TV를 보며 유행할 것 같은 음악을 벨소리로 만드는 벨소리 작곡가이다. 주 소비층이 청소년이라 취향을 잘 파악할만한 청소년들의 직업으로 유리하다. 휴대전화 3200만대 시대에 벨소리 콘텐츠 수요는 갈수록 늘 것으로 판단되므로 관심 있다면 당장 공부해도 좋다.

이 밖에도 모델 섭외를 담당하는 모델 캐스터, 번지 점프할 때 안전 교육을 담당하는 번지 마스터, 애완동물 관리사, 웹 프로모터 등 다양한 직업들이 이미 자리 잡았거나 새롭게 생겨나게 될 것이다.

## ✖ 유망 자격증

### • 미래에 각광받을 자격증(?)

사회가 첨단화되고 디지털화되면서 새로운 직업이 하루가 멀다 하고 생겨나고 있다. 이와 관련, 창업컨설팅업체인 비즈니스유엔(www.businessUN.com, 02-761-3511)은 2004. 5. 15일 새 유망직업과 함께 자격증도 발표했다.

– 가맹 상담사 : 가맹 사업에 필요한 사업성 검토나 가맹 계약서 작성 등에 관한 업무를 맡게되며 특히 가맹사업 담당자에 대한 교육이나 지도를 해주는 프랜차이즈 전문가다. 공정거래위원회에서 주관하며 2기 시험을 앞두고 있다.(02-504-9466)

– 메뉴 개발사 : 음식점 영업에 있어서 필수 사항은 메뉴의 차별화다. 새 메뉴를 개발해 주는 컨설팅을 제공하고 요리 설명서까지 만들어 준 대가로 수수료를 받는 직종

– 파티 플래너 : 파티를 하고자 하는 기업이나 단체, 개인의 요구에 따라 파티를 기획하고, 파티 장을 세팅하고, 파티가 열릴 경우 직접 참여해 분위기를 이끌어 간다. 특히 식품영양학과 출신의 여성들 사이에 인기가 높다. 지난해 가을에는 여성경제인협회가 파티플래너 창업 과정을 선보였고, 참가 희망자가 몰리면서 대기번호표까지 발행할 정도로 관심을 끌었다.

– 직업상담사 : 직업과 관련된 정보를 제공하거나 직접 상담해 주는 전문가로 노동부 산하기관, 사설 직업상담 기업을 포함한 2100여개에 취업할 수 있다. (직업상담협회 02-584-4225)

– 법무상담사 : 법무상담사는 지난해 11월부터 '가맹사업거래의 공정화에 관한 법률' 이 시

행됨에 따라 법률관련 업무가 늘어나면서 생겨났다. 이들은 가맹거래법에 따른 정보 공개서와 가맹 계약서를 작성하고 검토하는 일을 한다. 협력업체와의 계약·특허·채권 채무 업무도 맡는다.

– 애완동물관리사 : 애완동물을 사육, 관리하는 데 필요한 지식을 축적하여 애완동물 사육 업체에 취업하거나 애완동물 사업장을 직접 경영할 수 있는 비공인 자격증이다.

비즈니스유엔의 이형석 대표는 "이미 공인 화 된 자격증은 그만큼 경쟁자가 많아져서 불리할 수 있기 때문에 비록 비공인 자격증이라도 고용시장이 커지고 있다고 판단되고 자신의 적성에 어울린다면 과감하게 도전해 보는 것이 앞서가는 지름길" 이라고 말했다.

## ✖ 주목받는 직업인

• 연구원 출신 브랜드 매니저 뜬다(제품 기획에서 생산, 판매, 광고까지 모두 관리) : 전문가 출신 브랜드 매니저(BM)들이 최근 화제다. 브랜드 매니저란 한가지 브랜드를 제품의 기획에서 생산, 판매, 광고, 사후관리까지 모든 과정을 담당하는 종합 마케터를 말한다. 경영학이나 인문학 계열 출신들이 대부분을 차지하는 마케팅부서에서 최근 전문가 출신 브랜드 매니저들이 전문지식과 실무 경험을 바탕으로 담당 제품들을 잇따라 성공시키며 세간의 주목을 받고 있다.

• 태평양 브랜드매니저 이종서 팀장 : 작년 1월부터 태평양 메디안 팀의 팀장을 맡고 있는 이종서 (40)씨. 이 팀장은 1988년 아주대 대학원 공업화학과를 졸업하고 1992년 태평양 중앙연구소 연구원으로 입사했다. '메디안 치약', '오복 치약', '소금 치약' 등 일반인들에게 익숙한 치약들이 모두 그가 동료들과 함께 개발한 작품이다. 그는 1997년 태평양 발명대상 수상과 함께 10건의 특허 출원 등으로 국내 최고 수준의 연구원으로 인정받았다. 연구원으로 순탄한 길을 달리고 있던 이종서 팀장은 "제품에 대해서 누구보다 잘 아는 개발자인 내가 직접 마케팅을 하면 더 효과적으로 할 수 있다"고 생각해 1998년 7월 치약, 비누, 세제 등의 마케팅을 담당하는 PM1팀으로 자원해 자리를 옮겼다. 마케팅 부서에서 맡은 첫 번 째 임무는 바로 송염 치약의 브랜드 개발과 시장 출시. '아직도 잇몸에 좋다고 짜게 닦으십니까' 라는 광고 카피를 앞세워 이 팀장은 1999년 10월에 송염치약을 선보였고 출시 1년만인 2000년 말에는 할인점 판매 점유율 1위를 달성하며 사내외의 굵직한 상을 휩쓸었다. 그는 2001년 성균관대 경영대학원에 진학, 전략적 마케팅연구에 매진하고 있다. 이러한 노력의 결과로 지난 한 해 동안 '메디안 화이트E 치약', '메디안 전동칫솔', '메디안 자일렛 치약' 등 여러 제품을 성공적으로 시장에 진입시켰다. 그가 맡은 메디안 부문은 지난해 전년 대비 5%의 매출을 신장시켰다.

- CJ 뉴트라 김영주 매니저 : 건강식품 브랜드인 CJ 뉴트라의 '아침생식'의 브랜드 매니저를 맡고 있는 김영주(27)씨는 식품영양학을 전공한 뒤 2001년 1월 가톨릭대 성가병원에서 임상상담영양사로 사회생활을 시작했고 이듬해 8월에는 CJ로 직장을 옮겼다. 김씨는 대학시절 배워둔 이론과, 실전에서 보고들은 고객 욕구에 대한 이해력을 홈쇼핑용 생식 신제품 개발 과정에서 결합시켜 진가를 발휘했다. 김씨는 일반적으로 생식이 몸에 좋다는 것은 다 알고 있지만 비린 맛 때문에 먹기를 꺼린다는 것에 착안, 유산균 발효공법과 원료 배합 믹스를 연구소와 함께 공동 연구해서 비릿한 생식의 맛이 아닌 고소하고 깔끔한 맛으로 바꿨다. 그리고 몸에 좋다고 소문난 버섯 소재 5종인 아가리쿠스, 영지, 운지, 표고, 양송이버섯과 식물성 한방 소재인 칡, 감초, 두충, 둥글레, 구기자, 산수유 등을 추가했다. 사측은 이런 그녀의 노력을 인정, 지난해 8월 '아침생식' 브랜드 매니저로 임명했다. 김씨는 지난 2월 홈쇼핑 판매용 '발효 아침생식'을 선보였다. 결과는 대성공. CJ홈쇼핑측은 "생식 매출이 지난해보다 100% 늘어났다"고 밝혔다. 그는 "특이한 경력이 소비자들의 건강과 건강식품과의 관계를 누구보다 정확히 파악하고 이해하는 데 많은 도움이 되었다"며 "전문적인 지식에 올바르게 시장을 파악하고 마케팅에 대한 이해도만 있다면 전공을 불문하고 브랜드 매니저는 누구에게나 열려있는 무한한 도전의 세계라고 생각한다"고 말했다.

- 해태제과 캔디팀 류희정 팀장 : 해태제과 캔디 팀의 류희정(31) 팀장 또한 연구원 출신에서 브랜드 매니저로 변신한 케이스다. 대학에서 식품영양학과 식품가공학을 전공한 류 팀장은 1998년 9월 해태제과 연구원으로 입사, 약 4년 동안 제품 분석과 개발을 담당하다 2002년 8월 매사에 열성적인 그를 눈여겨본 마케팅 부서에 스카웃을 당했다. 그는 지난해 3월부터는 연양갱, 알사탕, 허브큐 등 캔디류 23종류 제품을 총괄하는 캔디 팀의 팀장이 됐다. 류 팀장은 개인적으로 연양갱을 맡고 있다. 연양갱은 1945년에 발매된 대표적인 장수식품이다. 그는 제품 품질을 고급화하고 젊은 세대들이 좋아하는 광고 마케팅을 펼치고 지난해 9월에는 가족용 번들 제품을 내놓는 등 소비자들의 니즈(수요)에 발 빠르게 대응했다. 덕분에 이 제품은 지난해 3월에 월 매출이 14억~15억 원이던 것이 지금은 30억~40억 원으로 2~3배가량 급증했다. "연구원은 오케스트라로 따지면 자기 악기만 연주하면 되는 솔리스트라고 할 수 있어요. 그에 비해 브랜드 매니저는 모든 악기들을 조화롭게 운영하되 자신의 색깔을 잃지 않는 주관이 있어야 하는 지휘자와 같다고 할 수 있죠." 그는 연구원과 브랜드 매니저의 차이점을 이렇게 설명한다. 그는 "이웃 일본만 해도 모리나가 캐러멜이 120년이나 되는 등 100년, 200년 된 초콜릿이나 캐러멜이 많다"며 "앞으로 100년 후에도 사랑받는 제품을 만들고 싶다"고 말했다 (박영철기자 ycpark@chosun.com )

● **직업 선택 전략 10훈**

1. 틈새 직종을 노려라.

    - 직업 선택을 대기업 입사와 동일시하지 마라.

    - 남에게 보이기 위한 체면이 아닌 진정한 자신의 잠재능력을 발휘하라.

2. 남이 가지 않는 길을 가라.

    - 혼자서 하는 경기는 무조건 1등이다. 따라서 다른 사람이 가지 않은 길을 가라.

    - 자격증/어학실력/봉사정신/지도력 함양 등으로 자신을 특화하라.

3. 진로설계는 청소년기부터 하라.

    - 직업세계 이해/합리적 의사결정 능력 배양 등 진로 준비는 빠를수록 좋다.

4. 정확한 자기 이해와 적극적인 자기 홍보가 필요하다.

    - 자신의 적성/홍미/직업관/성격/특기/환경/신체조건/학력과 능력을 적극 PR하라.

5. 직업세계를 잘 알아야 미래가 보인다.

    - 15,000개의 직업 중 알고 있는 것이 200이라면 선택의 폭 또한 그만큼 좁다. 따라서 직업 세계의 이해를 넓혀라.

6. 직업 기초 능력을 충실히 길러라.

    - 자격증/어학/컴퓨터, 그밖에 대인관계/자원 활용/자기개발 능력 등 직업 기초 능력을 충실히 길러라.

7. 유망직업과 유행 직업을 구분하는 지혜가 필요하다.

    - 인기 직종은 전체의 1% 안팎이다. 그 정보 또한 신문/TV 등을 통한 제한적 정보가 많다. 일시적 유행도 많다. 따라서 현재 인기 없는 직업이 유망 직업이 될 수도 있다.

8. 어렵고 급할수록 적성과 홍미에 충실 하라.

    - 약 69%의 직장인이 전직을 고려하고 있다(한국직업능력개발원/1997). 따라서 자신의 적성과 홍미에 맞지 않는 일을 한다면 얼마나 힘들겠는가? 어떤 경우라도 적성과 홍미만은 고려하라.

9. 취업 후 10 년 뒤를 생각하라.

    - 애니메이터나 만화가는 처음엔 교통비/숙식비 정도만 받지만, 5~10년 후 능력을 인정받으면 많은 보수를 받는다. 따라서 10년쯤 뒤를 생각하라.

10. 취업은 시작일 뿐이다.

    - 취업했다고 모든 것이 끝나는 것이 아니다. 지속적인 노력이 따라야 발전한다.

못 배우고, 가난하고, 허약한 신체도 성공의 조건이 될 수 있다. 그 좋은 예가 세계 굴지의 재벌 총수인 일본의 '마쓰시다' 씨다. 그는 가난했기에 벌어야겠다는 강한 정신력으로 성공했기 때문이다. 아마 넉넉한 가정에서 태어났다면 어려움을 이겨낼 수 있는 정신력을 갖지 못했을지도 모른다. 또 그의 학력은 초등학교 4학년 중퇴가 전부였다. 배운 거라고는 겨우 읽고 쓰는 정도였다. 그래서 그는 언제나 '모든 사람은 나보다 낫다.'는 생각으로 부하 직원들의 말에 항상 귀를 기울였다. 그러자 부하 직원들은 끊임없이 새로운 생각들을 해 냈다. 그리고 그는 타고난 허약 체질이었다. 걸핏하면 앓았다. 그래서 모든 일을 자신이 다 할 수 없다는 것을 잘 알고 있었기 때문에 일을 남에게 맡겼다. 오늘날 '마쓰시다 전기'가 세계적 규모로 발전할 수 있었던 것은 일을 전문가에게 분담시켰기 때문에 가능했던 것이다.

## 22

직업 가치관 생각해 보기

직업관(職業觀/occupational view/직업에 대하여 가지고 있는 일정한 관념)은, ① 생계유지의 수단, ② 개성발휘나 자아실현의 장(場), ③ 사회적 역할의 실현이라는 3가지 면으로 생각해 볼 수 있다.

이러한 직업관은. ①의 직업관은 자본주의 경제가 발달하고 사회가 게젤샤프트(Gesellschaft/이익사회)화 하면서 세속적 영리를 강조하는데서 생겨난 것이며, ②의 직업관은 종교개혁 이후에 천직(天職)이라는 관념과 함께 나타 난 것이며, ③의 직업관은 중세 봉건사회의 전통적 생활양식을 유지하기 위하여 강조된 것임을 알 수 있다. 그러나 사회가 게마인샤프트(Gemeinschaft/공동체사회)에서 게젤샤프트로 변해 가면서 인간관계는 차갑고 기계적으로 되었다. 따라서 이를 다시 게마인샤프트로 회복하는 방안이 여러 가지 형태로 모색되고 있는 실정이다. 그럼 올바른 직업관을 정립하기 위해 아래 7가지 직업인의 사례를 살펴보기로 하자.

## 사례 - Ⅰ

영국의 한 고등학교에서 학생들에게 물어 보았다.

"현재 살아 있는 사람 중 닮고 싶은 사람이 누구인가? 라고…….

그러자 많은 학생들은 뜻밖에도 '칸나 할아버지' 라고 불리는 캠브리지의 늙은 청소부를 골랐다.

그는 남들이 기피하는 굴뚝 청소부로, 집도 처자식도 없이 남의 창고 지붕 밑에 세 들어 사는 사람이었다. 그런 그의 유일한 취미는 칸나의 연구와 보급이었다. 전국의 도로변, 화단, 공원에 칸나를 심고 10여 년에 걸친 칸나 연구로 드디어 해마다 '칸나 축제' 가 열리게 한 장본인이었다.

유명한 칸나 할아버지가 되고서도 그는 자기 직업에 충실하여 굴뚝 청소 특허를 12개나 땄다. 또 말똥, 쇠똥 등 각종 거름의 배합으로 꽃빛깔을 변색시키는데도 성공했다. 그리고 칸나를 팔아 들어온 수입은 모두 양로원이나 고아원에 보냈다. 그래서 그가 양로원이나 고아원에 나타나면 마치 '산타클로스 할아버지' 라도 온 듯 반가워했다.

그의 직업은 비록 청소부에 지나지 않았지만 누구보다도 자기 직업에 보람을 느끼며, 또 취미를 잘 살려 봉사하는 삶을 산 사람이었다.

## 사례 - Ⅱ

뙤약볕 아래서 온 몸에 구슬땀을 흘리며 일하고 있는 석공(石工) 세 사람에게 물어 보았다.

"당신은 무엇 때문에 이 무더운 땡볕 아래서 이런 일을 하고 있습니까? 힘들지 않아요?' 라고…….

첫 번째 석공은 "이런 힘든 일은 이제 진저리가 날정도요, 하지만 이렇다 할 일거리도, 능력도 없으니 별 수 있습니까? 먹고 살기 위해서 하는 수 없이 하는 게지요." 라고 대답했다.

두 번째 석공은 "나는 돈 때문에 합니다. 한 개를 더 깨면 그만큼 보수가 더 나오니까요. 그런 게 없다면 어떤 바보가 이런 일을 하겠소." 라고 대답했다.

세 번째 석공은 "나는 이 일을 함으로써 생활을 유지할 수가 있소. 뿐만 아니라 내가 깨고 있는 이 돌이 훌륭한 건물을 세우는데 쓰인다고 생각하면 보람과 기쁨까시 느끼지요." 라고 대답했다.

✖ 사례 – Ⅲ

제2차 세계대전 때, 일본군의 포로가 된 미군 병사가 한 공장에서 비행기 부품에 작은 구멍을 뚫는 작업을 하고 있었다. 같은 공장에서 일하던 다른 포로들은 대충 어림잡아 구멍을 뚫고 있는데 반해, 그는 일일이 표준 수치를 사용하여 정밀하게 구멍의 크기를 측정하여 뚫고 있었다.

이를 본 다른 포로들이 "당신은 그렇게 일을 열심하고 있지만, 이 작업은 결국 적국인 일본을 위한 것이 아닌가?" 하고 힐난하였다.

그러자 그 병사는 이렇게 대답하였다.

"일은 일일뿐이다. 그것이 '누구를 위한 것인지' 또 '무엇 때문인지' 하는 것들은 학자들이 따질 몫이다. 나는 이렇게 꼼꼼하게 일함으로써 솜씨가 둔해지는 것을 막을 뿐이다."

✖ 사례 – Ⅳ

동경과 파리를 오가는 JAL기의 요리사가 어느 날 요리를 하던 중 그만 손가락을 가볍게 다쳤다. 겨우 슬쩍 칼에 벤 정도여서 그는 상처에 반창고를 붙이고 요리를 했다.

그런데 그 음식을 먹은 탑승객들이 집단 식중독을 일으키고 말았다. 요리사의 상처에서 나온 화농균이 원인이었던 것이다.

그러자 그 요리사는 사표를 내고 집으로 돌아와 유서를 남긴 채 자살해 버렸다. 죽음으로 죄 값에 갈음한 것이다.

✖ 사례 – Ⅴ

호텔 주방 바닥 청소에서 출발하여 일약 책임자가 된 윤봉진씨의 회고담 중에 이런 내용이 있다.

"1992년 제8회 세계요리경연대회가 각국 요리인 3만 여명이 참가한 가운데 싱가폴 무역센터에서 열렸다. 이 대회에 우리나라는 단체와 개인 종목에 선수 8명이 출전하여 단체 선수는 핫(Hot) 부문에서 은메달, 콜드(Cold)전시 부문에서 금메달을 땄고, 개인 선수는 핫 부문에서 금 1개, 은 2개, 동 1개를 땄다."

윤봉진씨는 경기도 광탄종합고등학교 2학년 때, 가정 형편이 어려워 학교를 그만두고 호텔 주방에 취직을 한 사람이다. 그는 호텔에서 먹고 자면서 궂은일은 도맡아 열심히 했다. 얼마 후, 조리사 자격증을 취득하고 타워호텔에 정식 조리사로 취직도 했다. 이후 경기도에 있는 에버그린호텔 조리 책임자가 되었을 때( '91년) 마침 우리나라에서는 처음으로 국내 요리 전시회가 서울 무역 전시장에서 열렸다. 그 대회에 출전하여 서양 요리 부문 금메달의 영광을 안았다. 그것을 계기로 그는 차장으로 승진을 하게 되었고 긍지와 자부심을 가지고 더욱 요리 연구에 힘썼다.

세계적인 대회에서 금메달을 따면서 그는 일약 유명 인사가 되었고, 실력을 인정받아 급기야는 호텔 총 지배인의 중책까지 맡게 되었다. 조리사로 시작해서 총지배인이 된 그의 꿈은, 호텔 경영에 대해 더 배우는 것과 조리사로서 세계에 이름을 떨치는 것이다.

### ✖ 사례 – Ⅵ

어느 대기업체 사장이 수출 물량이 넘쳐 하청을 줘야 할 형편이 되었다. 그런데 문제는 어느 업체를 선정하느냐 하는 것이었다. 사장은 이 일만은 임원들에게 맡기지 않고 직접 나서기로 했다. 그리고는 작업복을 입은 채 걸어서 하청 업체들을 방문했다. 우선 공장에서 직공들이 작업하는 모습을 보고 싶었기 때문이다.

첫 번째 방문한 업체에서는 수위실에서부터 제지당하고 말았다. 그의 옷차림을 만만히 본 수위가 들여보내 주지를 않았던 것이다. 명함을 보여 주었지만 도무지 믿어 주지 않았다. 그리고 더 큰 소리만 질러대는 것이었다.

두 번째 회사에서는 간신히 수위실은 통과했는데 공장장 선에서 그만 걸리고 말았다. 그런데 세 번째 회사는 달랐다. 수위가 먼저 인사를 하면서 용건을 친절히 물었다. 그리고 어딘 가로 전화를 걸자 안에서 담당자가 뛰어 나왔다. 모두가 친절하고 성실한 사람이었다.

그것을 보고 사장은 마음을 굳혔다. 물론 직원들이 일하는 모습 역시 생기가 넘치고 있었다. 그 후 이 업체는 직원을 더 뽑아야 할 만큼 많은 양의 일감을 주문 받게 되었다.

### ✖ 사례 – Ⅶ

재일 교포 윤봉식씨의 직업관은 남다른 데가 있다. 일상적인 평범한 말인 '고맙습니다'

227

를 기업의 모토로 삼고 있기 때문이다. 이를 바탕으로 봉사와 인간존중 정신으로 세계에서 주목받는 택시 회사 MK를 만들어 일본 사회에서 한국인의 자긍심을 높인 사람이다.

사업 초기 운전기사들에게 비능률적인 지각, 결근, 조퇴, 승객과의 마찰이 자주 일어나자, 그 원인이 기사들의 주거 불안정이라는 판단 하에, 임원들의 반대와 자금의 부족에도 불구하고 사원용 아파트를 지어 분양했다. 또한 택시업자로서 택시요금 인상 반대 투쟁을 600일간 전개함으로써 '이윤의 추구보다 봉사를 먼저 생각하는 기업' 이라는 이미지를 고객들에게 심어주었다.

그리고 그는 이렇게 말해왔다.

"참다운 사회봉사란 자기 일을 통해 시민들을 즐겁게 해주는 것이다. 즉 싸고 편리하며, 말썽이 없는 서비스를 시민에게 주는 것이다. 자선 단체나 공공 기관에 돈 몇 푼 기부하는 것보다는 자기에게 주어진 일을 통해 사회에 봉사하는 것이 바로 진정한 봉사이다." 라고?.
〈www.sesri.re.kr〉

## ✖ 진로에 대한 잘못된 생각 13가지

1. 일단 선택한 진로는 절대 바꿔서는 안 된다.

2. 남자가 잘 할 수 있는 일과 여자가 잘 할 수 있는 일은 정해져 있다.

3. 대학 진학이 진로를 개척에 가장 좋은 길이다.

4. 진로전문가는 개개인에게 적합한 진로가 무엇인지 알고 있다.

5. 모든 사람들에게는 완벽하게 잘 맞는 직업이 한가지 씩 있다.

6. 시간이 가면 가장 잘 맞는 직업이 무엇인지 저절로 알게 된다.

7. 힘들게 노력할수록 진로 결정을 더 빨리 하게 된다.

8. 일은 일생에서 가장 중요한 것이다.

9. 진로 계획은 과학과 같아서 처음과 끝이 잘 맞아 떨어진다.

10. 누구든 자신이 원하는 일에서 성공할 수 있다.

11. 행복은 직업적 성공과 일치한다.

12. 한 사람의 가치는 그 사람이 선택한 직업에 의해 평가된다.

13. 흥미와 적성은 일치한다.

〈서울기독교청년회(YMCA) 청소년진로진학상담실〉

## 23

활동
자료 1

▶ 급속한 과학기술의 발전으로 직업세계도 점차 다변화/특성화/전문화되어 가고 있다. 따라서 모든 직업인은 직업기초능력은 물론 전문적인 능력을 갖추지 않으면 안 되게 되었다.

▶ 아래의 9가지는 직업인이 반드시 갖추어야 직업적 능력이다. 따라서 아래 표 오른 쪽 공란에 상/중/하로 평가해 보고, 자신에게 부족한 것을 알아 보고 보완할 수 있는 방안을 찾아본다.

### 1. 의사소통 능력
직무를 수행할 때 글과 말을 읽고 들음으로써 다른 사람이 뜻한 바를 파악하고 자기가 뜻한 바도 말과 글로 정확하게 표현하는 능력

| 읽기 능력 | - 다른 사람이 작성한 글을 읽고 그 내용을 이해/파악하는 능력 | |
| 쓰기 능력 | - 자기가 뜻한 바를 글로 나타내는 능력 | |
| 듣기 능력 | - 다른 사람의 말을 듣고 그 내용을 이해/파악하는 능력 | |
| 말하기 능력 | - 자기가 뜻한 바를 말로 나타내는 능력 | |
| 비언어적 표현 능력 | - 다른 사람의 표정/몸짓/기호 등을 이해하는 능력 | |
| 외국어 소통 능력 | - 외국어를 읽고 이해하고 원만히 의사소통을 할 수 있는 능력 | |

### 2. 수리 능력
업무를 수행함에 있어 사칙연산/통계/확률의 의미를 정확히 이해하고 이를 업무에 적용하는 능력

| 사칙 연산의 이해와 능력 | 정수/소수/분수 등을 사용하여 덧셈/뺄셈/곱셈/나눗셈을 하는 능력 | |
| 통계 확률의 이해와 능력 | 백분율/평균/간단한 확률 등을 계산하는 능력 | |
| 도표의 작성/해석 능력 | 도표(그림/표/그래프)가 갖는 의미를 이해하고 작성할 수 있는 능력 | |

### 3. 문제해결 능력
업무를 수행하면서 문제 상황에 직면했을 때, 창조적/논리적 사고를 통하여 이를 올바르게 인식하고 적절히 해결하는 능력

| 사고력 | 업무와 관련된 문제의 인식과 해결에 논리적/비판적으로 생각하는 능력 | |

| | | |
|---|---|---|
| 문제 인식 능력 | 업무 수행 중에 문제 상황이 발생하였을 경우 이를 인식/이해하는 능력 | |
| 대안 선택 능력 | 업무 수행 중 발생한 문제를 해결할 수 있는 다양한 방안들의 장/단점을 비교/분석하여 적절한 대안을 선택하는 능력 | |
| 대안 적응 능력 | 업무 수행 중 발생한 문제를 해결하는데 가장 적절하다고 판단한 방안을 적용하여 문제를 해결하는 능력 | |

## 4. 자기관리/개발 능력
업무를 원활히 추진하는 적절한 자질을 갖출 수 있도록 스스로를 관리하고 개발하는 능력

| | | |
|---|---|---|
| 자기 관리 능력 | 업무를 원활히 수행할 수 있도록 자신을 스스로 관리하는 능력 | |
| 자 부 심 | - 자기의 가치나 능력을 스스로 믿는 마음가짐<br>· 추진력 - 수행해야 할 업무를 적극적으로 실행하는 능력<br>· 건강관리력 - 업무를 감당할 수 있는 체력을 유지하는 능력<br>· 독립심 - 남에게 의지하지 않으려는 마음가짐<br>· 책임감 - 자기가 맡은 임무를 기어이 해 내고자하는 마음가짐<br>· 성취 동기 - 가치 있는 일이라 생각하고 이를 이루려는 마음가짐<br>· 성실성 - 주어진 일에 거짓 없고 참되게 임하려는 마음가짐<br>· 예절성 - 필요한 예의범절을 지키려고 하는 마음가짐<br>· 마음 가짐 - 업무를 긍정적으로 받아들이고 해결하려는 마음가짐 | |
| 진로 개발 능력 | - 원활한 업무 수행을 위해 스스로 자기를 개발하는 능력<br>· 자기이해력 - 자신의 흥미/적성/특성 등을 이해하는 능력<br>· 자기개발력 - 부단히 스스로를 개발하는 능력 | |
| 직업에 대한<br>건전한 가치관과 태도 | - 업무를 원활히 수행하는데 필요한 건전한 가치관과 태도<br>· 준법성 - 업무 수행 시 규정과 규칙을 철저히 지키려는 마음가짐<br>· 직업윤리 - 업무 수행 시 직업인의 규준을 지키려는 마음가짐<br>· 안전의식 - 업무를 안전하게 수행하려는 마음가짐<br>· 봉사정신 - 국가/사회를 위해 헌신적으로 일하려는 마음가짐<br>· 장인정신 - 직무에 자신의 명예를 걸고 최선을 다하려는 마음가짐<br>· 소명의식 - 주어진 일을 천직으로 여기는 마음가짐<br>· 평생직장의식 - 직장에 애정을 가지고 평생 몸담으려는 마음가짐 | |

## 5. 자원 활용 능력
업무를 수행하는데 시간/자본/재료/시설/인적자원 등의 자원 가운데 무엇이 얼마나 필요한지를 확인하고,
이용 가능한 자원을 최대한 수집하여, 이를 업무수행에 어떻게 활용할 것인지 계획하고 할당하는 능력

| | | |
|---|---|---|
| 자원 확인 능력 | 업무수행에 시간/자본/시설/재료/인적자원 등의 자원 가운데 무엇이 얼마나 필요한지를 파악/확인하는 능력 | |
| 자원 조직 능력 | 업무수행에 시간/자본/시설/재료/인적자원 등의 자원을 수집하고 조직하는 능력 | |
| 자원 계획 능력 | 조직된 시간/자본/시설/재료/인적자원 등의 자원을 업무 수행에 어떻게 활용할 것인지를 계획하는 능력 | |
| 자원 할당 능력 | 조직된 시간/자본/시설/재료/인적자원 등의 자원을 계획에 따라 실제 업무 수행에 할당하는 능력 | |

## 6. 대인관계 능력
업무 수행 시 사람과 문제를 일으키지 않고 원만히 지내는 능력

| | |
|---|---|
| 협동 능력 | 다양한 배경을 가진 사람들과 협력하여 업무를 수행하는 능력 |
| 리더십 능력 | 업무를 수행할 때 다른 사람을 원만하게 이끌어 가는 능력 |
| 갈등 관리 능력 | 업무 수행에 관련된 사람들 사이에 갈등이 생겼을 경우 이를 원만히 조종할 수 있는 능력 |
| 협상 능력 | 업무 수행 시 다른 사람과 효율적으로 협상할 수 있는 능력 |
| 고객서비스 능력 | 고객을 직접 상대할 때, 그들의 요구를 만족시킬 수 있는 능력<br>고객을 직접 상대하지 않을 때도 그들의 요구에 부합하는 자세로 업무를 처리하는 능력 |

## 7. 정보 능력
업무 관련 정보를 수집/분석하여 의미 있는 정보로 가공하는 능력, 가공한 정보를 조직/관리/활용하는 능력, 이를 위한 컴퓨터 조작 능력

| | |
|---|---|
| 정보 수집 능력 | 서면/구두/인터넷/PC를 통하여 업무와 관련된 정보를 수집하는 능력 |
| 정보 분석 능력 | 수집된 정보를 분석하여 업무에 의미 있는 정보로 분류하는 능력 |
| 정보 조직 능력 | 분류된 정보를 업무에 적절히 조직하는 능력 |
| 정보 관리 능력 | 각종 매체를 통해 수집/분석/정리/가공한 정보를 관리하는 능력 |
| 정보 활용 능력 | 가공한 정보를 업무에 효율적으로 활용하는 능력 |
| 컴퓨터 사용 능력 | 업무와 관련된 정보를 수집/분석/조직/관리/활용할 수 있는 컴퓨터 조작능력 |

## 8. 기술 능력
업무 수행에 필요한 도구/장치 등 필요한 기술에 어떤 것들이 있는지 이해하고 이를 실제에 이용하는 능력

| | |
|---|---|
| 기술 이해 능력 | 업무 수행에 필요한 기술적 원리를 이해하는 능력 |
| 기술 선택 능력 | 도구/장치를 포함하여 업무 수행에 필요한 기술을 선택하는 능력 |
| 기술 적용 능력 | 선택된 기술을 업무에 적용/응용하는 능력 |

## 9. 조직이해 능력
업무를 원활히 수행하기 위한 국제적인 흐름/경영에 미치는 영향 등 을 파악/적용하는 능력

| | |
|---|---|
| 국제 감각 | 업무와 관계된 국제적인 추세를 이해하는 능력 |
| 체계 이해 능력 | 업무 수행과 관련하여 조직의 체계를 바르게 이해하는 능력 |
| 경영 이해 능력 | 조직/경영에 대한 거시적/미시적 이해 능력 |
| 업무 이해 능력 | 조직/경영에 대한 전반적인 이해 능력 |

〈꿈을 키우는 자녀, 도와주는 부모〉, 한국직업능력개발원, 1999.

▶ 성공적인 직업생활을 위해서는 ① 일 자체를 즐길 수 있어야 하고 ② 하는 일에 대한 자부심을 가져야 하며 ③ 항상 동료와 협력해서 일을 처리해야 하고 ④ 여가를 효율적으로 관리하여 항상 재충전할 수 있어야 하며 ⑤ 평생학습을 통해 직업 전문성을 높여가야 한다. 따라서 직업인으로서의 자신의 태도를 알아보고 부족한 점을 보완해 가는 것이 중요하다.

▶ 다음은 일에 대한 열정/자신감/적극성 등의 정도를 알아보는 것이다.

▶ 문항별 응답을 통하여 자신의 일에 대한 마음가짐, 직업인으로서의 태도를 알아본다.

| 내용 | 응답 O | 응답 X |
|---|---|---|
| ① 나는 행동이 민첩한 편이다. | | |
| ② 나는 많은 일을 짧은 시간 내에 해낼 수 있다. | | |
| ③ 나는 다른 사람들로부터 활동가라는 말을 많이 듣는다. | | |
| ④ 나는 다른 사람들로부터 부지런한 사람이라는 말도 자주 듣는다. | | |
| ⑤ 나는 어떤 일이든 생각나면 바로 행동으로 옮긴다. | | |
| ⑥ 나는 일을 끝내기 위해서 밤늦게까지 일할 때가 많다. | | |
| ⑦ 나는 남들이 포기한 일일수록 더 신이 나서 한다. | | |
| ⑧ 나는 다른 사람들이 깜짝 놀랄 정도로 많은 양의 일을 한다. | | |
| ⑨ 나는 다른 사람보다 일을 빨리 하는 편이다. | | |
| ⑩ 나는 힘들고 어려운 것일수록 일의 보람을 더 느낀다. | | |
| ⑪ 나는 다른 사람들이 따라오지 못할 정도로 일을 빨리한다. | | |
| ⑫ 나는 무슨 일이든지 손만 대면 끝장을 내는 편이다. | | |
| ⑬ 나는 다른 사람들로부터 쉴 줄을 모르는 사람이라는 말을 곧잘 듣는다. | | |
| ⑭ 나는 언제나 힘과 열정이 넘쳐흐른다. | | |
| ⑮ 나는 하던 일이 끝나면 곧바로 새로운 일거리를 찾는다. | | |
| ⑯ 나는 할 일이 없으면 일부러라도 일거리를 만들어서 한다. | | |
| ⑰ 나는 무슨 일이든 내가 하는 일에는 최선을 다한다. | | |
| ⑱ 나는 언제나 바쁘게 지내는 편이다. | | |
| ⑲ 나는 무슨 일이든지 결정을 빨리 하고 곧바로 일을 시작한다. | | |
| ⑳ 나는 행동이 느린 사람을 보면 답답해서 견디지를 못하는 성미다. | | |

〈www.sesri.re.kr〉, 서울시교육연구원, 2002.

1. 점수 환산 : 'O'으로 응답한 문항 수/20 × 100 = (          )
2. 결과 해석 : 40점만 넘어도 일에 대한 태도가 긍정적이며 능동적이라고 할 수 있다.
3. 따라서 점수가 낮은 사람은 자신의 적극성을 기를 수 있는 방안을 강구해야 한다.
4. 위 문항 중 ×표 한 것을 하나하나 살펴보고 그에 대한 보완책을 생각해 본다.

박상수씨는 추상화를 그리는 화가이다. 사실 그는 고등학교 2학년 때까지만 해도 수영 선수였다. 그런 그의 꿈은 올림픽에 나가 보는 것이었다. 그러나 다이빙 연습을 하다가 그만 목뼈가 부러져 전신이 마비되고 말았다. 그래서 그의 꿈은 물거품이 되었다. 수영 선수는 고사하고 자신의 몸조차 스스로 움직일 수 없는 중증 장애인이 된 것이다. 꿈이 사라진 그는 죽음도 여러 번 생각했다. 그러나 결국 생각을 고쳐먹었다. 가장 소중한 생명이 남아 있는데 삶을 포기하는 것을 어리석다는 것을 깨달은 것이다. 궁리 끝에 그는 그림을 그려보기로 마음먹었다. 물론 손을 쓸 수 없으니까 입으로 붓을 물고 그리는 것이다. 처음에는 몹시 힘이 들어 몇 번이나 그만둘까 생각하기도 했다.  그러나 여러 해를 의지와 오기로 견딘 끝에, 그는 마침내 개성 있는 화가로 거듭났다. 그는 그림을 그릴 때는 장애인이라는 사실도 잊어버린다며 행복해 한다.

▶ 다음은 자신의 스트레스 정도를 알아보는 것이다. 문항을 읽고 자신에게 해당 되는 것
  에 V표 한다.

▶ 결과는 V표 한 것이 15개 이상이면 스트레스가 심한 편이다.

▶ 따라서 15개 이상이 나올 경우 그 대책을 찾아본다.

▶ 스트레스를 줄이는 방안을 체계적으로 적어본다.

1. 나는 사소한 일에도 쉽게 흥분하는 타입이다. ·······································( )

2. 나는 꼭 집중해야 할 때에도 딴 생각을 많이 한다. ·····························( )

3. 나는 아침에 일어날 때마다 피로감을 많이 느낀다. ·····························( )

4. 나는 아주 사소한 결정도 잘 내리지 못한다. ·····································( )

5. 나는 잠을 잘 못 자고 또 밤중에 깨어서 곧잘 불안해한다. ·····················( )

6. 나는 항상 해야 할 일이 너무 많다고 느낀다. ···································( )

7. 나는 일과 후에도 대체로 기운이 빠져 있다. ·····································( )

8. 나는 삶이 무가치하게 느껴지고 또 내 자신도 못나 보인다. ·····················( )

9. 나는 늘 식욕이 없는 편이다. 그러나 건강을 위해 억지로 먹는다. ···············( )

10. 나는 새로운 것에 별 흥미를 못 느낀다. ········································( )

11. 나는 원인모를 두통에 곧잘 시달린다. ··········································( )

12. 나는 일을 할 때마다 필요한 정보를 잘 떠올리지를 못한다. ·····················( )

13. 나는 다른 사람보다 술과 담배와 오락을 많이 하는 편이다. ·····················( )

14. 나는 곧잘 심하게 감정이 폭발하고 또 우울하기도 하다. ·························( )

15. 나는 중요한 약속을 곧잘 잊고 또 지키는 것도 잘 못한다. ·······················( )

16. 나는 늘 마음이 들떠 있고 피곤을 느낀다. ······································( )

17. 나는 이전의 일들을 잘 떠올리지 못한다. ········································( )

18. 나는 아무 이유 없이 때때로 불안을 느낀다. ·····································( )

19. 나는 소화가 잘 안되어서 자주 고생한다. ········································( )

20. 나는 특정한 문제에 잘 집중하지 못한다. ········································( )

21. 나는 사소한 일에도 두려움을 느끼고 그에 대처도 잘 못한다. ···················( )

22. 나는 남들보다 소변을 자주 보는 편이다. ········································( )

23. 나는 아무런 이유 없이 선생님이 미울 때가 많다. ·······························( )

24. 나는 쓸데없는 걱정을 많이 하는 편이다. ········································( )

25. 나는 집에서도 편안하게 쉬지 못하는 편이다. ···································( )

〈중학교 여학생 진로지도 지침〉, 교육부, 2002.

▶ 직업생활에서 성공하기 위해서는 시간 관리도 중요하다. 따라서 자신의 '시간관리 지수'를 알아보고 잘못된 습관을 고치도록 해야 한다.

▶ 다음은 그러한 것을 알아 볼 수 있는 체크리스트이다

▶ 문항 내용이 자신의 경우에 가까우면 ○표, 그렇지 않으면 ×표한 다음, ○표 한 것을 집계하여 자신의 시간관리 지수가 얼마인지 알아본다.

▶ 효율적인 시관 관리 요령을 적어본다.

| 문항 | 응답<br>○ × |
|---|---|
| 1. 나는 20년 후 또는 30년 후를 쉽게 상상할 수 있다. | |
| 2. 나는 일과표를 만들고 하루 일을 해 나간다. | |
| 3. 나는 사전에 계획을 세우는데 많은 시간을 쓰는 편이다. | |
| 4. 나는 시간 약속을 철저히 지키려고 한다. | |
| 5. 나는 자투리 시간에도 할 일을 2, 3가지 준비하고 있다. | |
| 6. 나는 쓸데없다고 생각되는 요구는 쉽게 거절할 수 있다. | |
| 7. 나는 어떤 일이든 목표를 명확히 하려고 한다. | |
| 8. 나는 숙제나 공부를 할 때, 스스로 마감 시간을 정하는 편이다. | |
| 9. 나는 공부나 일을 할 때 우선순위를 정해서 한다. | |
| 10. 나는 숙제나 공부할 자료를 그때그때 정리해 두는 편이다. | |
| 11. 나는 한 번 계획한 일은 미루지 않는다. | |
| 12. 나는 아침에 일어나는 시간, 식사시간, 잠자리에 드는 시간이 늘 일정하다. | |
| 13. 나는 다른 사람과 관련된 일에는 항상 시간 할애에 신경을 쓴다. | |
| 14. 나는 생각이나 행동을 기분에 따라 하지 않고 일관성을 가지고 한다. | |
| 15. 나는 컴퓨터나 첨단 기술에도 많은 관심을 가진다. | |
| 16. 나는 전자오락이나 TV 시청을 즐기지 않는 편이다. | |
| 17. 나는 일을 열심히 하기보다는 효율적으로 처리하려고 노력한다. | |
| 18. 나는 여러 사람이 함께 해야 할 때는 다른 사람의 일정에도 관심을 두는 편이다. | |
| 19. 나는 혼자서 처리하기 어려운 것은 주위 사람에게 솔직히 말하고 도움을 청한다. | |
| 20. 나는 친구와 놀거나 오락을 하다가도 마음을 먹으면 곧바로 일어선다. | |

도스토예프스키가 28살 때, 내란 음모 혐의로 사형선고를 받고 형 집행을 기다리고 있었다. 사형집행 시간을 생각하면서 시계를 보자 5분밖에 남지 않았다. 스물여덟 해를 살아왔지만 이렇게 5분이 천금같이 생각되어지기는 처음이었다.

그래서 이 5분을 어떻게 쓸 것인가 생각해 보았다.

형장에 끌려온 동료들에게 마지막 인사하는데 2분, 오늘까지 살아온 생활을 정리하는 데 2분, 그리고 남은 1분은 자신이 발을 붙이고 살아 온 땅과 자연을 둘러보는 데 쓰기로 했다. 이윽고 인사하는데 2분이 지나갔다. 이제 삶을 정리해 보려고 하는 데 문득 어디로 갈 것인가 하는 생각이 나면서 눈앞이 캄캄해지고 아찔해졌다. 28년의 세월을 순간, 순간 아껴 쓰지 못한 것이 후회되었다.

'이제 다시 한 번만 살 수 있다면 시간을 값지게 쓰련만!' 하는 깊은 뉘우침에 휩싸였다. 이윽고 총에 탄환을 재는 소리가 들렸다. 죽음의 공포가 엄습해 왔다. 바로 그 때, 순간, 형장 안이 떠들썩하더니 한 병사가 흰 손수건을 흔들면서 달려오고 있었다. 형 집행 정지처분을 받은 후, 그는 시베리아에서 유형생활을 하면서 인생 문제에 대해 깊은 생각을 하게 되었다.

그리고 마지막 5분을 떠올리며 시간을 금 쪽 같이 소중하게 여기며 살았다. 그리고 가난한 생활을 하면서도 인생에 대한 깊은 통찰로 '죄와 벌', '카라마조프의 형제'와 같은 불후의 걸작을 남겼다.

# part 04

# 직업
## 선택해 보기

모든 전문가들은 이렇게 말한다.

'연습은 실전처럼 실전을 연습처럼' 이라고.

진로개발도 마찬가지다.

진로의 선택과 준비도 실전처럼 하면

성공적으로 진로를 개발해 갈 수 있기 때문이다.

## 24

직업/학교 선택 시 유의할 점

▶ 선택한 직업에 대해서는 적어도 아래 항목은 알아봐야 한다. 따라서 선택한 직업 세 개를 적고, 항목별로 '기대한 것에 100%이면 5점/절반 정도이면 3점/전혀 없으면 1점'으로 하는 5단계 평점을 한다. 그리고 어느 직업이 자신에게 가장 적합한지 생각해 본다.

| 확인 항목 | 직장명/평점<br>직업명( )<br>평점 (5점 만점) | 직업명( )<br>평점 (5점 만점) | 직업명( )<br>평점 (5점 만점) |
|---|---|---|---|
| (1) 보수/월급/연봉 | 1 2 3 4 5 | 1 2 3 4 5 | 1 2 3 4 5 |
| (2) 직장 안정성 | 1 2 3 4 5 | 1 2 3 4 5 | 1 2 3 4 5 |
| (3) 승진/승급 보장성 | 1 2 3 4 5 | 1 2 3 4 5 | 1 2 3 4 5 |
| (4) 신분 보장성 | 1 2 3 4 5 | 1 2 3 4 5 | 1 2 3 4 5 |
| (5) 후생/복지/의료보험 제도 | 1 2 3 4 5 | 1 2 3 4 5 | 1 2 3 4 5 |
| (6) 기업의 도덕성/윤리성 | 1 2 3 4 5 | 1 2 3 4 5 | 1 2 3 4 5 |
| (7) 활동의 자유성 | 1 2 3 4 5 | 1 2 3 4 5 | 1 2 3 4 5 |
| (8) 창의성 발휘 기회 | 1 2 3 4 5 | 1 2 3 4 5 | 1 2 3 4 5 |
| (9) 일의 다양성/변화성 | 1 2 3 4 5 | 1 2 3 4 5 | 1 2 3 4 5 |
| (10) 능력/특기 신장 가능성 | 1 2 3 4 5 | 1 2 3 4 5 | 1 2 3 4 5 |
| (11) 노동 시간의 적정성 | 1 2 3 4 5 | 1 2 3 4 5 | 1 2 3 4 5 |
| (12) 원하는 지역 근무 가능성 | 1 2 3 4 5 | 1 2 3 4 5 | 1 2 3 4 5 |
| (13) 평생직장 | 1 2 3 4 5 | 1 2 3 4 5 | 1 2 3 4 5 |
| (14) 사회와 타인의 존경 가능성 | 1 2 3 4 5 | 1 2 3 4 5 | 1 2 3 4 5 |
| (15) 협동성 | 1 2 3 4 5 | 1 2 3 4 5 | 1 2 3 4 5 |
| (16) 개성 존중 | 1 2 3 4 5 | 1 2 3 4 5 | 1 2 3 4 5 |
| (17) 개인연수 보장 | 1 2 3 4 5 | 1 2 3 4 5 | 1 2 3 4 5 |
| (18) 진학 가능 여부 | 1 2 3 4 5 | 1 2 3 4 5 | 1 2 3 4 5 |
| (19) 학비 보조 여부 | 1 2 3 4 5 | 1 2 3 4 5 | 1 2 3 4 5 |
| (20) 사회의 공헌도 | 1 2 3 4 5 | 1 2 3 4 5 | 1 2 3 4 5 |
| (21) 꿈의 실현 가능성 | 1 2 3 4 5 | 1 2 3 4 5 | 1 2 3 4 5 |
| (22) 통근 사정 | 1 2 3 4 5 | 1 2 3 4 5 | 1 2 3 4 5 |
| (23) 일과 체력의 적합성 | 1 2 3 4 5 | 1 2 3 4 5 | 1 2 3 4 5 |

| | | | | | | | | | | | | | | | |
|---|---|---|---|---|---|---|---|---|---|---|---|---|---|---|---|
| (24) 흥미/적성과 일치정도 | 1 | 2 | 3 | 4 | 5 | 1 | 2 | 3 | 4 | 5 | 1 | 2 | 3 | 4 | 5 |
| (25) 작업조건과 근무 환경 | 1 | 2 | 3 | 4 | 5 | 1 | 2 | 3 | 4 | 5 | 1 | 2 | 3 | 4 | 5 |
| (26) 미래 발전 가능성 | 1 | 2 | 3 | 4 | 5 | 1 | 2 | 3 | 4 | 5 | 1 | 2 | 3 | 4 | 5 |
| (27) 자격/학력의 일치성 | 1 | 2 | 3 | 4 | 5 | 1 | 2 | 3 | 4 | 5 | 1 | 2 | 3 | 4 | 5 |
| (28) 특기 신장 가능성 | 1 | 2 | 3 | 4 | 5 | 1 | 2 | 3 | 4 | 5 | 1 | 2 | 3 | 4 | 5 |
| (29) 고용 확대 전망 | 1 | 2 | 3 | 4 | 5 | 1 | 2 | 3 | 4 | 5 | 1 | 2 | 3 | 4 | 5 |
| (30) 자격 취득 전망 | 1 | 2 | 3 | 4 | 5 | 1 | 2 | 3 | 4 | 5 | 1 | 2 | 3 | 4 | 5 |
| **총점** | | | | | | | | | | | | | | | |

## 쉬어가기

대학에서 강의를 하는 자장면 배달원이 있었다. 그는 전라남도 한 시골에서 중학교를 졸업하자마자 서울로 올라와 여러 군데 직업소개소를 찾아다니며 일자리를 구하고 있었다. 그러던 중 배달원을 찾는 한 중국음식점 주인을 만났는데, 그가 배달원을 하겠다고 하자 주인은 어려서 힘들겠다며 고개를 가로 저었다. 그러나 주인의 걱정은 기우였다. 그는 시간이 지날수록 자기만의 새로운 아이디어를 개발해 가며 누구보다도 열심히 배달 일을 했다. '번개'라고 새긴 머리띠를 두르고 자전거에는 깃발까지 꽂았습니다. 철저한 서비스 정신으로 손님들의 세심한 요구를 아낌없이 들어주었다. 그리하여 언제부터인가 사람들은 '번개'만을 찾게 되었다. 더욱 신명이 난 그는 자장면 배달을 천직으로 여기며 10년이 넘도록 열심히 일하였다. 그러던 어느 날, 한 대학의 경영학과 교수가 그의 철저한 프로 정신에 감동한 나머지 대학생들에게 강의를 해 달라는 요청을 하게 되었다. 그는 배달 못지않게 강의도 열심히 하여 이젠 여러 대기업에서까지 서비스 정신을 강의하는 유명 강사가 되었다. '프로는 아름답다'는 말이 있다. '직업에는 귀천이 없다'는 말도 있다. 내가 지금 현재 무슨 일을 하고 있든지 그것은 중요하지 않습니다. 중요한 것은 직업의식이다. 자기 분야에서 최고가 되는 길, 보람과 명예를 동시에 얻는 길은 바로 진정한 '프로' 정신에 있지 않을까?

▶ 자신이 선택한 대학(학과)에 대해서는 적어도 아래와 같은 것은 알아봐야 한다. 따라서 진학할 대학 세 곳을 적고, 항목별로 '기대한 것에 100%이면 5점/절반 정도이면 3점/전혀 없으면 1점'으로 하는 5단계 평점을 한다. 그리고 어느 학교가 자신에게 가장 적합한지 생각해 본다.

| 확인 항목 \ 직장명/평점 | 학교명( )<br>평점 (5점 만점) | 학교명( )<br>평점 (5점 만점) | 학교명( )<br>평점 (5점 만점) |
|---|---|---|---|
| (1) 입학자격/학력 일치 여부 | 1  2  3  4  5 | 1  2  3  4  5 | 1  2  3  4  5 |
| (2) 흥미/적성 일치 여부 | 1  2  3  4  5 | 1  2  3  4  5 | 1  2  3  4  5 |
| (3) 희망 직업과 관련 정도 | 1  2  3  4  5 | 1  2  3  4  5 | 1  2  3  4  5 |
| (4) 삶의 가치관과 일치 여부 | 1  2  3  4  5 | 1  2  3  4  5 | 1  2  3  4  5 |
| (5) 동아리의 다양성/활동성 | 1  2  3  4  5 | 1  2  3  4  5 | 1  2  3  4  5 |
| (6) 커리큘럼/강의과목 | 1  2  3  4  5 | 1  2  3  4  5 | 1  2  3  4  5 |
| (7) 자격취득 가능성 | 1  2  3  4  5 | 1  2  3  4  5 | 1  2  3  4  5 |
| (8) 전공 학문 영역의 적정성 | 1  2  3  4  5 | 1  2  3  4  5 | 1  2  3  4  5 |
| (9) 대학의 지명도 | 1  2  3  4  5 | 1  2  3  4  5 | 1  2  3  4  5 |
| (10) 대학 규모의 적정성 | 1  2  3  4  5 | 1  2  3  4  5 | 1  2  3  4  5 |
| (11) 통학의 편의성(위치) | 1  2  3  4  5 | 1  2  3  4  5 | 1  2  3  4  5 |
| (12) 제반 시설 | 1  2  3  4  5 | 1  2  3  4  5 | 1  2  3  4  5 |
| (13) 장학 제도 | 1  2  3  4  5 | 1  2  3  4  5 | 1  2  3  4  5 |
| (14) 취업 실적/전망 | 1  2  3  4  5 | 1  2  3  4  5 | 1  2  3  4  5 |
| (15) 학풍/분위기 | 1  2  3  4  5 | 1  2  3  4  5 | 1  2  3  4  5 |
| (16) 학교 운영의 민주성 | 1  2  3  4  5 | 1  2  3  4  5 | 1  2  3  4  5 |
| (17) 학비의 적정성 | 1  2  3  4  5 | 1  2  3  4  5 | 1  2  3  4  5 |
| (18) 유학 제도 | 1  2  3  4  5 | 1  2  3  4  5 | 1  2  3  4  5 |
| (19) 학비 보조 여부 | 1  2  3  4  5 | 1  2  3  4  5 | 1  2  3  4  5 |
| (20) 사회의 공헌도 | 1  2  3  4  5 | 1  2  3  4  5 | 1  2  3  4  5 |
| (21) 꿈의 실현 가능성 | 1  2  3  4  5 | 1  2  3  4  5 | 1  2  3  4  5 |
| (22) 특기 신장 가능성 | 1  2  3  4  5 | 1  2  3  4  5 | 1  2  3  4  5 |
| (23) 동아리 실적 | 1  2  3  4  5 | 1  2  3  4  5 | 1  2  3  4  5 |
| (24) 선배의 사회 진출도 | 1  2  3  4  5 | 1  2  3  4  5 | 1  2  3  4  5 |
| (25) 후생/복지 제도와 시설 | 1  2  3  4  5 | 1  2  3  4  5 | 1  2  3  4  5 |
| (26) 미래 발전 가능성 | 1  2  3  4  5 | 1  2  3  4  5 | 1  2  3  4  5 |
| (27) 교수 진영 | 1  2  3  4  5 | 1  2  3  4  5 | 1  2  3  4  5 |

| | | | |
|---|---|---|---|
| (28) 가치관과 일치 여부 | 1  2  3  4  5 | 1  2  3  4  5 | 1  2  3  4  5 |
| (29) 각종 시험 실적 | 1  2  3  4  5 | 1  2  3  4  5 | 1  2  3  4  5 |
| (30) 남녀 공학 여부 | 1  2  3  4  5 | 1  2  3  4  5 | 1  2  3  4  5 |
| **총점** | | | |

## 쉬어가기

20여 년간 빵만을 만들어 온 40대의 제빵 전문가가 대학 강단에 서게 되었다는 소식은 많은 사람들에게 참으로 신선한 감동을 주었다. 지금까지 대학 교수는 박사학위를 가진 사람만이 될 수 있다는 고정관념을 깨뜨리는 일이었기 때문이다. 시내 한 호텔 제과과 장인 김성현 씨는 어렸을 때 가정 형편이 어려워 초등학교밖에 나오지 못했다. 집안을 돕기 위해 친척이 운영하는 제과점에서 아르바이트를 시작한 그는 청소부터 시작하여 밀가루의 무게를 다는 초보적인 일부터 시작하여 점차 빵 만드는 기술을 하나씩 익혀갔 다. 군복무 후에는 호텔 제과부에 말단 사원으로 입사하여 국제 수준의 제과기술을 익혔 다. 이러한 노력으로 그는 싱가폴 국제요리경진대회를 비롯한 국제요리대회에서 여섯 번 이나 수상의 영예를 차지하는 성과를 거두었다. 그리고 그는 기술을 익히는 틈틈이 학업 에도 힘써 34세의 늦깎이에 호텔 전문대에 입학했으며, 졸업한 후 지금은 방송통신대학 에서 이론 연마에 힘쓰고 있다. 이처럼 사람은 한 가지 일을 꾸준히 해 나갈 때 좋은 결 과를 얻을 수 있었다.

## 25

**지혜로운 선택해 보기**

　　인생은 일을 통해 자아를 실현하는 과정이라고 할 수 있다. 그리고 이 과정에서는 끊임없이 선택 행위가 이어진다. 그래서 프랑스의 작가이자 사상가인 사르트르(1905~1980)는 "인생은 마치 알파벳 'B' 와 'D' 사이에 있는 'C' 와 같은 것이다."라고 말하기도 했다. 이는 인생을 탄생/Birth, 죽음/Death, 선택/Choice이라는 단어에 빗대어 말한 것으로, 선택의 중요성을 강조한 가르침이기도 하다.

　　인생의 선택 중에서 가장 중요한 것은 뭐니 뭐니 해도 '전공과 직업' 일 것이다. 따라서 이를 선택할 때에는 최소한 이것만은 살펴봐야 한다. 즉 ① 흥미 ② 적성 ③ 성격 ④ 지능과 성적 ⑤ 가치관 ⑥ 신체조건 ⑦ 환경) ⑧ 직업세계 등이다. 이를 알아보는 방법으로는 ① 꾸준한 자아 성찰과 기록 ② 가까운 친구/선생님/친지/선후배/부모에게 물어 보기 ③ 각종 검사(이 책자에 실린 모든 프로그램)가 있다. 물론 이런 것들을 가지고 친구/선후배/선생님/부모/상담전문가와 상담도 해 봐야 한다.

　　줏대 없는 선택이 어떤 결과를 초래하는지 생각해 보게 하는 이야기가 있다. "무척 더운 여름 오후였다. 버스를 타자 햇볕이 따갑게 내리쬐는 쪽의 의자는 뜨겁게 달아서 앉기가 힘들 정도였다. 그래서 사람들은 그늘진 쪽으로 몰려가 앉았다. 그런데 한 사람은 뜨거움을 참으며 볕이 드는 의자에 앉아 있었다. 사람들은 아마 그의 미련스러움을 비웃었을 것이다. 버스가 한 정거장을 지나고 다음 정거장을 향할 때, 사거리에서 좌회전을 하고는 다시 왼쪽으로 휘어진 길을 달리게 되자, 햇볕은 완전히 반대쪽으로 비쳐들었다. 사람들은 다시 허둥거리며 그늘이 된 자리로 이동하느라 법석이었다. 미리 그늘이 들것을 안 그 사람만이 느긋하게 앉아서 창문을 통해 들어오는 바람을 쐬고 있었다. 그 버스는 이제 방향을 바꾸지 않고 계속 달리고 있었다."

　　'가장 높이 나는 새가 가장 멀리 본다' 는 리처드 바크(갈매기의 꿈 저자)의 말처럼, 진로를 선택 할 때에는 인생 전체를 내다보는 지혜가 필요하다. 눈앞의 사소한 이익만을 생각하고 선택하는 사람은 반드시 후회하기 때문이다.

 다음은 Chapman(1976)의 직업선택 프로그램을 재구성 한 것이다. 따라서 다음 순서를 따라가면서 자신의 직업을 선택해 본다.

① 단계 : 원하는 직업 목록 쓰기
② 단계 : 직업 목록 확장하기
③ 단계 : 흥미 검사 실시하기
④ 단계 : 새로운 직업 추가하기
⑤ 단계 : 흥미검사 결과 평가하기
⑥ 단계 : 직업 정보 수집하기
⑦ 단계 : 직업군으로 분류하기
⑧ 단계 : 직업적 가치 인식하기

⑨ 단계 : 인식한 가치와 직업 대응시키기
⑩ 단계 : 자신의 능력에 비춰 검토하기
⑪ 단계 : 항목별 자료를 통해 검토해 보기
⑫ 단계 : 다섯 가지 직업으로 압축하기
⑬ 단계 : 직업인 면담을 통해 직업정보 얻기
⑭ 단계 : 세 가지 직업으로 압축하기
⑮ 단계 : 최적의 직업 선정하기
⑯ 단계 : 구체적 직업계획 세우기

### 《 1 단계 》 원하는 직업 목록 작성하기

① 20분 정도의 시간에 장차 선택하고자 하는 직업을 원하는 대로 써 본다.
② 이 때 자기의 능력이나 학력, 가치관은 생각하지 말고 원하는 것은 모두 써 본다.
③ 목록은 많을수록 좋지만 적어도 3가지 이상은 되도록 한다.
④ 원하는 직업 목록

### 《 2 단계 》 직업 목록 확장하기

① 부모님/선생님/친구와 상의하여 1단계서 적은 목록외에 직업을 또 적어 본다.
② 많을수록 좋지만 여기서도 3가지 이상 새로운 직업을 추가한다.(1단계 3+2단계 3=6가지 이상)
④ 원하는 직업 목록

### 《 3 단계 》 흥미 검사 실시하기

• 직업의 선택 단계에서는 적성보다는 흥미가 더 중요하다. 따라서 직업흥미검사 외에도 적성/성격검사 등을 통해 새로운 직업을 찾아본다.
• 온 라인 상에서 진로관련 검사를 할 수 있는 곳

- www.careernet.re.kr
- www.cyberexpo.or.kr
- www.eir21c.or.kr
- psychtest.educyber.org
- www.vcpkorea.com
- members.tripod.co.kr

- www.idk.co.kr
- www.work.go.kr
- www.shinnet.co.kr
- www.incruit.com
- www.2451.pe.kr
- www.guidance.co.kr

- www.job114.com
- www.recruitnet.co.kr
- www.aido.co.kr
- www.joinet.or.kr
- www.youth.co.kr
- www.teensoft.net

## 《 4 단계 》 새로운 직업 추가하기

① 검사 결과를 기다리는 동안 각종 정보를 이용하여 직업 조사를 해 본다.
② 그래서 자신에게 적합한 직업을 3가지 이상 추가하여, 적어도 10가지는 되게 한다.
③ 직업 목록

_____

_____

## 《 5 단계 》 흥미검사 결과 평가하기

① 검사 결과를 가지고 진로전문가와 상담을 해서 조언을 듣는다.
② 검사 결과와 평소 자신의 흥미를 비교하고 분석해 본다.
③ 기록된 직업 목록과 흥미가 일치하는 것에 밑줄을 긋는다.
④ 직업 목록

_____

_____

## 《 6 단계 》 직업에 대한 정보 수집하기

① 직업사전, 산업체 등을 이용해 구체적인 직업 정보를 수집/기록한다.
② 직업이 요구하는 교육/훈련조건/자격요건/일의 성질/작업환경/수입/고용기회와 전망/성공 가능성 등을 기록한다.
③ 정보 수집 시 고려할 점
　　ⓐ 교육 훈련의 기간, 장소, 비용　　ⓑ 직무 수행을 위한 기술, 성격, 적성
　　ⓒ 직무의 성격, 호오(好惡)　　　　ⓓ 작업 환경(내근/외근/근무시간 등)
　　ⓔ 보수의 적정성　　　　　　　　ⓕ 직장이 있는 고장(도시/지방)
　　ⓖ 고용 전망, 취업 기간　　　　　ⓗ 직무와 개인적 가치의 일치 여부
　　ⓘ 승진, 성공 가능성

## 《 7 단계 》 직업군으로 분류하기

① 지금까지 작성한 직업을 직업군(직업분류사전에 의거)으로 묶어본다.
② 또는 흥미, 기술, 훈련, 특정 산업에 따라 분류해도 된다.
③ 분류된 직업목록
　　1군 _____
　　2군 _____
　　3군 _____

《 한국 표준 직업 분류에 따른 대분류/ 99 한국직업사전》

1. 입법공무원/고위 임직원과 관리자　2. 전문가　　　　　　　　　3. 기술공과 준전문가

4. 사무직원　　　　　　　5. 서비스 근로자/상점·시장 판매 근로자　6. 농업과 어업 숙련 근로자

7. 기능직 근로자　　　　　8. 장치 기계 조작원과 조립원　　　9. 단순 노무직 근로자

## 《 8 단계 》직업적 가치 인식하기

① 자신이 소중하게 여기는 가치를 확실히 하여 기록해 본다.

② 다음 직업적 가치 항목 중 소중하게 여기는 것에 ○표 하여 자신의 가치를 인식한다.

( ) ⓐ 타인에 대한 봉사　( ) ⓑ 내/외근　( ) ⓒ 직업의 안정성

( ) ⓓ 인정 욕구 충족　( ) ⓔ 물질적 보상　( ) ⓕ 창의성 발휘

( ) ⓖ 권력욕구 충족　( ) ⓗ 자유시간　( ) ⓘ 직무의 자율성

( ) ⓙ 타인에 대한 사랑　( ) ⓚ 사회적 접촉　( ) ⓛ 근무 장소(도시/지방)

( ) ⓜ 직무의 다양성　( ) ⓝ 승진 기회　( ) ⓞ 높은 도덕성

③ 9단계로 넘어가기 전에 다음 항목을 살펴본다. 방법은 ( )속에 '예' 라고 응답한 것이 7개 이상이면 넘어가고 그렇지 않으면 전문가의 도움을 받아 다시 처음부터 시작한다.

( ) ⓐ 지금까지 선택한 직업 목록에 15가지 이상이 기록되어 있는가?

( ) ⓑ 각각의 직업에 대한 충분한 정보를 가지고 있는가?

( ) ⓒ 개인적 성격, 적성, 흥미와 관계없이 희망 직업을 자유롭게 선정했는가?

( ) ⓓ 성급하게 직업을 선정하고 싶은 유혹에서 벗어났는가?

( ) ⓔ 자기 이해를 위해 자신의 내면을 충분히 탐색했는가?

( ) ⓕ 직업의 종류와 여러 조언들을 광범위하게 살펴보았는가?

( ) ⓖ 유관기관의 자료들을 광범위하게 수집 · 검토했는가?

( ) ⓞ 지금까지의 탐색에 최소한 10시간 정도의 시간을 소모했는가?

( ) ⓗ 지금까지의 탐색에 만족하는가?

( ) ⓘ 조언이 필요할 때 전문가나 비전문가의 도움을 받았는가?

⬇

## 《 9 단계 》인식한 가치와 직업 대응시키기

① 8단계의 가치 항목 중 ○표한 것과 직업 목록을 일치시킨다.

| 소중히 여긴 가치 항목(○표) | 일치하는 직업명 |
| --- | --- |
|  |  |

② 일치하지 않는 직업을 제외하고 남은 직업 목록

⬇

## 《 10 단계 》 자신의 능력에 비춰 검토하기

① 9단계에서 남은 직업 중 자신의 능력 수준보다 월등히 낮은 것을 제외한다. 이때 자신의 능력을 과소평가하거나 과대평가하는 일이 없도록 한다.

② 지능과 학업성적에 비춰 자신의 능력 수준보다 월등히 높은 것은 제외한다.

③ 적성검사 결과에 비춰 자신에게 맞지 않는 직업도 제외한다.

④ 남은 직업을 아래 항목별로 검토한 후 일치 여부를 ○×로 표시한다.

| 순 | 직업명 | 흥미 | 적성 | 성격 | 지능 | 성적 | 가치관 | 부모의견 | 자기의지 | 종합 |
|---|---|---|---|---|---|---|---|---|---|---|
| 1 | | | | | | | | | | |
| 2 | | | | | | | | | | |
| 3 | | | | | | | | | | |
| 4 | | | | | | | | | | |
| 5 | | | | | | | | | | |
| 6 | | | | | | | | | | |
| 7 | | | | | | | | | | |
| 8 | | | | | | | | | | |
| 9 | | | | | | | | | | |
| 10 | | | | | | | | | | |

⑤ 능력을 올바르게 평가하고 그에 맞는 직업을 선택하기 위해 아래 사항에 유의한다.

ⓐ 갈등일 일어날 때는 상담을 한다.　　　ⓑ 자신을 과대평가 하는 일이 없도록 한다.

ⓒ 열의를 앞세운 무리한 선택을 금한다.　　ⓓ 자신의 능력 범위 내에서 선택한다.

ⓔ 생활 보장이 확실한 것을 선택한다.

⑥ 남은 직업 목록

_____

_____

① 남은 직업을 아래 표에 적고 항목별로 조사해 본다.(구체적 정보는 별지 기록)

| 순 | 직업명 | 교육기관 | 교육기간 | 교육비용 | 기타비용 | 취업전망 | 보수 | 장래성 | 성취감 | 자기판단 |
|---|---|---|---|---|---|---|---|---|---|---|
| 1 | | | | | | | | | | |
| 2 | | | | | | | | | | |
| 3 | | | | | | | | | | |
| 4 | | | | | | | | | | |
| 5 | | | | | | | | | | |
| 6 | | | | | | | | | | |
| 7 | | | | | | | | | | |
| 8 | | | | | | | | | | |
| 9 | | | | | | | | | | |
| 10 | | | | | | | | | | |

② 남은 직업 목록

_____

_____

《 12 단계 》 다섯 가지 직업으로 압축하기

① 이제까지 남은 직업을 아래 항목에 합당치 않은 것을 제외하여 5개로 압축한다.

ⓐ 감정을 배제한 객관적 이유에 의해 선택한 것인가?

ⓑ 10단계의 검토항목이 합리적으로 이루어졌는가?

ⓒ 장차 그 직무를 수행하는 자신의 모습을 상상해 보았는가?

② 남은 직업 목록

_____

_____

## 《 13 단계 》 직업인 면담을 통해 직업정보 얻기

① 남은 5가지 직업에 대한 현실적, 실질적인 정보를 수집한다.

② 각각의 직업인을 직접 면담한다. 이것이 여의치 않을 때는 직업소개 기관, 상담원, 도서관 사서, 책 등을 통해 정보를 수집한다.

③ 조사, 수집 항목

    ⓐ 직업명은?                        ⓑ 어떤 종류의 일을 하는가?

    ⓒ 취업하기까지 교육 정도는?          ⓓ 직무에 필요한 기술과 능력은?

    ⓔ 어떤 성격 특성이 필요한가?          ⓕ 이 직업을 선택한 이유는?

    ⓖ 이 직업의 장점은?                ⓗ 이 직업의 단점은?

    ⓘ 더 많은 보수를 위해 전직할 수 있는가?  ⓙ 직무 수행 시 경쟁 정도는?

    ⓚ 봉급제인가 자유계약인가?          ⓛ 이 직업을 갖고자 하는 후배에게 할 말은?

⬇

## 《 14 단계 》 세 가지 직업으로 압축하기

① 지금까지의 모든 정보를 바탕으로 세 가지 직업으로 압축한다.

② 자신의 장래에 도움이 된다고 생각하는 직업 세 가지

    ㉠ _____    ㉡ _____    ㉢ _____

⬇

## 《 15 단계 》 최적의 직업 선정하기

① 남은 세 가지 직업이 아래 10가지 항목에 일치하는지 검토해 본다.

| 검토 항목 | 제1 직업 : | 제2 직업 : | 제3 직업 : |
|---|---|---|---|
| 능력과 관련이 가장 많은 것은? | | | |
| 적성/재능/특성에 가장 가까운 것은? | | | |
| 부담할 교육비가 가장 적합한 것은? | | | |
| 가장 흥미 있는 직업은? | | | |
| 생활양식에 가장 적합한 직업은? | | | |
| 신체조건에 가장 적합한 것은? | | | |
| 경제적인 보상이 가장 많은 것은? | | | |
| 원하는 지역의 근무가 가능한가? | | | |
| 성격에 가장 어울리는 것은? | | | |
| 가치관과 가장 가까운 것은? | | | |

② 남은 세 가지 직업의 순서대로 기록한다. 제2, 제3 직업은 예비 직업으로 한다.

㉠ _____   ㉡ _____   ㉢ _____

㉣

⬇

## 《 16 단계 》 구체적 직업계획 세우기

① 제1 직업을 얻기 위한 구체적인 계획을 세운다.
② 직업적인 성취를 위한 최선과 차선책을 세운다.
③ 계획을 세울 때는 선생님, 친지, 전문 상담원 등의 도움을 받는다.

〈진로교육의 이론과 실제〉, 교육과학사, 1999.

## 꿈은 이루어진다

**초판1쇄 인쇄** : 2009년 8월 17일
**초판1쇄 발행** : 2009년 8월 21일

**지은이** : 남성현
**펴낸이** : 조영재
**펴낸곳** : 新진리탐구 출판사
**주소** : 서울시 마포구 동교동 197-8
**전화** : 02-322-3072
**팩스** : 02-322-3073
**E-mail** : plusma@naver.com
**등록** : 2009년 1월 28일
**등록번호** : 제313-2009-15호

※ 저자와 협의하에 인지를 생략합니다.

**값** 12,000원
**ISBN** 978-89-962366-3-4 (93370)